KB273568

MK Edition

CES 2026
피지컬 AI의 시대

매일경제 CES 특별취재팀 지음

매일경제신문사

차례

내가 처음 CES를 참관했던 것은 10여 년 전인 2014년이었다. 당시 CES는 삼성전자와 LG전자의 독무대였다고 해도 과언이 아니다. 삼성전자와 LG전자는 CES 전시장 중앙에 가장 넓은 면적을 차지하고, 압도적 디스플레이 기술로 전 세계인의 시선을 사로잡았다. 당시 삼성전자는 화면이 휜 커브드 TV를 세계 최초로 선보이며 세계 최고의 기술력을 자랑했고, LG전자는 극강의 색을 구현한 OLED TV로 혁신의 선두에 섰다. 이를 지켜보는 나는 한국인으로서 요즘 말하는 '국뽕'이 차오름을 느꼈다. 한때 우리가 동경했던 소니 마이크로소프트 인텔 모토롤라는 전시장 한쪽 귀퉁이로 밀려나 썰렁한 분위기를 면치 못했고, 삼성·LG 전시관은 언제나 빼곡히 관람객들로 넘쳐났다. 하지만 지금 CES 중앙 무대는 중국 기업들이 차지했으며, 인도 기업들이 세를 확장하는 모습에서 격세지감을 느낀다. 여전히 기술력 측면에서는 중국 기업들의 제품이 한국 수준에 못 미친다고 하지만, 그 격차는 체감하기 어려울 정도로 미세하게 줄어들었고, 한국의 혁신 기술이 중국에 역전될 날이 그리 머지않았다는 불안감이 현실로 다가왔다. 중국의 공세만큼이나 CES를 장악한 것이 바로 인공지능(AI)이다. 10년 전 CES에도 있었고, 그전에도 있었던 TV 스마트폰 자동차 냉장고는 겉으로 보기에는 예전과 크게 달라지지 않았다고 하겠으나, 속속들이 AI가 스며들고 덧칠돼 이제는 단순한 제품이 아니라 '스스로 생각하는 제품' '사람과 소통하는 제품'으로 변모했다. 어쩌면 몇 년 후에는 인간보다 앞서고, 인간을 능가하는 제품들로 진화해 있을 것이다. 가히 상상하기 어렵다.

올해 CES를 관통하는 또 하나의 키워드는 로보틱스다. 10여 년 전에도 아주 초보적인 수준의 로보틱스 원형이 CES에 등장하기는 했다. 벽에 부딪히면 방향을 바꾸는 로봇청소기, 센서로 벽을 감지해 날아다니는 장난감 드론, 그리고 원하는 물체를 주면 그 모양 그대로 만들어주는 3D 프린터 정도. 하지만 2026년 CES에 등장한 로봇은 인간과 흡사해졌다. 그리고 공장과 연구실에 머무는 수준이 아니라 안방으로, 거실로, 주방으로 성큼 들어왔다. 인간의 노동을 거들거나, 유희의 수단에 머무는 것이 아니라 인간과 함께 일하고, 인간을 돌보는 존재로 성장했다. 2026년의 로봇은 더 이상 '보여지는 기술'이 아니라 '함께하는 존재'로 넘어섰다. 모빌리티 역시 AI와 결합하면서 새로운 단계로 올라섰다. 과거 CES에서 모빌리티가 화석연료 내연기관이 배터리 전기차로 전환하는 과정을 보여주는 데 그쳤다면 이제는 그 단계를 지나 자율주행이 대세가 됐다. 10여 년 전 GM 회장이 연설에서 "먼 미래에는 전기로 움직이는 자율주행 자동차를 선보이게 될 것"이라고 했는데, 그 말이 현실이 됐다. 그것도 우리가 상상했던 것보다 훨씬 더 이른 시간에. 그리고 자율주행은 단순히 운전자에게 더 많은 여유를 제공하는 것을 넘어 인류의 교통 문화를 바꾸고, 도시의 모습을 바꾸고, 나아가 경제 시스템을 바꾸고 있다. 디지털헬스도 격세지감이 느껴지는 분야다. 2014년 별도 공간에 마련된 디지털헬스 전시장은 지금도 명맥을 유지하고 있는 가민, 핏빗, 조본이 중심이 된 공간이었다. 손목에 차고 있으면 맥박수를 알려주고, 달리고 나면 거리를 측정해 주는 성능 좋은 '만보계' 수준에서 크게 벗어나지 않았다. 그나마 혁신이라고 한다면 손목에 차는 것뿐만 아니라 옷에 다는 클립형, 목에 거는 목걸이형 정도가 개발됐다는 정도. 블루투스를 이용해 스마트폰으로 걸음수와 맥박수를 전송해 준다는 정도가 고작이었다. 하지만 이제는 고도로 발전한 센서와 AI를 통한 분석 기술이 더해지면서 진단에서 치료로, 치료에서 예방으로 디지털헬스의 개념이 진보했다. 지난 10여 년 CES의 변화상을 이야기한 것은 다름 아니라 내년, 후년, 내후년, 그리고 10년 후 이들 로보틱스와 모빌리티, 디지털헬스가 어떤 모습으로 진화해 있을지를 가늠해보고자 함이다. 그리고 우리 일상은 어떻게 달라져 있을지 상상력을 자극하기 위해서다. CES 2026을 취재한 기자들의 소중한 노력으로 완성된 이 책이 현재의 CES를 통찰하고 미래의 10년 후를 사유하는 기회가 되기를 바란다.

이진명 매일경제신문 산업부장(부국장)

1부

CES 2026에서 기술의 미래를 보다

피지컬 AI의 탄생 :
2026년 4대 핵심 키워드

CES 2026 브랜드 슬로건 '혁신가들이 모이는 곳'.

"기술은 이제 가능성을 말하지 않는다. 당장 쓸 수 있음을 증명한다."

2026년 1월 미국 라스베이거스에서 열린 CES는 화려한 미래 청사진보다 훨씬 현실적인 질문을 던진다. "이 기술은 지금, 어디에서, 무엇을 바꿀 수 있는가."

CES 2026을 관통하는 키워드는 피지컬 AI(Physical AI)다. 인공지능(AI)이 화면 속 알고리즘을 넘어 자동차, 로봇, 의료기기라는 '몸'을 갖고 현실 세계에 개입하기 시작했다는 선언이다. 그 흐름의 중심에 선 네 가지 축이 바로 AI, 로보틱스, 모빌리티, 디지털 헬스다. 이 네 분야는 CES 혁신상 데이터, 전시장 구성, 주요 기업들의 전략이 모두 한 방향을 가리키며 자연스럽게 묶인다. 단순히 유행하는 기술이 아니라, 글로벌 산업과 사회 구조가 당면한 문제를 직접 해결하는 영역이라는 점이다.

인공지능, 모든 기술의 '기능'이 된 AI

AI는 더 이상 하나의 제품이나 독립된 산업 영역이 아니다. 이제 AI는 기술의 성립을 가능하게 하는 전제조건이 됐다. CES 2026 혁신상 수상작뿐 아니라 전시장 전반에서 확인된 가장 상징적인 변화는 이른바 'AI의 공기화'다. AI 부문 수상작은 37개로 디지털 헬스와 공동 1위를 기록했지만, 그 영향력은 단순히 수치로 환산하기 어렵다. AI는 더 이상 별도 카테고리로 구분되지 않고, 거의 모든 기술의 기본 구성 요소로 스며들고 있다.

불과 몇 년 전만 해도 AI는 제품의 경쟁력을 높이는 하나의 기능이거나 차별화 요소에 가까웠다. 그러나 2026년의 AI는 성격이 완전히 달라졌다. 로봇의 복잡한 동작을 실시간으로 제어하고, 자율주행차가 도로에서 내려야 할 순간의 판단을 책임지며, 의료기기의 진단 정확도를 끌어올리는 '보이지 않는 엔진'으로 작동하고 있다. CES 2026 현장을 둘러본 업계 관계자들 사이에서 "AI가 적용되지 않은 제품을 찾기 어려워졌다"는 평가가 나오는 것도 이 같은 변화와 무관하지 않다.

특히 눈에 띄는 점은 AI의 활용 무게중심이 소비자용 서비스에서 산업 현장과 B2B 영역으로 빠르게 이동하고 있다는 점이다. 과거 CES에서 AI는 주로 챗봇, 이미지 생성, 개인 비서 등 사용자 경험 중심의 기술

브레인빗이 개발한 뉴로피드백2.0. AI가 뇌파를 분석해 집중, 이완 같은 인지 상태를 훈련해주는 시스템이다. ⓒ 브레인빗

로 소개됐다. 반면 CES 2026에서는 공장 설비 제어, 물류 최적화, 전력망 관리, 의료 데이터 분석 등 산업의 효율과 비용 구조를 직접 바꾸는 기술로 전면에 등장했다. AI가 '보여주는 기술'에서 '운영하는 기술'로 진화한 셈이다.

왜 지금 AI인가. 이유는 명확하다. 대규모 언어모델(LLM)과 멀티모달 AI의 성숙으로 판단 · 예측 · 학습에 드는 비용이 급격히 낮아졌기 때문이다. 텍스트뿐 아니라 이미지, 음성, 센서 데이터까지 동시에 처리할 수 있는 능력이 보편화되면서 AI를 산업 현장에 적용하는 진입 장벽이 크게 낮아졌다. 이제 기업들은 막대한 연구비를 들이지 않고도 자사 목적에 맞는 AI 모델을 빠르게 도입하고 최적화할 수 있게 됐다.

AI는 더 똑똑해졌을 뿐 아니라 싸고 빠르게 현장에 투입할 수 있는 기술이 됐다. 이

는 곧 AI가 실험실이나 데이터센터에 머무르지 않고 공장과 도로, 병원과 일상 공간으로 확산될 수 있는 조건이 갖춰졌음을 의미한다. CES 2026은 AI가 '미래의 기술'이 아니라 이미 모든 산업을 움직이는 기본 동력이 되었음을 확인시켜주는 무대다.

로보틱스, '춤추는 로봇'에서 '일하는 로봇'으로

로보틱스는 CES 2026의 가장 극적인 변화를 보여주는 분야다. 혁신상 수상작 수는 15개로 전년과 큰 차이가 없지만, 내용은 완전히 달라졌다. 관람객의 눈길을 끌던 반려 로봇이나 퍼포먼스용 로봇은 자취를 감췄고, 대신 공장·물류·재난 현장에 즉시 투입 가능한 실전형 로봇이 전면에 섰다. CES 무대가 '로봇을 보여주는 곳'에서 '로봇을 검증하는 곳'으로 바뀌었음을 상징하는 변화다.

이 같은 전환의 배경에는 구조적인 문제가 있다. 고령화에 따른 노동력 부족, 숙련 노동자 감소, 공급망 안보를 이유로 한 제조업 리쇼어링(본국 회귀) 등 선진국 산업이 공통으로 맞닥뜨린 세 가지 압력 앞에서 로봇은 선택이 아닌 필수 인프라스트럭처가 됐다. 더 이상 로봇은 생산성을 높이기 위한 보조 수단이 아니라 산업 시스템이 유지되기 위한 전제조건으로 자리 잡고 있다.

특히 CES 2026에서 주목받는 개념은 임바디드 AI(Embodied AI)다. AI가 단순히 판단만 하는 것이 아니라 물리적 신체를 통해 행동하고 그 결과를 다시 학습하는 구조다. 이는 로봇을 사전에 정해진 명령만 수행하는 자동화 기계가 아니라 현장 환경에 적응하며 스스로 판단하는 '노동 주체'로 격상시킨다. 로봇이 인간과 같은 공간에서 함께 일하는 상황이 현실화하고 있다는 의미이기도 하다.

이 지점에서 로보틱스 산업은 또 하나의 문턱에 올라섰다. '안전'과 '규제'다. 휴머노이드 로봇이 공장과 물류창고, 나아가 학교와 가정으로 들어오기 시작하면서 '로봇이 사고를 일으켰을 때 어떻게 멈출 것인가'라는 문제가 본격적으로 논의되기 시작했다. 미국과 유럽 산업계에서는 이미 휴머노이드 로봇을 대상으로 한 안전 표준 마련 작업이 진행 중이다.

현재 기존 산업용 로봇처럼 비상 상황에서 전원을 차단하는 방식이 휴머노이드에는 오히려 새로운 위험이 될 수 있다는 것이 쟁점으로 떠올랐다. 전원이 갑자기 차단되면 키 180cm, 무게 70kg 이상에 달하는 휴머노이드 로봇이 그대로 쓰러질 수 있기 때문이다. 이에 따라 비상 정지 버튼의 위치, 로봇이 넘어질 경우 피해를 최소화하는 동작 설계, 안전 시스템의 신뢰성 기준 등을 둘러싼 논의가 활발히 이어지고

보스턴다이내믹스의 휴머노이드 로봇 아틀라스의 모습. ⓒ 보스턴다이내믹스

있다.

이 같은 안전 규제 논의는 로보틱스 산업이 아직 미성숙하다는 신호가 아니라 오히려 그 반대다. 로봇이 실제 현장에 대량 투입될 단계에 이르렀기 때문에 규제가 뒤따르기 시작한 것이라는 해석이 지배적이다. 과거 협동 로봇이 안전 인증 체계를 갖추면서 본격적으로 확산됐던 것처럼, 휴머노이드 로봇 역시 표준과 인증이 마련되는 순간 시장은 한 단계 더 커질 가능성이 크다.

CES 2026 전시장에서 로보틱스는 더 이상 '볼거리'가 아니었다. 기술적 완성도는 기본이고, 비용 절감·생산성 향상·작업자 안전 확보라는 명확한 경제적 논리를 동시에 증명해야만 살아남는 영역으로 진입했다. 이 점에서 로보틱스는 CES 2026이 가장 냉정해진 분야이자 동시에 가장 현실적인 미래를 보여주는 분야로 평가된다.

모빌리티, 자동차는
'움직이는 AI 플랫폼'이 된다

모빌리티는 CES 2026에서 가장 큰 물리적 공간을 차지하는 분야 중 하나다. 전기

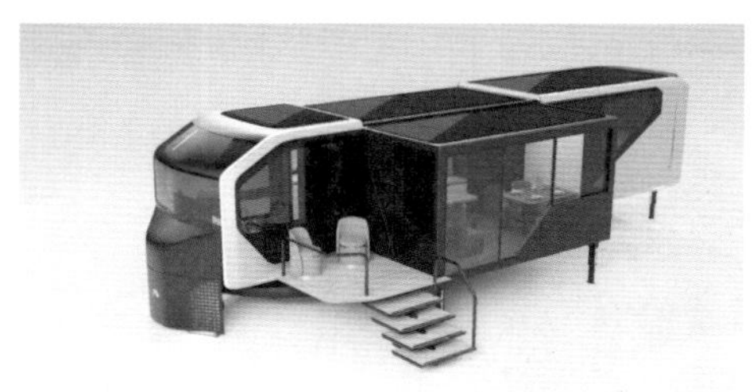

AC 퓨처가 CES에서 공개한 AI 트랜스포머 홈 트레일러. 펼치면 공간이 두 배로 넓어지는 스마트 트레일러다. ⓒ AC 퓨처

차 캐즘(수요 정체)에 대한 우려에도 불구하고, 차량 기술 & 어드밴스트 모빌리티(Vehicle Tech & Advanced Mobility) 부문은 혁신상 25개로 전체 3위를 기록했다. 이는 일시적인 반등이 아니라 모빌리티의 성격 자체가 바뀌고 있음을 보여주는 지표로 해석된다. 완성차 판매 둔화와 별개로 모빌리티 기술 전반이 새로운 국면에 진입했다는 의미다.

자동차는 더 이상 '파는 제품'에 머무르지 않는다. AI, 소프트웨어, 에너지 시스템이 결합된 이동형 플랫폼으로 재정의되고 있다. 현대자동차가 역대 최대 규모의 부스를 꾸리며 로보틱스와 자율주행, 소프트웨어 전략을 전면에 내세운 이유도 여기에 있다. 소니 혼다 모빌리티가 전기차를 단순한 이동 수단이 아닌 '엔터테인먼트 공간'으로 제시한 것 역시 자동차를 하나의 하드웨어가 아니라 경험과 서비스가 축적되는 플랫폼으로 바라보는 관점의 전환을 보여준다.

자율주행 기술도 시험 단계를 넘어 상용화 경쟁으로 접어들었다. CES 2026에 참가한 로보택시 기업들이 일관되게 강조한 메시지는 하나다. "이 기술은 언젠가 가능한 미래가 아니라, 지금 운영할 수 있는 서비스"라는 점이다. 이는 기술적 성숙에 대한 자신감이자 자율주행을 둘러싼 규제·보험·도시 인프라 전반에서 시스템 전환이 이미 시작됐다는 신호로 해석된다. 단순히 차량 성능만의 문제가 아니라, 도시가 이를 받아들일 준비 단계에 들어섰다는 의미다.

이 과정에서 모빌리티는 자동차 산업의 울타리를 벗어나고 있다. 이동 방식의 변화는 곧 도시 구조와 에너지 소비 패턴, 나아가 노동 방식의 변화로 이어진다. 자율주행과 전동화가 결합되면 물류와 배달, 통근과 업무 형태까지 재편될 수밖에 없다. CES 2026에서 확인한 모빌리티는 더 이상 완성차 산업의 연장선이 아니라, 도시와 사회 시스템을 재설계하는 기술로 다뤄지고 있다.

이 때문에 모빌리티는 로보틱스와 AI와 함께 피지컬 AI의 핵심 축으로 묶인다. 판단하는 AI가 움직이는 몸을 얻을 때, 가장 먼저 현실과 맞닿는 영역이 바로 모빌리티다. CES 2026의 모빌리티 전시는 기술 진화의 방향이 '더 빠른 차'가 아니라, 더 지능적인 이동 시스템을 향하고 있음을 분명히 보여주고 있다.

디지털 헬스, 거품이 빠진 뒤 남은 '진짜 기술'

디지털 헬스는 CES 2026에서 37개 수상작으로 AI와 공동 1위를 기록했다. 하지만 이 수치는 축소의 결과다. 2023년 72개에 달했던 수상작이 절반으로 줄었다는 점만 보면 후퇴 같다. 그러나 이는 위기가 아니라 정상화라는 분석이 지배적이다. 팬데믹 특수로 과열됐던 시장이 정리되며 실제로 쓰이는 기술만 남았다. 웨어러블, 원격진단, 개인 건강 모니터링 기술은 더 이상 '신기한 기술'이 아니라, 일상에 스며든 생활 인프라가 됐다.

특히 AI와의 결합이 디지털 헬스의 성격을 바꿨다. 단순 데이터 수집을 넘어, 예측·조기 진단·맞춤형 관리가 가능해지면서 의료 시스템의 비용 구조 자체를 흔들고 있다. 고령화와 의료 인력 부족이라는 전 세계적 문제 앞에서, 디지털 헬스는 가장 즉각적인 해법으로 떠올랐다. CES 2026이 디지털 헬스를 다시 핵심 트렌드로 끌어올린 이유는 명확하다. 의료는 AI가 가장 빨리 '효용'을 증명할 수 있는 분야이기 때문이다.

CES 2026의 4대 트렌드는 우연히 묶인 것이 아니다. AI, 로보틱스, 모빌리티, 디지털 헬스는 서로 다른 산업처럼 보이지만, 실제로는 동일한 문제의식과 기술 흐름 위에서 동시에 진화하고 있다. 이 네 분야를 관통하는 공통점은 명확하다. 첫째, 모두 AI를 핵심 동력으로 공유한다는 점이다. AI는 더 이상 특정 제품의 부가 기능이나 차별화 요소가 아니다. 판단·예측·제어를 담당하는 '기본 엔진'으로서, 네 분야 모두에서 기술 경쟁의 출발선이 됐다. AI가 없는 로봇은 움직일 수 없고, AI가 없는 자율주행은 성립할 수 없으며, AI가 없는 디지털 헬스는 의료 시스템의 비용 문제를 해결할 수 없다.

둘째, 이 네 트렌드는 모두 물리적 세계에 직접 개입한다. 과거 CES를 지배했던 기술들이 주로 화면 속 경험, 가상 공간, 디지털 인터페이스에 머물렀다면, 2026년의 핵심 기술들은 공장 현장과 도로 위, 인간의 신체와 일상 공간으로 내려왔다. 로봇은 생산 라인과 물류창고에서 실제 노동을 수행하고, 모빌리티는 이동 수단을 넘어 도시의 에너지 소비와 생활 방식을 바꾸며, 디지털 헬스는 병원 밖 일상 공간에서 인간의 생체 신호를 실시간으로 관리한다. 기술의 무대가 더 이상 전시장이 아니라 현실 그 자체로 옮겨간 것이다.

셋째, 이 네 분야는 공통적으로 노동력 부족, 초고령화, 기후 위기, 안전 문제라는 인류가 당면한 구조적 위기를 겨냥한다. 이는 단순한 시장 트렌드가 아니라, 사회 전체가 요구하는 기술적 해법에 가깝다. 사람을 대체하거나 보조하는 로보틱스, 사고를 줄이고 효율을 높이는 자율주행과 모빌리티, 의료비 폭증을 억제하는 디지털

코스모로보틱스가 개발한 어린이용 로봇 보조기 '밤비니 키즈'는 선천적 또는 후천적 질환으로 보행에 어려움을 겪는 아동의 재활 치료를 목표로 설계된 장비다. © 코스모로보틱스

헬스는 모두 '있으면 좋은 기술'이 아니라 '없으면 시스템이 작동하지 않는 기술'로 성격이 바뀌었다.

이러한 이유로 메타버스와 같은 추상적 미래상은 자연스럽게 뒤로 물러났다. 기술적 가능성이나 시각적 임팩트만으로는 더 이상 혁신을 주장하기 어려운 환경이 됐기 때문이다. 대신 지금 당장 비용을 얼마나 줄일 수 있는지, 사람 생명을 얼마나 보호할 수 있는지, 생산성과 효율을 얼마나 끌어올릴 수 있는지가 기술의 생존 조건이 됐다. CES 2026은 이 기준이 명확히 자리 잡았음을 보여주는 전시회다.

이제 라스베이거스는 더 이상 '환상의 기술 박람회'가 아니다. 반짝이는 미래를 약속하는 무대가 아니라, 기술이 현실에서 작동하는지를 검증하는 거대한 실험실에 가깝다. 2026년의 CES는 기업과 기술자, 투자자에게 같은 질문을 던진다. "이 기술은 내일 아침부터 쓸 수 있는가." 그리고 이 질문에 답하지 못하는 기술은, 아무리 화려해 보여도 다음 CES의 주인공이 되기 어렵다는 사실을 분명히 하고 있다.

CES가 주목한
2026년 테크 트렌드

미국소비자기술협회(CTA)가 제시한 2026년 3대 메가 트렌드. ⓒ CTA

'지능형 전환, 건강한 장수, 미래 엔지니어링.'

CES 2026을 주최하는 미국소비자기술협회(CTA)가 꼽은 올해 3대 메가 트렌드다. 지난해가 인공지능(AI)의 실질적인 수익모델을 만드는 과정이었다면, 올해는 사람들의 일상과 산업 영역에서 본격적으로 활용되는 대전환이 일어날 것이란 분석이다. 소비자들은 집과 회사에서 AI 비서를 활용하고, 질병을 미리 예측해 더 건강한 삶을 살며, 산업 현장은 미래 엔지니어링 기술로 안전하고 효율성인 공간으로 거듭날 것으로 전망했다.

또 CTA는 2026년 글로벌 소비자 기술·내구재 시장 규모가 1조3000억달러에 이를 것으로 전망했다. 2025년 미국 행정부의 관세 부과로 산업 환경이 급변하는 와중에도 AI로 인한 생산성 향상이 테크 시

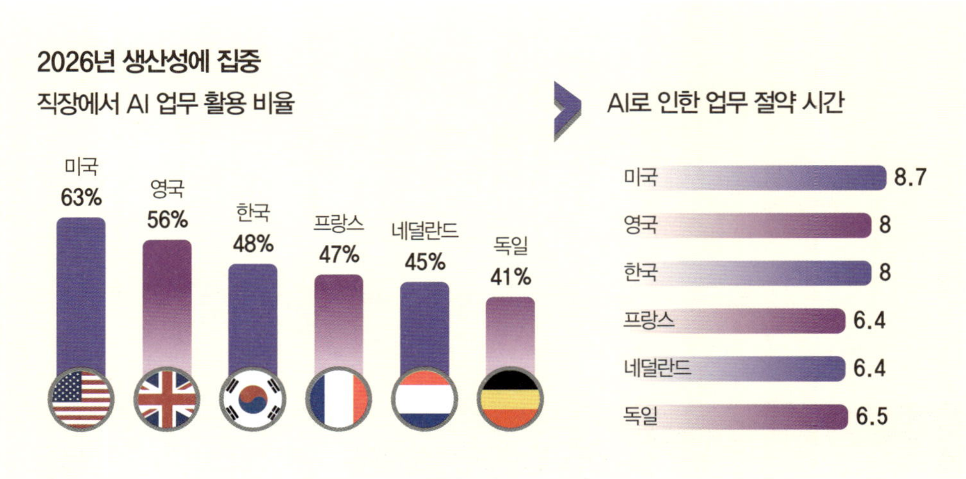

주요 국가들에서 AI 업무 활용 비율 및 AI로 인한 업무 절약 시간. © CTA

장의 질적·양적 성장을 이끌 것이란 예상이다. 산업재 매출 규모는 2025년 대비 3.7% 성장한 5650억달러로 추산된다. 단순히 기기를 많이 파는 것을 넘어 하드웨어와 AI 기능의 결합으로 소프트웨어 시장이 4.2% 자랄 것으로 내다봤다.

CTA는 미국 경제의 성장세 둔화와 실업률 상승, 소비자들의 교체 주기 장기화를 기술 시장의 주요 위험 요인으로 꼽았다. 하지만 올해 미국 연방준비제도(Fed)의 금리 인하와 AI 투자 확대 등이 전체 시장의 성장을 이끌 것이라고 예측했다. 예를 들어 하드웨어 교체 주기는 길어지는 대신 최첨단 기능을 가진 비싼 제품에 대한 수요는 높아질 것으로 보인다.

디지털 전환 다음은 지능형 전환

"지난 20년간 디지털 전환(DX)으로 전자상거래 등이 등장했다면, 이제 AI가 일상 전반으로 확장되는 '지능형 전환'이 메가트렌드가 될 것입니다."

브라이언 코미스키 CTA 수석 디렉터는 CES 2026 개막에 앞서 1월 4일(현지시간) 열린 '트렌드 투 워치(Trend to Watch)' 세션에서 이같이 강조했다.

그가 말한 지능형 전환은 2025년까지 강조됐던 디지털 전환과는 구분된다. 기존 디지털 전환이 시스템 구축과 자동화에 방점이 찍혔다면, 지능형 전환은 AI를 실제 업무와 산업 전반에 적용해 조직과 일하는 방식을 재편하는 단계를 의미한다.

시장즈사업체 닐슨아이큐(NIQ)와 CTA 분석이 따르면 미국 직장인의 63%가 업무에 AI를 사용하고 있으며, 한국은 48%로 주요 국가 중 높은 수준을 기록했다. AI 활용으로 절감되는 시간도 뚜렷하다. 미국은 주당 평균 8.7시간, 한국은 8시간 업무 시간을 절약한 것으로 나타났다. AI가 실험 단계를 넘어서 일상 업무에서 필수 요소로 자리 잡고 있다는 신호다.

코미스키 수석 디렉터는 "AI 혁신으로 기업 운영부터 노동자 역할, 소비자 삶 전반이 변하고 있다"며 "사이버 보안 기술과 클라우드 컴퓨팅, 시뮬레이션 기술의 발전이 이 같은 도약을 가능하게 한 핵심 요소"라고 설명했다.

장수도 건강하고 똑똑하게

집에서 체중계만으로 체성분과 심혈관 건강을 확인하고, 전문 의료진은 환자의 AI 데이터를 활용해 더 정확한 치료법을 제시한다. CTA가 두 번째 메가 트렌드로 꼽은 '건강한 장수'는 헬스케어 패러다임의 이동을 의미한다. 단순히 더 오래 사는 것이 아니라, 더 건강하고 똑똑하게 사는 것이 핵심 과제로 떠오르고 있다. 코미스키 수석 디렉터는 "의료 서비스는 병원 중심에서 '가정 중심(Home-centric)'으로 이동하고 있으며, 이는 고령 인구가 자신의 집에서 더 오래, 안전하게 독립적인 삶을 영위

할 수 있도록 했다"고 설명했다.

AI는 개인의 생체 데이터(수면, 심박, 혈당, 활동량 등)를 통합 분석해 예방, 조기 진단, 맞춤형 관리에 활용된다. 디지털 헬스, 바이오테크, 웨어러블, AI 진단 기술이 시너지 효과를 내며 장수 기술을 빠르게 발전시키는 추세다. 병원 치료가 필요해지기 이전부터 질병을 예방하고 미리 관리할 수 있도록 돕는 것이 핵심이다.

또 더 나은 삶을 위한 스마트 리빙, 뷰티테크, 미래형 미디어 시장이 함께 주목된다. 개인 맞춤형 경험과 데이터에 기반한 서비스가 더 나은 삶을 위한 핵심 경쟁 요소로 부상한 것이다. 그는 "데이터는 경험의 새로운 화폐"라며 "이 시장의 최종 승자는 최고의 하드웨어를 가진 자가 아니라, 데이터를 매끄럽고 예측 가능한 서비스로 전환할 수 있는 자"라고 전망했다.

산업 현장과 결합한 AI, 미래 엔지니어링

마지막으로 AI를 활용해 이동, 전력 생산 등 물리적 산업 영역을 새롭게 설계하는 '미래 엔지니어링'이 주목된다. CTA는 이 분야의 주요 키워드로 소프트웨어중심차량(SDV)과 농업·건설 자동화를 언급했다. 코미스키 수석 디렉터는 "에너지, 보안, 그리고 생산성이라는 세 가지 기둥을 어떻게 지능적으로 재구축하느냐의 문제"라며 "우리가 '미래 엔지니어링'이라고 부르는 이

흐름은 산업의 기초 체력을 바꾸고 있다”
고 강조했다. 그러면서 두산과 존디어, 오
시코시를 이 분야의 선도 기업으로 꼽았
다. 이들은 건설, 농사, 제조, 안전 영역에
서 AI를 장비와 인프라스트럭처에 직접 결
합해 생산성과 효율을 끌어올리는 사례로
언급됐다.

특히 현실의 물리 세계를 가상환경에 복제
하는 ‘디지털 트윈(Digital Twin)’이 핵심
기술로 주목된다. 그는 “거대한 공장을 짓
거나 복잡한 도시 설계를 할 때, 실제 삽을
뜨기 전 가상 세계에서 수천 번의 시뮬레
이션을 거친다”며 “이는 자원 낭비를 최소
화하고 효율을 극대화하는 ‘지능형 제조’
의 시대를 열었다”고 말했다.

이전에 디젤 엔진으로 가동됐던 중장비들
이 이제는 배터리와 수소로 움직이는 전동
화 흐름도 제조 현장을 완전히 변화시켰
다. 기계는 더 에너지 효율적이고 지속 가
능한 방식으로 작동한다. 소비자 영역에선
개인화된 차량 플랫폼과 자율주행 서비스
가 빠르게 확산 중이다. 그 밖에 농업 자동
화와 친환경 전력 기술, 인프라 현대화도
주목할 만한 기술 영역으로 제시됐다.

CES 언베일드: 헬스케어,
치료에서 예측으로

아침에 일어나 거실로 발걸음을 옮기는 순
간, 바닥 센서가 보행 속도를 측정해 낙상
위험을 경고한다. 양치질을 하는 20초 동
안 칫솔은 호흡 속 유기화합물을 분석해
당뇨와 간 질환 가능성을 점검한다. 스마
트폰에는 ‘2년 뒤 특정 질환 위험이 커질
수 있다’는 알림이 뜬다. 피 한 방울 뽑지
않고도 몸이 스스로 상태를 말하는 시대,
‘병원 없는 의료’가 우리 집 거실에서 시작
되고 있다.

세계 최대 정보기술(IT) · 가전 전시회인
‘CES 2026’ 개막을 앞둔 1월 4일(현지시
간) 미국 라스베이거스 만달레이베이 컨
벤션센터에서 열린 ‘언베일드(Unveiled)’
행사는 디지털 헬스케어의 미래를 보여줬
다. 병이 생긴 뒤 치료하는 기존 의료에서
벗어나, 일상 데이터를 기반으로 질병 발
생 가능성을 사전에 읽어내는 ‘예측 의료’
가 전면에 등장했다. 인공지능(AI)과 고도
화된 센서 기술을 앞세운 기업들은 미래의
발병 위험을 제시하는 솔루션들을 대거 공
개했다.

프랑스 스타트업 와이브러시는 양치질이
라는 일상 행위 속에 의료 기능을 녹여냈
다. 공개된 소닉 칫솔은 20초 만에 전 치
열을 닦는 동시에 호흡에 섞인 유기화합
물(VOC) 등 바이오마커를 분석해 당뇨를
포함한 300여 개 질환의 전조를 포착한다.
수집된 데이터는 의료진에게 전달돼 일상
과 의료 현장을 즉각 연결한다. 센스바이
오텍(SenseBioTek) 역시 사람의 체취 · 호

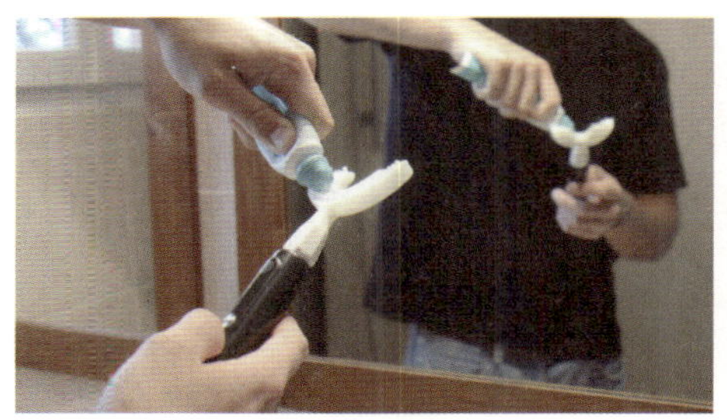

프랑스 스타트업 와이브러시(Y-brush)의 와이브러시 할로 칫솔. 호흡 속 바이오마커를 분석해 당뇨, 간 질환 등 300여 개 질환을 조기 감지할 수 있다. ⓒ 와이브러시

캐나다의 뉴라로직스는 얼굴 영상에서 혈류 신호를 추출해 혈압, 스트레스 등을 비침습적으로 추정하는 기술을 개발해 상용화하고 있다. ⓒ 뉴라로직스

흡·냄새 변화를 조기에 감지해 중증 질환을 예측하는 기술로 주목받았다.

프랑스의 호프밸리 AI는 영상과 임상 데이터를 결합해 향후 3~5년 내 유방암 발병 위험을 예측하는 모델을 제시하며 '미래 진단'의 가능성을 강조했다. 기존 의료진이 육안으로 찾아내기 힘든 미묘한 이상 징후를 AI로 식별해내고 환자의 의료 이력을 함께 분석하는 방식으로 조기 발견 가능성을 높였다.

몸에 상처를 내지 않는 '비침습' 측정 기술은 일상에 더 깊이 스며들었다. 체중계와 칫솔 등 집에서 쉽게 접할 수 있는 기기들이 '디지털 헬스' 기술로 재탄생한 덕분이다. 프랑스 기업 위딩스는 맨발로 올라서기만 하면 90초 만에 체성분과 심혈관 지표를 분석하는 스마트 체중계 '보디스캔2'를 공개했다. 체중계에서 측정된 수치는 앱과 연동돼 부정맥, 동맥경화, 당뇨 위험

도를 시각화한다. 측정된 정보는 앱을 통해 확인할 수 있고, 여러 사용자도 자동 판별해 가족 단위로 주기적인 모니터링을 할 수 있는 것이 장점이다.

캐나다의 뉴라로직스는 얼굴 영상만으로 혈류의 미세한 색 변화를 읽어 혈압과 스트레스 상태를 측정하는 기술을 선보였다. 별도 웨어러블 기기나 센서 없이 30초 내외의 얼굴 동영상만으로 건강 상태를 확인할 수 있다. 기본적인 건강 지표뿐만 아니라 당뇨와 고혈압 등 질환 위험성 평가도 가능하다.

홈캠을 통한 촬영 없이 집에서 고령자나 환자의 낙상, 이상징후를 실시간 감지하는 기술도 등장했다. 미국 스타트업 아르카이오스는 카메라 없이 움직임 데이터만으로 신체 변화를 파악하는 솔루션을 공개했다. 이상 징후가 발견되면 AI 에이전트가 즉시 보호자나 응급 서비스에 알림을 보낸다.

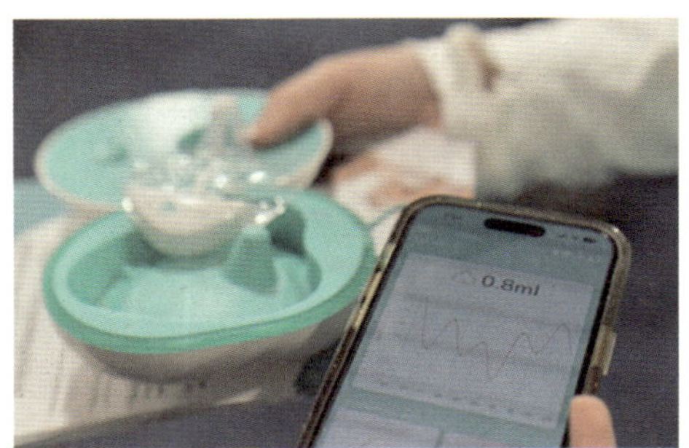

아일랜드 코로플로의 스마트 수유 모니터링 기기. ⓒ 코로플로

실시간으로 움직임은 감지하지만 카메라로 촬영하지는 않기 때문에 개인정보와 사생활 보호가 가능한 것이 장점이다.

이 같은 흐름은 헬스케어의 중심축이 병원과 의료진에서 개인과 가정으로 이동하고 있음을 보여준다. 진단 장비는 점점 작아지고, 데이터는 상시 수집되며, 인공지능은 의료의 '사후 대응'을 '사전 경고'로 바꾸고 있다.

치료 공간도 병원에서 집으로 이동하고 있다. 아일랜드의 코로플로는 모유 수유 과정을 실시간 데이터로 분석해 산모와 아기의 건강을 동시에 관리하는 기기를 선보였다. 그동안 경험과 감각에 의존하던 모유 수유를 정량 데이터 기반 관리로 전환하는 데 성공한 것이다. 캐나다 OTO 퍼틸리티는 AI와 생체 데이터 분석을 활용해 난임 치료 성공 가능성을 예측하는 플랫폼을 공개했다. 웨어러블 바이오센서로 심박 변이

도와 스트레스 반응 등 50여 개 지표를 분석해 임신에 최적화된 '가임 구간'을 제시하는 것이 핵심이다. 헬스케어 기술이 고령자 중심을 넘어 여성과 아이의 건강 등 다양한 영역으로 세분화되고 있음을 보여주는 사례다.

AI 헬스케어 기술은 전문 의료진의 보조 도구로도 적극 활용되기 시작했다. 프랑스 의료기술 스타트업 '아바타 메디컬'은 의료 영상 데이터를 3D로 시각화해 의료진과 환자가 해부학적 구조를 쉽게 이해할 수 있도록 보조하는 기술을 선보였다. 또 다른 프랑스 스타트업 스킨메드SAS는 피부 사진을 AI로 분석해 피부암을 조기 발견하고 전문의 판단을 보조하는 플랫폼을 공개했다. 질병 치료는 인간의 생사를 가르는 중요한 영역인 만큼, AI 기술 자체에 의존하기보다는 의료진의 판단 정확도를 높이는 방식으로 발전하는 모습이다.

이번 CES에 전시된 디지털 헬스 기술은 AI가 웨어러블, 가전, 보조기기 등 다양한 하드웨어와 결합해 사용자의 패턴을 분석하는 역할을 하고 있다는 점이 공통적이었다. 비싼 의료장비를 쓰거나 피를 뽑지 않고도 일상에서 실시간으로 질병을 예방·관리할 수 있는 청사진을 제시했다.

젠슨 황 엔비디아 CEO
"피지컬 AI 빅뱅 온다"

베라 루빈을 공개하는 젠슨 황 엔비디아 CEO. © 엔비디아

생성형 AI의 다음 장은 피지컬 AI의 빅뱅
젠슨 황 엔비디아 CEO

2026년 1월 5일 오후, 라스베이거스의 신상 랜드마크인 퐁텐블로(Fontainebleau) 호텔. 젠슨 황 엔비디아 최고경영자(CEO)의 특별연설을 보기 위해 몰려든 인파로 행사장은 발 디딜 틈이 없었다. 록스타의 콘서트를 방불케 하는 환호 속에 트레이드마크인 검은 가죽 재킷을 입고 등장한 그는 올해의 화두를 단 한마디로 정의했다. "피지컬 AI(Physical AI)의 시대가 왔습니다." 지금까지의 AI가 화면 속에서 텍스트와 이

미지를 만드는 '디지털 지능'이었다면, 이 제 AI는 물리 법칙을 이해하고 로봇과 자율주행차라는 몸을 입어 현실 세계를 직접 조작하는 '물리적 지능'으로 진화했다는 것이다. 그는 "로봇 공학(Robotics)은 더 이상 미래의 이야기가 아니다"며, 이를 실현할 거대한 3가지 축(Cosmos, Blackwell, DRIVE Thor)을 공개했다.

세상을 이해하는 파운데이션 모델, '코스모스(Cosmos)'

가장 먼저 공개된 핵심 기술은 물리적 세계를 위한 파운데이션 모델, '엔비디아 코스모스(NVIDIA Cosmos)'였다. 황 CEO는 "우리는 AI에 텍스트가 아닌 '물리학(Physics)'을 가르치고 있다"고 소개했다. 무대 스크린에서는 코스모스가 생성한 시뮬레이션 영상이 흘러나왔다. 단순히 그럴듯한 그림을 그리는 게 아니라 물체가 떨어질 때의 중력, 액체의 흐름, 빛의 반사 등 뉴턴의 물리 법칙이 완벽하게 적용된 '디지털 트윈'이었다. 황 CEO는 "코스모스는 로봇과 자율주행차가 위험한 현실에 투입되기 전, 안전하게 학습할 수 있는 '디지털 연수원'과 같다"고 설명했다. 이 모델은 엔비디아의 옴니버스(Omniverse) 플랫폼과 결합하여, 기업들이 공장을 짓거나 로봇을 개발할 때 시행착오를 제로(0)로 만드는 핵심 두뇌 역할을 하게 된다.

"친구들을 소개합니다"… 프로젝트 그루트(GR00T)

키노트의 하이라이트는 로봇이었다. 황 CEO가 "내 친구들을 소개하겠다"고 말하자, 무대 뒤에서 휴머노이드 로봇들이 걸어 나왔다. 엔비디아의 로봇 훈련 플랫폼 '프로젝트 그루트(Project GR00T)'와 '아이작(Isaac)' 시뮬레이터를 통해 학습된 기계들이었다. 그는 로봇에 자연어로 명령을 내렸고, 로봇은 주저 없이 물건을 집어 황 CEO에게 건넸다. 과거처럼 프로그래머가 관절의 움직임을 하나하나 코딩한 것이 아니라, 로봇이 스스로 '물건을 잡으려면 손가락을 어떻게 구부려야 하는지'를 물리적으로 이해하고 행동한 것이다. 황 CEO는 "이제 로봇은 공장에 갇혀 있지 않고, 인간과 함께 생활하는 동반자가 될 것"이라며 로봇 산업의 '아이폰 모멘트'가 도래했음을 선언했다.

소비자용 슈퍼컴퓨터의 탄생, '지포스 RTX 50 시리즈'

이날 황 CEO는 게이머와 크리에이터를 위한 차세대 그래픽처리장치(GPU)인 '지포스 RTX 50 시리즈(GeForce RTX 50 Series)'를 공식 발표하며 객석을 열광시켰다. 엔비디아의 최신 아키틱처인 '블랙웰(Blackwell)'을 기반으로 설계된 이 칩은 전작 대비 압도적인 성능 향상을 이뤄냈다.

그는 "이것은 단순한 그래픽 카드가 아니다. 여러분의 책상 위에 놓인 개인용 AI 슈퍼컴퓨터"라고 정의했다. RTX 50 시리즈는 게임 그래픽을 실사처럼 구현하는 것은 물론, 개인 PC에서 거대언어모델(LLM)을 인터넷 연결 없이도 빠르게 구동할 수 있는 강력한 추론 성능을 제공한다. 이는 "모든 과정이 AI 팩토리가 되는 미래"를 앞당기는 하드웨어의 혁신이었다.

자율주행의 완성,
'드라이브 토르(DRIVE Thor)'

자율주행 기술에 대한 비전도 '엔드 투 엔드(End-to-End)'라는 키워드로 구체화되었다. 황 CEO는 메르세데스-벤츠, BYD 등 글로벌 자동차 제조사들이 엔비디아의 차량용 슈퍼칩 '드라이브 토르(DRIVE Thor)'를 채택했다고 발표했다. 그는 실제 도로 주행 영상을 공개하며 "과거 자율주행차는 수만 개의 규칙(Rule)을 입력해야 했지만, 우리의 새로운 AI 드라이버는 인간이 운전하는 영상을 보고 스스로 운전법을 터득했다"고 강조했다. 2000테라플롭스(TFLOPS)의 연산 능력을 가진 토르 칩 하나가 자율주행, 주차, 운전자 모니터링, 차량 내 엔터테인먼트까지 모두 처리하는 '중앙 집중식 아키텍처'가 2026년형 차량들의 표준이 될 것임을 예고했다.

열정적인 연설을 마무리하며 황 CEO는 이렇게 외쳤다.

"우리는 지금 새로운 산업 혁명의 시작점에 서 있습니다. 1차 산업혁명이 증기기관, 2차가 전기였다면, 이제 '피지컬 AI'가 모든 산업을 재정의할 것입니다. 로봇이 움직이고, 자동차가 생각하고, 가상 세계가 현실을 시뮬레이션하는 시대. 엔비디아는 이 거대한 변화의 엔진이 되겠습니다."

CES 2026에서 엔비디아의 키노트는 '생성형 AI 거품론'을 잠재우기에 충분했다. 젠슨 황은 AI가 단순히 화면 속에서 채팅이나 하는 도구가 아니라, 현실 세계의 물리적 가치를 창출하고 생산성을 혁명적으로 높이는 '실행(Execution) 단계'로 진입했음을 전 세계에 증명해 보였다.

"칩이 아닌, 미래를 판다"
리사 수 AMD CEO

'패스트 팔로어'의 시대는 끝났다…
AI 인프라의 새로운 지배자

젠슨 황 엔비디아 CEO가 특별연설을 마치고 몇 시간 지나지 않아 CES 2026에는 엔비디아의 가장 큰 라이벌 기업의 기조연설이 있었다. 바로 리사 수 AMD CEO다. 무대에 선 그의 위상은 과거와 판이했다. 지난 10년간 AMD는 인텔의 중앙처리장치(CPU)를 가성비로 추격하던 '언더독'이자, 엔비디아의 그래픽처리장치(GPU) 뒤

리사 수 AMD CEO와 'AI의 대모' 페이페이 리 월드랩 CEO. © AMD

를 쫓던 '영원한 2인자'였다. 하지만 2026년의 AMD는 다르다.

자일링스 인수로 확보한 특수목적반도체(FPGA) 기술, 유럽 AI 연구소 '실로AI' 인수, 그리고 2025년 완료된 서버 인프라스트럭처 제조사 ZT시스템즈 인수까지. AMD는 지난 3년간 공격적인 인수·합병(M&A)을 통해 전 세계에서 유일하게 고성능 CPU, GPU, 신경망처리장치(NPU), 그리고 적응형 시스템온칩(SoC)을 모두 자체 설계하고 생산할 수 있는 '엔드 투 엔드(End-to-End) 컴퓨팅 기업'으로 진화했다. 현재 글로벌 AI 시장의 무게중심은 '학습'에서 '추론'과 '서비스'로 이동하고 있다. 엔비디아가 학습 시장을 주도했다면,

기업들은 이제 효율적인 비용으로 AI를 돌릴 솔루션을 갈구하고 있다. 리사 수 CEO는 바로 이 지점에서 승부수를 던졌다. 이번 키노트는 AMD가 단순히 부품을 파는 반도체 회사가 아니라, 전 산업의 AI 엔진을 공급하는 '플랫폼 기업'임을 증명하는 자리였다.

"한계를 밀어내다(Pushing the Envelope)"

키노트의 포문은 '속도'와 '한계'에 대한 철학적 화두로 열렸다. 3000여 명의 관중 앞에서 수 CEO는 "한계를 밀어내다(Pushing the Envelope)"라는 슬로건을 화면에 띄웠다. 그는 "현재 AI 모델의 발전 속도는 무어의 법칙을 이미 넘어섰다"며, 하드웨어

의 물리적 한계가 개발자의 상상력을 막아서는 안 된다고 역설했다. 그는 무대 뒤 초대형 스크린을 통해 AMD가 그리는 '퍼베이시브 AI(Pervasive AI·스며드는 AI)'의 비전을 시각화했다. 거대 클라우드 서버에서 학습된 초거대 AI 모델이 별도 변환 과정 없이 의사의 진료용 태블릿으로, 게이머의 노트북으로, 자율주행차의 두뇌로 실시간 연결되는 흐름은 AMD가 추구하는 '단절 없는 AI 경험'을 명확히 보여주었다.

노트북의 개념을 재정의한 괴물,
'라이젠 AI 맥스'

이번 발표의 백미(白眉)는 차세대 모바일 프로세서, '라이젠 AI 맥스 300(Ryzen AI Max 300)' 시리즈의 실물 공개였다. 기존 고성능 노트북은 '성능을 위해 휴대성을 포기하는' 딜레마에 갇혀 있었다. 수 CEO는 이를 '칩렛(Chiplet)' 기술로 깨부쉈다. CPU 다이(Die) 옆에 엔비디아 메인스트림급 외장 그래픽 성능을 내는 거대 GPU 다이를 하나로 통합한 것이다.

무대에 등장한 잭 후인 부사장은 두께가 1.5cm에 불과한 얇은 프로토타입 노트북으로 최신 고사양 게임을 4K 해상도로 구동해 보였다. 전원 케이블 없이도 프레임 드롭이나 소음은 전혀 느껴지지 않았다. 후인 부사장은 "이제 크리에이터들은 무거운 어댑터 벽돌을 들고 다닐 필요가 없다"

며 "애플 맥북 프로가 독점하던 '전성비'의 왕좌를 윈도 진영으로 가져오겠다"고 선언했다.

엔비디아의 해자를 넘는 사다리,
'UDNA'와 '오픈AI'

하드웨어 혁신보다 전문가들이 더 주목한 것은 소프트웨어 전략의 안착이었다. 그동안 AMD의 아킬레스건은 소프트웨어였다. 엔비디아는 '쿠다(CUDA)' 생태계로 개발자들을 록인(Lock-in)시켰지만, AMD는 아키텍처가 나뉘어 있어 개발 효율이 떨어진다는 지적을 받아왔다. 수 CEO는 'UDNA(Unified Data & Neural Architecture)' 전략의 로드맵을 재확인하며 이 문제에 대해 정면 돌파했다. "모든 아키텍처를 UDNA라는 하나의 뿌리로 통합한다"는 선언은 개발자들의 환호를 이끌어냈다. 여기에 수 CEO는 가장 강력한 우군으로 오픈AI를 다시 한번 강조했다. "오픈AI의 최신 모델들이 이제 AMD 인스팅트 가속기 위에서 완벽하게 최적화되어 돌아가고 있다"는 발표는 엔비디아의 가격과 수급난에 지친 빅테크 기업들에 AMD가 확실한 대안(Second Source)임을 공식 인증받은 셈이다.

칩이 아닌 '인프라'를 판다…
ZT시스템즈의 시너지

데이터센터 부문에서는 지난해 인수를 완료한 ZT시스템즈와의 시너지가 빛을 발했다. 수 CEO는 칩 단품이 아닌 수천 개의 가속기(MI350)가 연결된 '랙 스케일' 서버 설계를 공개했다. AMD의 차세대 가속기 MI350은 업계 최고 수준의 메모리 용량을 탑재해 경쟁사 칩 2개가 할 일을 1개로 처리할 수 있다. 이는 데이터센터의 공간과 전력을 획기적으로 줄여주며, 비용 절감을 최우선으로 여기는 경영진의 니즈를 정확히 파고들었다.

2026년, 'AMD 에브리웨어'의 서막 키노트 후반부, 수 CEO는 바이오와 오토모티브 분야의 성과를 소개하며 컴퓨팅의 미래가 우리 삶 속에 있음을 강조했다. 특히 AMD의 칩을 채택한 스바루 등 주요 자동차 제조사들이 자율주행 안전 기능과 차내 엔터테인먼트를 AMD 프로세서 하나로 통합 처리하는 시연은 모빌리티 시장에서의 확실한 입지를 증명했다. 1시간여의 연설을 마치며 수 CEO는 "Together We Advance_AI"라는 슬로건을 다시 띄웠다. 폐쇄적인 엔비디아와 달리, 다양한 파트너와 연합하여 개방형 생태계를 만들겠다는 철학이다. 리사 수의 AMD는 이제 누군가의 대안이 아닌, 시장의 새로운 '표준'으로 자리매김했다.

산업용 AI의 표준을 선언하다
롤랜드 부시 지멘스 CEO

"AI는 더 이상 '기능'이 아니다. 세상을 움직이는 '물리적 힘(Force)'이다."

2026년 1월 7일 오전 9시, 라스베이거스 베네시안 호텔의 메인 무대. 롤랜드 부시 지멘스 CEO의 등장은 흡사 철학자의 강연을 연상케 했다. 그는 스크린에 19세기의 증기기관과 20세기의 전기를 띄우며 인류 산업사의 거대한 흐름을 짚었다.

"증기기관이 세상을 바꾸는 데 60년, 전기가 표준이 되는 데 30년이 걸렸습니다. 하지만 생성형 AI는 등장한 지 불과 7년 만에 모든 것을 바꾸고 있습니다."

부시 CEO는 이날 AI에 대한 정의를 새롭게 내렸다. 지금까지의 AI가 텍스트를 요약하고 이미지를 생성하는 소프트웨어적 '기능(Feature)'에 머물렀다면, 이제 AI는 공장을 돌리고, 전력망을 제어하고, 운송 수단을 움직이는 강력한 '물리적인 힘(Force)'이 되었다는 것이다. 그는 "우리는 현실 세계의 데이터를 완벽하게 이해하고 제어할 수 있는 기업"이라며, 지멘스의 디지털 플랫폼 '지멘스 엑셀러레이터(Siemens Xcelerator)'가 바로 그 힘을 다루는 운영체제임을 천명했다.

젠슨 황과 함께, "산업용 AI의 빅뱅"

이날 무대의 하이라이트는 단연 젠슨 황

롤랜드 부시 지멘스 CEO와 젠슨 황 엔비디아 CEO. ⓒ 지멘스

엔비디아 CEO의 등장이었다. 가죽 재킷을 입고 등장한 그는 부시 CEO와 뜨거운 악수를 나누며 '산업용 AI 생태계의 완성'을 선언했다.

두 거인의 대화는 반도체 설계의 극한을 보여주었다. 젠슨 황은 차세대 AI 칩인 '베라 루빈(Vera Rubin)'을 언급하며 "15만 년의 엔지니어링 시간이 필요한 이 괴물을 설계하는 건 인간의 힘만으로는 불가능하다"고 말했다. 그는 "이 복잡한 칩과 쿨링 시스템 설계에 지멘스의 EDA(전자자동설계) 소프트웨어가 필수적이었다"고 고백했다. 이는 엔비디아가 AI 하드웨어의 제왕이라면, 그 하드웨어를 만드는 도구를 쥔 것은 바로 지멘스임을 전 세계에 증명한 장면이었다.

"공장 설계를 심시티처럼"…
펩시코와 디지털 트윈

젠슨 황이 거대 담론을 제시했다면, 펩시코(PepsiCo)는 이를 통해 실제로 돈을 버는 방법을 보여줬다. 부시 CEO는 이날 혁신적인 툴인 '디지털 트윈 컴포저'를 최초로 시연했다. 복잡한 공장 설계를 마치 게임 '심시티'를 하듯 드래그 앤드 드롭으로 구성할 수 있는 도구다.

무대에 오른 아티나 카니우라 최고전략책임자(CSO)는 "우리는 전 세계 수백 개의 물류 센터와 생산 라인을 이 툴로 가상화했다"며 놀라운 성과를 공개했다. "미국 게토레이 공장에 이 기술을 적용한 지 3개월 만에 생산 효율을 20% 높이고, 설비 투자 비용을 15% 절감했습니다." 이는 지멘스의 기술이 기업의 재무제표에 직접적인 이익을 가져다줌을 증명한 결정적 사례였다.

MS와의 동맹, 그리고 메타의 웨어러블 AI

세 번째 파트너로는 마이크로소프트(MS)가 등장해 'AI 에이전트' 시대를 예고했다. 제이 파리크 마이크로소프트 수석부사장은 "이제 AI는 챗봇을 넘어 스스로 작업을 수행하는 자율형 에이전트로 진화했다"며 롤스로이스 엔진 공정에서 코파일럿이 프로그래밍 시간을 80% 단축시킨 사례를 소개했다.

관객들의 가장 큰 탄성을 자아낸 것은 메타(Meta)와의 만남이었다. 부시 CEO는 "작업자의 두 손을 자유롭게 하겠다"며 지멘스의 산업용 AI가 탑재된 '레이밴 메타 스마트안경'을 공개했다. 시연 영상에서 신입 엔지니어가 고장 난 밸브를 바라보자, 안경 너머의 AI가 고장 원인을 진단하고 증강현실(AR)로 수리 절차를 띄워주었다. 두꺼운 매뉴얼도, 태블릿도 필요 없는 이 장면은 '웨어러블 AI'가 바꿀 산업 현장의 미래를 가장 직관적으로 보여주었다.

"태양을 만들다"… 인류 최대의 꿈, 핵융합

키노트의 대미를 장식한 것은 기술의 극한, 핵융합이었다. 커먼웰스퓨전시스템즈(CFS)의 밥 멈가드 CEO는 "인류 역사상 가장 복잡한 기계인 핵융합로를 검증하는 데 지멘스의 시뮬레이션 기술이 필수적이었다"고 단언했다. 이어 그는 "구글이 우리의 첫 상용 핵융합 발전소 전력을 구매하기로 했다"는 깜짝 뉴스를 발표하며 장내를 술렁이게 했다. 꿈의 에너지가 지멘스의 기술을 통해 상용화 단계에 진입했음을 알리는 역사적인 순간이었다. 1시간여의 연설을 마무리하며 부시 CEO는 다시 한번 전기를 언급했다. "오늘날 우리가 전기의 존재를 의식하지 않듯, 산업용 AI도 공기처럼 스며들어 세상을 움직일 것입니다." 이번 키노트는 지멘스가 '기계 회사'라는 낡은 옷을 벗고, 엔비디아 · MS · 메타라는 거인들과 함께 세상을 움직이는 '산업용 AI 플랫폼 제국'으로 등극했음을 선언한 무대였다.

모두를 위한 더 똑똑한 AI
양위안칭 레노버 CEO

라스베이거스의 화려한 무대 위, 양위안칭 레노버 CEO는 차분하지만 단호한 어조로 기조연설의 포문을 열었다. 지난 몇 년간 전 세계를 휩쓴 생성형 AI 열풍에 대해 그는 냉철한 진단을 내렸다.

"우리는 AI가 시를 쓰고, 코딩을 하고, 그림을 그리는 놀라운 광경을 목격했습니다. 하지만 이제 사람들은 본질적인 질문을 던지기 시작했습니다. '그래서 그 AI가 정말 내 업무 생산성을 높여줍니까? 내 민감한

양위안칭 레노버 CEO와 지아니 인판티노 피파 회장. © 레노버

데이터는 안전합니까?'"

양 CEO는 현재의 AI가 클라우드 기반의 '퍼블릭 AI(Public AI)'에 치우쳐 있다고 지적했다. 퍼블릭 AI는 똑똑하지만, 사용자의 개인적인 맥락을 모르고 보안에 취약하며 비용이 비싸다. 그가 제시한 해답은 '하이브리드 AI(Hybrid AI)'다. 클라우드의 방대한 지식과, 내 기기(PC · 스마트폰) 안에서 작동하는 '프라이빗 AI(Private AI)'를 결합해, 보안과 효율성을 동시에 잡겠다는 전략이다. 그는 "레노버는 주머니 속 스마트폰부터 책상 위 PC, 그리고 데이터센터 서버까지 AI를 구동하는 모든 하드웨어 포트폴리오를 갖춘 유일한 기업"이라며 이 거대한 비전을 실현하기 위해 글로벌 테크 업계를 움직이는 '어벤져스'를 무대로 호출했다.

젠슨 황과 '피지컬 AI' 시대를 열다

키노트의 초반부, 객석을 가장 뜨겁게 달군 것은 젠슨 황 엔비디아 CEO였다. 트레이드 마크인 가죽 재킷을 입고 등장한 그는 양 CEO와 뜨거운 포옹을 나누며 '레노버 하이브리드 AI 어드밴티지 with NVIDIA' 플랫폼의 본격 가동을 알렸다.

황 CEO는 "과거의 AI가 텍스트를 이해했다면, 이제 AI는 물리적 세상을 이해한다"며 이를 '피지컬 AI'라고 정의했다. 그는 레노버의 로봇과 서버가 엔비디아의 옴니버스(Omniverse) 시뮬레이션에서 학습

하고 작동하는 미래를 제시했다. 황 CEO
는 엔비디아의 최신 AI 슈퍼칩 '블랙웰
(Blackwell)'의 실물을 들어 보이며, "이 칩
이 뿜어내는 엄청난 열을 식힐 수 있는 유
일한 솔루션은 레노버의 6세대 수랭식 냉
각 기술 '넵튠(Neptune)'뿐"이라며 극찬을
아끼지 않았다. 그는 "레노버의 쿨링 기술
없이는 엔비디아의 AI 팩토리도 존재할 수
없다"며 양사의 협력이 단순한 제휴를 넘
어선 '생존 동맹'임을 강조했다.

리사 수 & 크리스티아누 아몽,
"오픈 생태계의 심장"

젠슨 황이 AI의 두뇌와 근육을 이야기했다
면, 이를 뒷받침할 인프라와 모빌리티 파
트너들도 잇달아 등판했다. 리사 수 AMD
CEO는 레노버와의 전방위적 협력을 재
확인했다. 수 CEO는 "레노버는 AMD의
데이터센터용 CPU(EPYC)와 AI 가속기
(Instinct)를 가장 대규모로, 가장 빠르게
도입하는 파트너"라며 양사가 추구하는
'개방형 생태계'의 중요성을 역설했다.
크리스티아누 아몽 퀄컴 CEO의 등장은
레노버의 AI 전략이 PC를 넘어 모바일과
자동차로 확장되고 있음을 보여주는 결정
적 장면이었다. 두 CEO는 '레노버 차량용
컴퓨팅' 로드맵을 공개하며 "이제 자동차
는 바퀴 달린 스마트폰이자, 움직이는 AI
PC"라고 정의했다. 퀄컴의 '디지털 섀시'

솔루션과 레노버의 컴퓨팅 파워 결합은 자
율주행과 차량 내 엔터테인먼트 경험을 혁
신하고 있다.

FIFA와 함께, "AI가 월드컵을 바꾼다"

기술 거물들의 릴레이 발표 후, 무대에는
예상치 못한 인물이 등장해 관객들을 놀라
게 했다. 바로 국제축구연맹(FIFA)의 잔니
인판티노 회장이었다. 양 CEO는 "레노버
가 FIFA의 최상위 공식 기술 파트너가 되
었다"고 전격 발표했다. 이는 '2026 북중미
월드컵'을 포함한 모든 FIFA 대회를 레노
버의 기술로 지원한다는 초대형 계약이다.
인판티노 회장은 "현대 축구는 데이터의
스포츠"라며 레노버의 AI 서버와 싱크패드
가 경기장 곳곳에서 선수들의 움직임을 분
석하고 전 세계 50억명의 시청자에게 끊김
없는 중계를 제공할 것이라고 기대감을 드
러냈다.

"내 마음을 읽는 비서"… AI 나우 & 모토 AI

양 CEO는 이날 파트너십 발표 사이사이,
2025년 테크 월드에서 비전을 제시했던
'레노버 AI 나우'와 '모토 AI'가 실제 제품
에 탑재되어 글로벌 시장에 출격함을 알
렸다. 'AI 나우'는 인터넷 연결 없이도 PC
내부 데이터를 학습해 사용자를 돕는 '로
컬 AI 에이전트'다. 시연자가 오프라인 상
태에서 "다음주 출장 관련 문서 요약해줘"

라고 말하자, AI는 즉시 정확한 요약본을 내놓으며 '프라이버시 퍼스트' 원칙을 증명했다. 모토롤라 스마트폰의 '모토 AI' 역시 사용자의 행동 패턴을 학습해 스스로 커피를 주문하고 결제하는 '대형행동모델(Large Action Model)'로서의 진가를 보여주었다.

AI, 슈퍼컴퓨터에서 책상 위로

영상 메시지로 등장한 인텔의 팻 겔싱어 CEO가 차세대 AI 프로세서 '팬서 레이크(Panther Lake)'의 레노버 최우선 공급을 약속하며 지원 사격에 나섰다. 젠슨 황(AI), 리사 수(인프라), 크리스티아누 아몽(모바일), 인판티노(스포츠), 그리고 인텔과 MS까지. 양 CEO는 전 세계에서 가장 강력한 기술 연합군을 구축했다.

그는 "모두를 위한 더 똑똑한 AI(Smarter AI for All)"라는 슬로건을 외치며 키노트를 마무리했다. "우리는 AI를 슈퍼컴퓨터에서 꺼내 여러분의 주머니와 책상 위에 올려놓을 것입니다. 레노버의 하이브리드 AI는 기술의 차가움 대신 인간의 따뜻함을, 복잡함 대신 편리함을 선사할 것입니다." 이번 레노버 키노트는 단순한 신제품 발표회가 아니었다. 그것은 레노버가 단순한 하드웨어 제조사를 넘어, 전 세계 AI 생태계를 연결하고 통합하는 거대한 '플랫폼 제국'으로 등극했음을 전 세계에 공표한

역사적인 무대였다.

노란 철갑(Iron)에 인공지능을 입히다
조 크리드 캐터필러 CEO

2026년 1월 7일 오전 9시, 라스베이거스 베네시안 호텔 팔라조 볼룸. 무대에 거대한 노란색 중장비가 아닌, 말끔한 캐주얼 차림의 조 크리드 캐터필러 CEO가 등장했다. 그는 청중을 향해 도발적인 질문을 던지며 키노트를 시작했다. "대체 왜 땅이나 파는 굴착기 회사가 최첨단 CES의 메인 무대에 서 있는가? 많은 분이 궁금해하실 겁니다."

크리드 CEO는 그 답을 '보이지 않는 층(The Invisible Layer)'이라는 개념으로 정의했다. 우리가 사용하는 스마트폰, AI가 돌아가는 데이터센터, 전기차가 달리는 도로. 이 모든 화려한 디지털 세상은 결국 땅에서 광물을 캐고, 건물을 짓고, 전력을 생산하는 '물리적 인프라' 위에 서 있다는 것이다. 그는 "캐터필러는 지난 100년간 이 보이지 않는 층을 만들어왔다"며 "이제 우리는 이 물리적 기반에 AI라는 지능을 불어넣어, 디지털과 현실이 완벽하게 결합된 새로운 시대를 열 것"이라고 선언했다. 주요 외신은 이 발언을 두고 "캐터필러가 스스로를 '물리 세계의 엔비디아'로 정의했다"고 평가했다.

조 크리드 캐터필러 CEO. © 캐터필러

디지털 신경망, '헬리오스(Helios)'와 '캣 AI 어시스턴트'

이날 발표의 기술적 하이라이트는 오기 레드직 최고디지털책임자(CDO)가 공개한 디지털 플랫폼이었다. 그는 전 세계에 퍼져 있는 150만대의 캐터필러 장비가 실시간으로 연결되어 있으며, 여기서 수집된 데이터가 16페타바이트(PB)에 달한다고 밝혔다. 이 방대한 데이터를 처리하는 두뇌가 바로 캐터필러의 클라우드 플랫폼 '헬리오스(Helios)'다.

하지만 이날 관객을 가장 놀라게 한 것은 헬리오스에서 작동하는 생성형 AI, '캣 AI 어시스턴트(Cat AI Assistant)'의 시연이었다. 레드직 CDO가 무대에서 전시 부스에 있는 오퍼레이터 '마크'를 연결했다. 마크가 탄 'Cat 306 미니 굴착기'는 단순한 기계가 아니었다. 마크가 "전방의 전선이 위험해 보이니 높이 제한을 걸어줘"라고 말하자, AI는 즉시 "상한선을 13피트로 설정

합니다"라고 답하며 기계의 유압 장치를 제어했다. 마크가 실수로 레버를 더 당겨도 굴착기 팔은 13피트 높이에서 보이지 않는 벽에 막힌 듯 멈춰섰다. 두꺼운 매뉴얼을 뒤적이는 대신, 자연어로 기계와 대화하며 안전을 확보하는 이 장면은 '산업용 AI'가 현장의 룰을 어떻게 바꾸고 있는지 보여주는 결정적 순간이었다.

엔비디아와 함께 만드는 '에지 AI(Edge AI)'

캐터필러의 AI 비전을 완성하는 핵심 파트너는 역시 엔비디아였다. 엔비디아의 로보틱스 부문 부사장 디푸 탈라가 무대에 올라 크리드 CEO와 대담을 나눴다. 두 사람은 인터넷 연결이 끊기기 쉬운 광산이나 사막 한가운데서도 AI가 작동해야 한다는 점에 동의했다.

탈라는 "클라우드가 아닌 기계 자체에서 AI를 구동해야 한다"며 엔비디아의 에지 컴퓨팅 플랫폼인 '토르(Thor)'가 캐터필러

의 차세대 장비에 탑재될 것임을 시사했
다. 그는 "캐터필러의 장비는 단순한 트럭
이 아니라, 스스로 보고(Perceive), 판단하
고(Reason), 행동하는(Act) 거대한 로봇"
이라며, 엔비디아의 '아이작(Isaac)' 로봇
훈련 플랫폼을 통해 이 거대한 철갑들이
학습하고 있음을 강조했다. 이는 엔비디아
의 AI 두뇌가 캐터필러의 강철 육체와 결
합했음을 알리는 '실리콘과 스틸의 동맹'
선언이었다.

완전 자율주행의 최전선, 5대 무인 장비 공개

제이미 마이너트 최고기술책임자(CTO)
는 카터필러가 지난 30년간 쌓아온 자율
주행 기술의 정점을 공개했다. 그는 "우리
는 이미 110억t 이상의 자재를 자율주행으
로 날랐으며, 그 과정에서 단 한 건의 인명
사고도 없었다"며 압도적인 데이터를 제시
했다.

마이너트 CTO는 미국의 채석장 기업 '럭
스톤'에 이어, 폐기물 처리 기업 'WM'과
의 새로운 자율주행 파트너십을 발표했다.
그리고 무대 스크린을 통해 건설 현장을
24시간 멈추지 않고 돌아가게 할 '차세대
자율주행 머신 5종'을 전격 공개했다. 휠
로더, 도저, 덤프트럭, 굴착기, 그리고 도
로를 다지는 콤팩터까지. 이들 기계는 운
전자 없이 서로 통신하며, 땅을 파고 흙을
싣고 바닥을 다지는 일련의 공정을 오케스

트라처럼 협업한다. 그는 "이것은 SF 영화
가 아니라, 오늘 당장 주문 가능한 현실"이
라며 건설업계의 만성적인 인력난을 기술
로 해결하겠다는 의지를 분명히 했다.

1시간에 걸친 키노트의 대미를 장식한 것
은 역설적이게도 '사람'이었다. 다시 무대
에 오른 크리드 CEO는 "기계가 똑똑해질
수록, 그것을 다루는 사람의 역할이 더 중
요해진다"고 강조했다. 그는 AI와 자율주
행 기술로 인해 일자리를 잃을까 두려워
하는 현장 노동자들을 위해 2500만달러
(약 350억원) 규모의 교육 투자를 약속했
다. "우리는 단순히 기계를 파는 것이 아닙
니다. 우리는 새로운 기술을 다룰 수 있는
'차세대 오퍼레이터'를 양성할 것입니다."
그는 이 기금을 통해 전 세계 딜러와 기술
학교에서 AI 장비 운용 교육을 실시하겠다
고 밝혔다.

크리드 CEO는 "캐터필러는 여전히 물리
적 세상을 짓는 회사지만, 이제는 엔비디
아 같은 파트너와 함께 그 세상을 더 똑똑
하게 만들고 있다"는 말로 연설을 마쳤다.
CES 2026에서 캐터필러의 키노트는 투박
한 '중장비(Heavy Iron)' 제조사가 소프트
웨어와 AI를 장착한 '하이테크 모빌리티
기업'으로 완전히 탈바꿈했음을 증명한 무
대였다. 흙먼지 날리는 공사판은 이제 데
이터가 흐르는 가장 첨단적인 AI의 실험장
이 되었다.

혁신상으로 증명된
한국 기술력

세계 최대 테크 전시회인 CES는 매년 기업들의 우수한 제품을 선정해 CES 혁신상을 선정한다. CTA가 2025년 11월 초 발표한 CES 2026 혁신상 1차 결과에 따르면, 전체 혁신상 수상 기업 284개 중 168개가 한국 기업으로 역대 최다 수상 기록을 경신했다. 이는 전체 수상 기업 중 59.2%에 달한다.

CES 혁신상은 전 세계 혁신 제품 중 기술, 디자인, 혁신성이 뛰어난 제품과 서비스에 수여한다. 그해 처음 출시된 제품만 받을 수 있고, 세계 각지 100여 명의 심사위원이 평가한다. 인공지능(AI), 로봇, 디지털 헬스 등 36개 분야 혁신 제품에 대해 최고혁신상과 혁신상을 수여하는데 매년 신청 기업이 증가하고 있으며, 특히 올해는 총 3600개 제품이 신청해 수상 경쟁이 더 치열했다.

CES 혁신상에서 유형별로는 ▲인공지능(Artificial Intelligence) 28건 ▲디지털 헬스(Digital Health) 24건 ▲지속가능성과 에너지 전환(Sustainability & Energy Transition) 14건이 수상했다.

총 31개의 작품이 최고혁신상을 받았으며 AI, 디지털 헬스, 지속가능성 및 에너지 분야가 크게 주목받았다. 대한민국은 총 15개의 수상작을 배출하며 CTA가 발표한 최고혁신상 31개 제품 중 절반가량을 차지했다.

아래는 주요 카테고리별로 최고혁신상 제품 31개를 정리한 것이다.

안티그래비티 A1 360° 드론 (중국) – 잉링(影翎 · Yingling)

중국 선전에 위치한 드론 기업 잉링의 안티그래비티 A1(Antigravity A1)은 세계 최초의 8K 360도 드론이다. 사각지대 없이 끊김 없는 구형 영상을 촬영하는 듀얼 렌즈 360도 카메라 시스템을 갖고 있는 것이 핵심이다. 독자적인 AI 알고리즘을 통해 드론이 실시간 촬영은 물론 최종 영상에서도 보이지 않도록 구현했다. 비전 고글은 드론 비행을 360도 몰입형 경험으로 바꿔준다. 조종사는 마치 현장에 있는 것처럼 자유롭게 주변을 둘러보고 비행 후 구도를 재조정할 수 있다. 비행 중 정밀한 구도 설정이 필요 없어 더욱 자유로운 영상 창작이 가능해졌다. 그립 모션 컨트롤러는 간단한 동작으로 조종할 수 있어 초보 사용자도 쉽게 조작 가능하다. 무게가 단 249g에 불과한 A1은 대부분의 국제 드론 규정을 준수하며, 접이식 디자인으로 휴대성이

뛰어나다.

로봇 엔드 이펙터 탑재 JLG 붐 리프 (미국) – 오시코시

오시코시의 JLG 붐 리프트는 기존의 리프트 장비를 용접, 검사, 설치와 같은 복잡한 고소 작업을 수행할 수 있는 자율 작업 로봇으로 변모시키는 제품이다. 산업 환경에 맞춰 설계된 오시코시의 JLG 붐 리프트는 로봇 매니퓰레이터, AI 기반 제어, 다중 센서 인식 기능을 견고하고 이동성이 뛰어난 플랫폼에 결합했다. 이 시스템은 독립적으로 또는 여러 대의 로봇이 협력하여 정밀하게 고소 작업을 수행하고 자율적으로 이동해 위치 지정 및 작업을 한다. 디지털 트윈 및 현장 관리 플랫폼과 통합된 로봇 솔루션을 제공한다.

스마트 소방 로봇(홍콩) –
와이드마운트 다이내믹스 테크

와이드마운트 다이내믹스의 AI 기반 스마트 소방 로봇은 응급 상황에 대한 높은 자율성을 가지고 있다. 이 로봇은 밀리미터파 레이더 SLAM을 탑재하여 GPS나 시각 정보 없이도 연기로 가득 찬 환경을 탐색할 수 있다. 딥러닝을 통해 연소 물질을 실시간으로 분류하고 최적의 소화제를 자동으로 선택한다. 내장 센서는 화염의 세기를 실시간으로 측정해 지휘 센터에 실시간 데이터를 제공해 신속한 대응 결정을 지원한다. 또한, 폐쇄 루프 비전-액추에이션 시스템은 화재를 감지하고 사람의 개입 없이 진화한다. 동일한 AI 시스템은 기존 검사 로봇에도 적용 가능해 즉각적인 화재 감지 및 진압 기능을 제공함으로써 초기 화재를 포착하고 진압하여 인명 피해와 자산 손실을 최소화할 수 있다.

두산 로보틱스 & 메이플 어드밴스드
로보틱스(한국) – 스캔&고

스캔&고는 AI 기반 자율 이동 로봇 솔루션으로, CAD나 코딩 프로그래밍 없이 즉각적으로 대규모 제조 공정에 혁신을 가져온다. 물리학 지식이 있는 AI와 고급 3D 비전 기술을 활용해 스캔&고는 복잡한 형상을 실시간으로 해석하고 포인트 클라우드 데이터에서 최적화된 공구 경로(tool path)를 생성한다. 기존 자동화 방식은 불규칙한 곡선, 절단면, 비반복적인 형상으로 인해 대형 복합 구조물 가공에 어려움이 있었다. 또 CAD 기반 사전 프로그래밍과 고정된 설정으로는 비효율성이 높았다. 스캔&고는 스스로 이동하고, 실시간으로 경로를 생성할 뿐만 아니라 안전 수준도 높다. 자율주행 지게차에 탑재되어 항공기 동체, 풍력 터빈 블레이드와 같은 대형 부품 위를 자율적으로 이동하고 위치를 조정하며 최소한의 준비만으로 샌딩, 연삭, 검사 작업을 수행할 수 있다. 항공우주, 풍력에너지, 건설과 같은 산업 분야에서 생산 시간을 단축하고 인건비를 절감하며 품질 향상과 안전까지 달성할 수 있다.

ALPON X5 AI 에지 컴퓨터(미국) – 식스팹(Sixfab)

ALPON X5는 모든 규모의 비즈니스를 위한 비디오 및 센서 분석용 온디바이스 AI 컴퓨터다. 라즈베리파이 CM5와 한국 기업 DEEPX가 만든 DX-M1 신경망처리장치(NPU)로 구동되며, 원본 데이터를 온사이트로 저장하고 필요한 경우에만 익명화해서 외부에 공유한다. 대규모 운영 환경에서는 단일 콘솔로 제로 터치 온보딩, OTA 업데이트, 상태 모니터링 및 정책 제어를 처리할 수 있다. 서명된 소프트웨어, 하드웨어 암호화 등 아키텍처 기반 보안을 제공한다. 불안정한 네트워크 환경에서도 안정적인 연결을 유지하도록 설계되었으며, 기본 이더넷/와이파이(Wi-Fi) 연결과 이심(eSIM) 기반 LTE로의 자동 전환을 통해 다단계 연결 이중화를 제공한다. eSIM을 통해 원격으로 통신사 전환이 가능해 환경 변화에 따른 연결성 저하를 방지한

다. 개방형 설계로 X5는 사용자가 선호하는 모델과 프로토콜을 작동시킬 수 있고 식스팹이 안전, 품질 및 자동화에 맞게 조정할 수 있는 엄선된 모델 모음을 제공한다. 대규모 연구개발(R&D) 인력이 없는 팀도 에지 AI를 신속하게 배포하여 클라우드 의존성 없이 낮은 지연 시간과 예측 가능한 비용을 달성할 수 있다.

HP 엘리트 데스크8 미니 G1a 데스크톱 넥스트젠 AI PC(미국) – HP

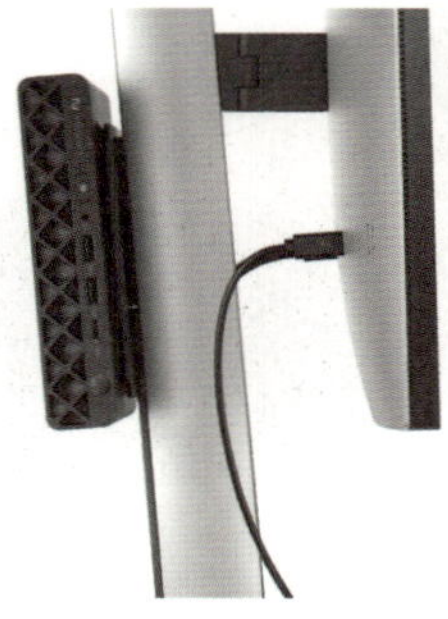

HP 엘리트 데스크8 미니 G1a 데스크톱 넥스트젠 AI PC는 콤팩트한 사이즈의 비즈니스 데스크톱이다. 뛰어난 성능으로 온디바이스 AI 성능을 사용자에게 제공한다. 여러 AI 기반 애플리케이션을 동시에 실행해야 하는 전문 사용자를 위해 설계되었으며 중단 없는 워크플로, 다양한 배포 옵션 및 고급 보안 기능을 제공한다. 1리터의 콤팩트한 디자인으로 디스플레이 후면에 설치할 수도 있고, 밀집된 작업 공간 환경에서도 사용 가능하다. AMD 자동 상태 관리

(Auto State Management)와 연동되는 에너지 효율적인 아키텍처는 전력 소비를 줄여 정보기술(IT) 팀이 성능 저하 없이 목표를 달성할 수 있도록 지원한다. 내장된 보안 및 관리 기능은 보안, 하이브리드 또는 공용 환경 등 다양한 규모로 배포가 가능하다.

나키 신경망 이어버드(미국) – Naqi Logix Inc.

나키 로직스는 세계에서 가장 인기 있는 웨어러블 스마트 기기인 이어버드를 강력한 신경 인터페이스로 변환해 인간과 기계의 상호작용을 재정의하는 제품이다. 나키 뉴럴 이어버드는 뇌 임플란트를 대체할 수 있는 안전하고 비침습적인 솔루션을 제공하며, 사용자가 턱을 꽉 다물거나 눈을 깜빡이거나 눈썹을 움직이는 등 거의 눈에 띄지 않는 미세한 얼굴 표정을 통해 디지털 기기를 제어할 수 있도록 한다. 이러한 미세 신호는 나키 로직스 고유의 AI 알고리즘에 의해 해석되어 우리가 생활하고, 일하고, 즐기는 모든 환경에서 손을 사용하지 않고, 음성을 사용하지 않고, 화면을 보지 않고도 명령하고 제어할 수 있도록 해준다.

제트랩 AI NAS(한국) – 제트랩 이노베이션

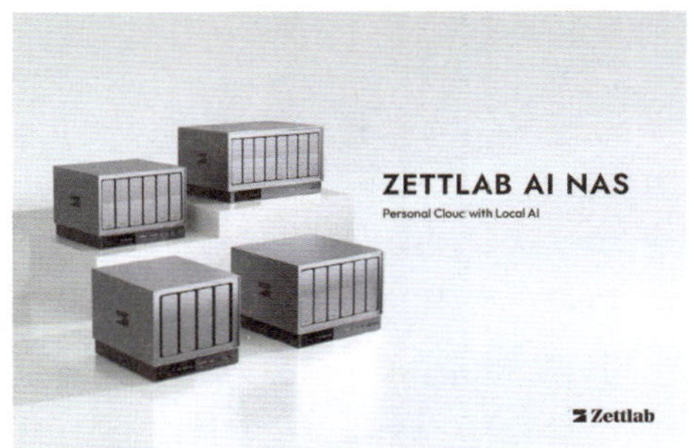

제트랩 AI NAS는 온디바이스 AI를 통합해 데이터 검색 및 관리를 향상시키면서 개인 정보 보호를 강화하는 스토리지 솔루션이다. 이 시스템을 사용하면 자연어를 통해 이미지, 오디오, 비디오 클립 및 문서를 검색할 수 있다. 필요한 내용을 입력하기만 하면 관련 파일을 찾아준다. 멀티모달 지식 Q&A를 지원해 모든 데이터에 걸쳐 질문하고 출처가 명시된 답변을 얻는 것이 가능하다. 모든 AI는 클라우드 서비스 없이 로컬에서 오프라인으로 실행되므로 민감한 데이터는 온프레미스에 안전하게 보관되고 사용자가 직접 제어할 수 있다. 2025년 킥스타터에서 140만달러 이상을 모금했다.

이어플로(미국) – 이어플로

이어플로(Earflo)는 2세 이상의 소아에게서 발생하는 삼출성 중이염(만성 중이염)의 원인인 음압을 비침습 방식으로 치료하는 최초의 헬스케어 기기다. 소아 중이염 치료에 가장 흔히 사용되는 수술인 이관 삽입술을 대체할 수 있다. 임상 연구 결과, 이어플로는 안전하고 통증이 없으며 일시적인 청력 손실을 예방하는 데 도움이 되는 것으로 나타났다. 빨대컵처럼 생긴 이 제품은 아이가 음료를 마시는 동안 자동으로 작동한다. 코를 통해 정밀하게 조절된 공기를 부드럽게 분사해 유스타키오관을 열어 갇힌 액체를 배출하도록 돕는다. 치료는 하루에 단 몇 분씩만 소요되며 집에서나 이동 중에도 간편하게 할 수 있다. 재미있는 전용 앱은 게임처럼 진행 상황을 보여줘 매일 사용을 장려하고, 부모와 의료진이 사용 현황과 결과를 추적할 수 있도록 지원한다.

오르페 인솔(일본) – 오르페

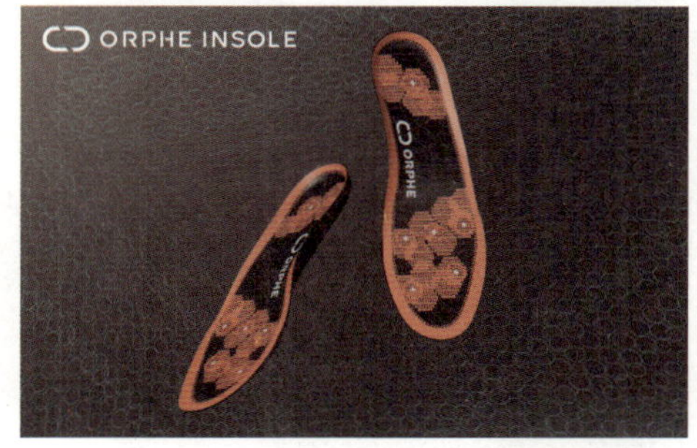

오르페 인솔은 세계 최초 스마트 인솔 기반 보행 분석 플랫폼이다. 6개의 압력 센서와 6축 모션 유닛을 초박형 무선 충전 디자인에 통합해 편안함과 일상적인 사용성을 저해하지 않으면서 24시간 이상 연속 작동이 가능하다. 알고리즘 기반 보행과 머신러닝 기반 동작 인식이라는 두 가지 분석 기능을 기기 내에서 수행하여 실제 환경에서 실험실 수준의 생체역학 데이터를 집계한다. 보행 패턴, 체중 분포 및 균형을 측정해 의료, 재활, 스포츠 과학, 인체공학 및 예방 치료 분야에 적용할 수 있다. 오픈 소스 SDK와 개발자 라이브러리는 연구원, 임상의 및 업계 파트너와의 협업 생태계를 조성해 신속한 혁신과 맞춤형 애플리케이션 통합을 촉진한다. 기존의 모션 트래킹 솔루션과 달리 오르페 인솔은 전문가 수준의 정확도와 일상적인 착용감, 무선 편의성을 갖고 있다.

ID블록과 B·페이 기반 금융여권(한국) – 크로스허브

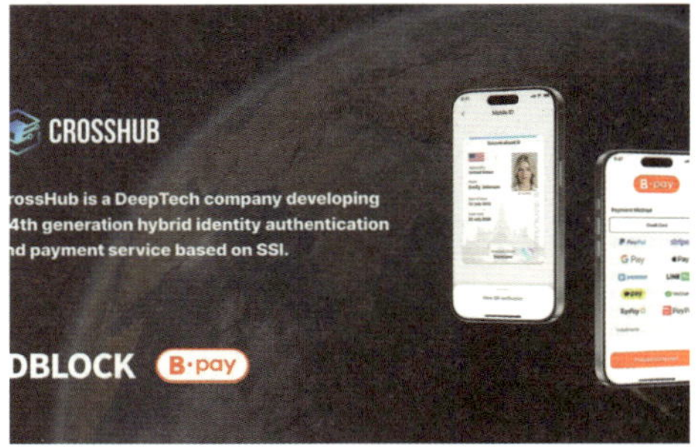

ID블록과 B · 페이는 블록체인 기술을 기반으로 크로스보더 신원 확인과 결제를 통합한 최초의 원스톱 솔루션이다. 온피도(Onfido)와 아이프루브(iProov) 같은 업체는 신원 확인만, 페이팔과 알리페이는 결제만 제공해 여행객들이 입국 절차와 결제 과정에서 어려움을 겪는 경우가 많다. ID블록은 영지식 증명(zero-knowledge proof)을 사용해 여권을 단 몇 초 만에 검증하고, 데이터 노출을 차단하며 위조 신분증 위험을 제거한다. B · 페이를 통해 사용자는 현지 SIM 카드, 은행 계좌, 카드 없이도 자국에서 신뢰하는 전자지갑으로 해외에서 직접 결제할 수 있다. 이 두 서비스는 신원 보안을 강화하고 웹2 서비스와 웹3 전자지갑 모두에서 원활한 결제를 가능하게 하는 휴대용 '금융여권'을 제공한다. 기업은 고가의 하드웨어나 복잡한 통

합 없이 검증된 글로벌 고객에게 즉시 접근할 수 있어 전환율을 높이고 지원 비용을 절감할 수 있다. 여행사와 관광 도시들은 새로운 관광 수입원을 창출하고 고객 로열티 프로그램을 운영할 수 있다.

지포스 RTX™ 5080 16G 엑스퍼트 시리즈(대만) – MSI

지포스 RTX 5080 16G 엑스퍼트 시리즈는 대만 컴퓨터 기업 MSI가 엔비디아 블랙웰 기술로 만든 게임용 그래픽 카드다. 다이캐스트 알루미늄 합금으로 제작된 커버는 뛰어난 구조적 안정성을 제공하는 동시에 세련된 산업적 디자인을 갖고 있다. 탁월한 열 방출과 안정적인 성능을 위해 설계된 첨단 플로 프로저(Flow Frozr) 2 열 관리 시스템이 탑재되어 있다. 두 개의 고성능 스톰포스팬이 조화롭게 작동하는 푸시풀 에어플로로 구성되어 있다. 팬 하나는 강력한 냉각 공기를 방열판으로 유입

시키고, 다른 하나는 섀시에서 효율적으로 열을 배출한다. 이러한 동기화된 공기 흐름은 열 축적을 최소화하여 고부하 작업 환경에서도 일관된 냉각 효율을 보장한다. 그 결과, 최첨단 열 관리 기술과 프리미엄급 장인정신이 결합된 그래픽 카드가 탄생했으며, 게이머와 크리에이터에게 안정적인 성능과 뛰어난 내구성을 제공한다.

LG 시그니처 OLED T(한국) – LG전자

LG 시그니처 OLED T는 세계 최초 투명 OLED TV로 공간과 화면의 경계를 허문 혁신적 디스플레이다. 투명 OLED 디스플레이와 무선 셋톱박스 솔루션을 통해 혁신적인 시각적 경험을 선사한다. 어떤 공간에도 자연스럽게 어우러지도록 설계된 이 TV는 기존의 검은 화면을 없애고 주변 환경을 그대로 보여줌으로써 인테리어 통합의 새로운 기준을 제시한다. 백라이트가 없는 자발광 픽셀 구조로 투명 모드에서도 생생한 화질을 구현한다. 무선 전송 기술과 투명 모드 전용 콘텐츠를 결합해 영상

디스플레이에 있어 공간적, 미적 자유의 새로운 시대를 열었다.

S3SSE2A 보안 칩(한국) – 삼성전자

삼성의 S3SSE2A는 하드웨어 기반 양자 후 암호화(PQC)를 탑재한 업계 최초의 임베디드 보안 칩으로, 미래 양자 컴퓨팅 위협에 강력한 보호 기능을 제공한다. 양자 컴퓨터 성능이 향상됨에 따라 이것이 기존 암호화 기술을 무력화해 민감한 개인 및 기업 데이터를 위험에 빠뜨릴 수 있다는 전망이 나오고 있다. S3SSE2A는 미국 국립표준기술연구소(NIST)의 인증을 받은 고급 암호화 알고리즘을 사용하여 칩에 직접 데이터를 안전하게 처리하고 저장함으로써 이러한 위협을 방지하도록 설계되었다. 이러한 하드웨어 수준의 보호는 소프트웨어만으로는 불가능한 장기적인 보안과 시스템 무결성을 제공한다. 또한 안전한 장치 인증 및 암호화된 통신을 지원하여 보안이 필수적인 모바일, 사물인터넷(IoT) 및 커넥티드 디바이스에 이상적

이다. 업계 최고 수준의 보안 등급인 CC EAL6+ 인증을 획득한 S3SSE2A는 물리적 및 디지털 공격 모두에 대한 내성을 갖추고 있다.

SDI 25U-Power(한국) - 삼성SDI

삼성 SDI에서 만든 25U-Power는 세계 최고 출력 성능을 가진 18650 원통형 배터리다. 150W의 연속 방전을 지원하며, 10분 만에 80%까지 고속 충전이 가능하다. 또한, 전극 두께를 최적화해 출력과 고속 충전 성능을 동시에 향상시켰다. 산업용 전동 공구·로봇용 고출력 배터리로 설계된 안정적 셀 구조를 가지고 있다. 혁신성 출력과 내구성의 균형을 이룬 산업용 파워 배터리로 고성능 전동화 시장의 기반을 강화하는 제품이다.

스냅드래곤 W5+ Gen 2(미국) - 퀄컴

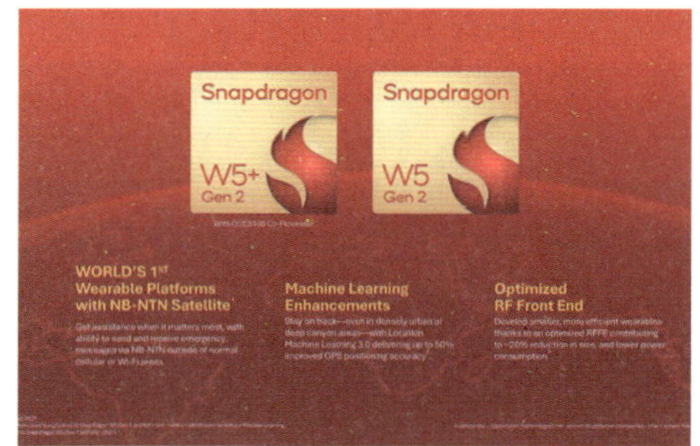

스냅드래곤 W5+ 2세대 및 W5 2세대 웨어러블 플랫폼은 사용자가 어디에서든 연결 상태를 유지할 수 있도록 설계된 플랫폼이다. 웨어러블 스마트 기기에 탑재되어서 세계 최초로 협대역 비지상 네트워크(NB-NTN) 긴급 위성 메시징을 지원한다. 이 프리미엄 위성 연결 기술을 통해 사용자는 셀룰러 및 와이파이 서비스 범위를 벗어난 지역에서도 SOS 메시지를 송수신할 수 있다. 4나노 시스템온칩(SoC) 아키텍처를 기반으로 구축된 이 새로운 플랫폼은 향상된 GPS 정확도, GPS 위치 정확도 향상을 위한 새로운 머신 러닝 기능, 그리고 약 20%의 크기 축소와 전력 소비 감소를 제공하는 퀄컴 최적화 RF 프런트 엔드(RFFE)를 포함한 차세대 엔지니어링 기술을 특징으로 한다.

XPG 인피니티
RGB DDR5 메모리(대만) – ADATA

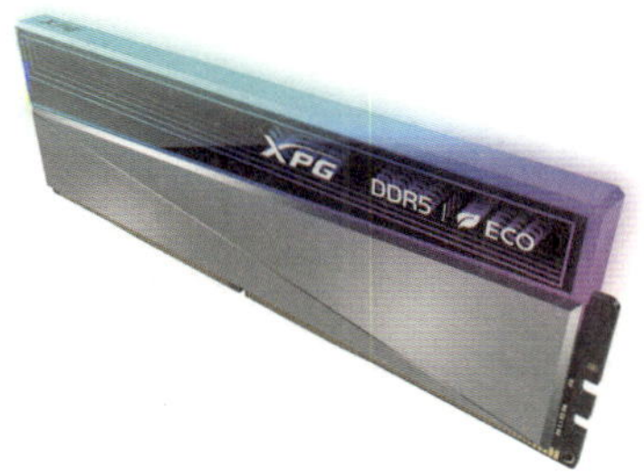

XPG DDR5 인피니티는 고성능, 지속 가능한 소재, 그리고 눈길을 사로잡는 디자인을 완벽하게 결합한 차세대 메모리 모듈이다. 프리미엄 IC와 10층 PCB로 설계되어 최대 8000MHz의 초고속을 지원하며, 게이머와 PC 애호가에게 탁월한 안정성과 효율성을 제공한다. 방열판은 재활용 알루미늄으로 제작되었고, 외피는 재활용 플라스틱(PCR)으로 만들어져 환경을 생각하는 부품 디자인을 갖고 있다. 외관은 3D 삼각형 디자인과 무한 거울처럼 반사되는 RGB 조명 효과를 통해 풍부한 색감과 미래적인 스타일을 자랑한다. XPG RGB Sync와 메인보드 소프트웨어를 통해 조명을 완벽하게 커스터마이징할 수 있으며, XPG 수랭 쿨링 제품과 통일된 디자인 언어를 공유한다. 포장재 또한 100% 재활용 및 FSC 인증 소재를 사용해 XPG의 지속 가능성 가치를 반영한다.

젠시 스튜디오(한국) – 스튜디오랩

젠시 스튜디오(Gency Studio)는 AI, 로봇공학, XR 미디어 아트를 기반으로 만든 AI 로봇 포토스튜디오다. 스튜디오에 설치된 AI 로봇이 방문자의 사진을 촬영해준다. 방문객에게 몰입형 브랜드 경험을 제공하고, 이에 참여하는 브랜드는 이를 통해 포토스튜디오 부스를 효율적으로 운영할 수 있다. AI와 로봇을 통해 반복적인 촬영 작업을 자동화하고, XR 및 공간 컴퓨팅을 활용해 다양한 형태의 촬영을 가능하게 한다. 이를 통해 평균 체류 시간을 40% 향상시키고, 브랜드 인지도를 최대 60%까지 높이며, 운영 비용을 최대 80%까지 절감할 수 있다. 젠시 스튜디오는 브랜드 경험과 실시간 콘텐츠 제작을 연결해 오프라인 리테일을 창의성과 마케팅 효과를 극대화하는 성과 중심의 쇼룸으로 탈바꿈시키고 있다.

페리스피어(한국) – 긱스로프트

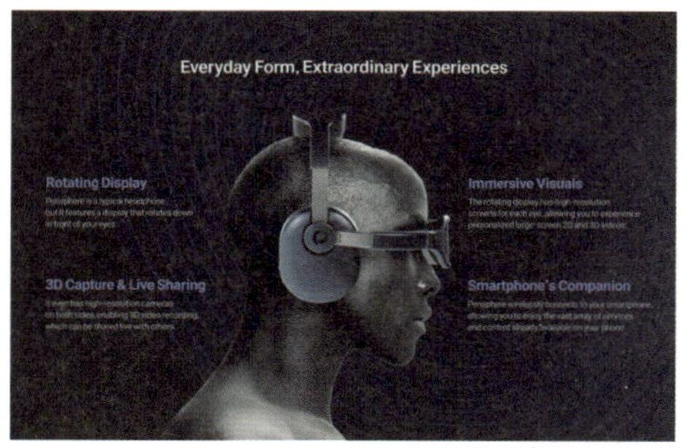

수십 년 동안 헤드폰은 오로지 소리만을 위한 기기였다. 카메라, 스마트폰, 스마트안경은 점점 더 스마트해졌지만, 헤드폰은 변함없이 그대로였다. 페리스피어는 이러한 인식을 바꾼다. 고음질 오디오, 접이식 풀HD 디스플레이, 듀얼 스테레오 카메라, 스테레오 마이크를 하나의 익숙한 형태에 통합한 최초의 헤드폰이 페리스피어이기 때문이다. 헤드밴드에 디스플레이를 고정함으로써 무게를 고르게 분산시켜 420g(14.82oz)의 가벼운 무게를 유지하고 장시간 착용해도 편안함을 제공한다. 이러한 디자인 덕분에 몰입형 기능을 실용적으로 활용할 수 있다. 접이식 디스플레이를 올리고 내리는 방식으로 손을 자유롭게 사용하여 듣고, 보고, 촬영하고, 공유할 수 있다. 스테레오 마이크와 스테레오 카메라는 3D 녹화에 깊이감을 더하고, 터치 감지 이어패드는 즉각적인 제어를 가능하게 한다. 단순한 액세서리를 넘어 헤드폰을 나만의 휴대용 미디어 허브로 만들어준다.

존 HSS1(한국) – CT5

존 HSS1은 귀에 걸어서 머리 뒤쪽으로 쓰는 웨어러블 제품이다. 기존 스마트안경이 가진 배터리 수명과 다중 사용자 지원 및 개인정보 보호 한계를 극복하도록 설계된 웨어러블 AI 인터페이스 제품이다. 안경을 쓴 상태에서도 착용할 수 있고 무게는 90g에 불과하다. 하이브리드 오픈 이어 디자인과 고급 전력 관리 기능을 갖춘 섀시는 하루 종일 지속되는 긴 사용 시간을 제공한다. 제품에는 탈부착이 가능한 이어버드가 있어 이를 실시간 통역 등을 위해 상대에게 빌려줄 수 있다.

하이드로 호크 5G 스마트워터 샘플링 드론 시스템(한국) – 둠둠

하이드로 호크(Hydro Hawk)는 5G 기반의 항공 수질 샘플링 시스템으로, 실험실 수준의 분석 기능을 현장으로 가져와 수질 모니터링을 간소화하고 신속하게 수행할 수 있도록 지원한다. 화이드로 호크는 어렵거나 위험한 지역의 상하수도 시설에서 최대 4리터의 물을 정확한 깊이에서 채취하고 pH, 탁도, 전도도 등의 주요 지표를 즉시 분석한다. 환경 기관, 공공 시설, 산업 현장 운영자를 위해 설계된 제품으로 기존에는 배를 타고 멀리 가야 했고, 분석 대기를 기다리는 시간도 줄였다. 5G 네트워크를 통한 실시간 데이터 전송과 완벽한 추적성을 제공하는 디지털 로그가 남아서 수작업으로 몇 시간씩 걸리던 작업을 단 한 번의 효율적인 비행으로 대체한다. 현장 시험에서 시간과 비용을 60% 이상 절감하는 것이 이미 입증됐다.

뉴로이드 플레이메이커(한국) – 네이션A

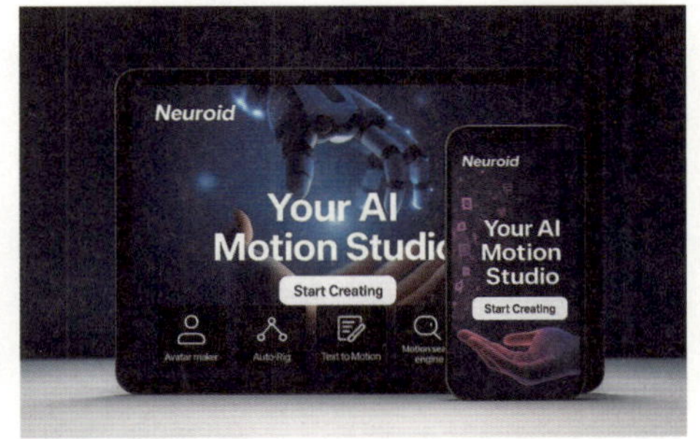

뉴로이드 플레이메이커는 텍스트, 음성, 비디오 프롬프트를 실시간으로 정밀하고 완성도 높은 3D 모션으로 변환하는 차세대 AI 플랫폼이다. 150개국 100만명의 사용자가 10억개 이상의 인체 동작 데이터를 기반으로 학습시킨 네이션A 자체 대규모동작모델(LAM)이 탑재되어 있다. 엔터테인먼트, 게임, 몰입형 콘텐츠 제작에 필요한 3D 애니메이션 워크플로를 생성부터 편집, 배포까지 원활하게 구현한다. 모든 수준의 크리에이터를 위해 설계되어 있어 애니메이션 전문 지식 없이도 복잡한 모션을 생성, 검색, 스타일링, 맞춤 설정할 수 있도록 한다. 주요 기능으로는 세계 최초의 의미론적 모션 검색 엔진, 직관적인 관절 단위 신체 부위 편집, 지능형 스타일 전송, 그리고 프롬프트 기반의 동적 정밀 조정 시스템이 있다. 애니메이션 제작의 진입 장벽을 낮추고 확장 가능한 실시간 배포를 가능하게 함으로써, 크리에이터가 아이디어를 화면에 즉시 구현할 수 있도록

지원한다.

스토리싱크(한국) –
아트노바, 넥스텝, 가천대, 담가라

스토리싱크(STORYSYNC)는 한국의 유네스코 세계자연유산인 제주도의 신화에서 영감을 받아 방문객의 SNS 사진을 실시간 스토리텔링 콘텐츠로 자동 변환하는 AI 기반 인터랙티브 미디어 파사드 시스템이다. 방문객이 제주민속마을 내 특정 장소에서 소셜미디어 사진을 업로드하면, 스토리싱크가 컴퓨터 비전과 자연어 처리 기술을 활용하여 콘텐츠를 즉시 분석하고 전통 민속 설화와 결합된 몰입형 시각 콘텐츠를 생성한다. 이렇게 생성된 프로젝션 매핑 영상은 대형 야외 곡선 구조물에 투사되어 개인의 추억과 지역 전통 설화를 융합한 공유된 문화 스토리를 만들어낸다. 단순히 사진을 보여주는 기존의 참여형 콘텐츠와 달리, 스토리싱크는 방문객 한 명 한 명을 살아 있는 민속 이야기의 일부로 만들어, 개인의 기록이 살아 있는 신화로 되살아나

게 한다.

마스 브릿지(MaaS-Bridge)(한국) –
LBS테크

마스 브릿지(MaaS-Bridge)는 차량과 보행자 도로 사이에 안전하고 접근성이 뛰어난 연결 지점을 생성하는 AI 기반 설계 시스템이다. 변화하는 교통 환경 속에서 모든 이용자에게 안전한 승하차 경험을 보장한다. 자율주행 버스, 택시, 모빌리티 서비스가 상용화됨에 따라 시각장애인, 휠체어 사용자, 노인, 가족 등 다양한 이용자가 늘어나고 있지만 이들은 경사로, 점자 블록, 연석 개선 등 특정 보행자 편의 시설을 필요로 한다.

현재의 내비게이션 서비스는 장애가 없는 성인 이용자를 기준으로 경로를 생성해 이러한 다양한 요구를 간과하고 있다. 마스 브릿지는 도로 교통 흐름, 목적지 인근 보행자 인프라, 사용자 프로필에 대한 다차

원적 분석을 통해 최적의 모빌리티 포인트를 제안해 이러한 격차를 해소한다. 차량 기반 모빌리티 서비스와 실제 보행자 접근성 간의 격차를 해소함으로써, 이 시스템은 서비스 제공 업체가 모든 이용자에게 더욱 포괄적이고 신뢰할 수 있으며 효율적인 모빌리티 솔루션을 제공할 수 있도록 지원한다.

네모닉 닷(한국) – 망고슬래브

네모닉은 라벨 프린터로 유명한 회사다. 이번 CES에서 수상한 작품은 시각 장애가 있는 사람들을 위해 만든 점자 표기 프린터다. 네모닉 닷(Nemonic Dot)은 휴대용 점자 라벨 프린터와 모바일 앱을 결합한 완벽한 솔루션으로, 언제 어디서든 고품질 점자 라벨을 제작할 수 있도록 지원한다. 독자적인 압착 메커니즘을 통해 국제 표준을 충족하는 균일한 0.6mm 높이의 양각 점을 생성한다. 휴대용 라벨 프린터 최초로 금속에도 인쇄가 가능하여 어떤 환경에서도 안정적인 점자 라벨을 제공한다. 모바일 앱을 사용하면 점자 지식 유무와 관계없이 누구나 음성 또는 텍스트로 라벨을 만들 수 있다. AI 기반 다국어 엔진은 100개 이상의 언어를 점자로 변환하며, 프린터는 6점 및 8점 형식을 모두 지원한다. 이러한 기능들을 통해 전 세계 및 다양한 전문 분야에서 점자 접근성을 확대할 수 있다. 네모닉 닷은 API 및 SDK를 통해 약국 소프트웨어와 같은 기존 시스템과 원활하게 통합돼 기업 및 기관에서 점자 라벨링을 손쉽게 구현할 수 있도록 지원한다.

토니스 토니박스 2(독일) – 토니스

토니박스 2는 스크린이 없는 스마트 기기다. 아이들 손에 꼭 맞는 디자인과 아이들의 선택에 따라 작동하는 기능, 그리고 아이들의 성장을 돕는 역할을 하는 오디오 플레이어다. 1세부터 9세 이상까지 사용할 수 있으며 아이들이 듣고, 놀고, 탐험하며 독립심과 자신감을 갖도록 키워준다. 수년간의 충격과 부딪힘에도 견딜 수 있도록 튼튼하게 제작됐다. 토니박스 2는 두 가지

방식으로 즐길 수 있다. 아이들은 다양한 토니 캐릭터들과 함께 좋아하는 이야기와 노래에 푹 빠져들 수 있다. 다른 방식은 토니플레이를 추가해 화면 없이 인터랙티브 게임, 퀴즈, 과제를 즐기는 것이다. 토니박스 2에는 수면 타이머(조명 및 일출 알람 기능 포함)가 있어서 가족들이 건강한 수면 습관을 형성하고 더 나은 취침 시간을 보낼 수 있도록 도와준다. 모든 기능은 토니스 앱을 통해 간편하게 제어할 수 있다. 화면이나 광고 없이, 아이들이 안전하고 독립적으로 놀 수 있다.

버드파이 배스 프로(미국) – 넷뷰 테크놀로지스

버드파이는 새 관찰이라는 한 가지 카테고리에 집중한 중국 기업으로 CES의 단골손님이다. 이번에 혁신상을 받은 배스 프로는 스마트 새 목욕탕이다. 사계절 내내 사용 가능한 만능 솔루션으로, 새를 관찰하는 데 새로운 기준을 제시한다. 새들의 건강을 최우선으로 고려한 세심한 디자인을 갖고 있고, 태양열로 작동하는 재미있는 분수대는 흐르는 물줄기 패턴으로 새들을 유혹한다. 제빙 장치는 겨울에도 물을 따뜻하게 유지해주고, 여러 층으로 된 얕은 횟대는 모든 크기의 새들이 안전하고 쉽게 드나들 수 있도록 설계되어 있다. 지능형 듀얼 렌즈 시스템이 탑재되어 있어서 파

노라마 광각 렌즈는 생동감 넘치는 새들의 모습을 모두 포착하고, 2K 다이내믹 인물 사진 렌즈는 자동으로 새들을 추적하여 확대 촬영함으로써 놀라운 디테일과 생동감 넘치는 움직임을 담아낸다. 이러한 강력한 이미징 기술과 사용자 친화적인 버디파이 앱을 통한 실시간 AI 종 식별 기능이 결합되어, 자연과의 더욱 깊은 교감을 선사하는 특별한 관찰 경험을 제공한다. 이 제품은 재활용 소재로 제작됐다.

스트라이커 볼테라 전기 구조소방차(미국) – 오시코시

전 세계 4000개 이상의 민간 공항에 하루 10만편 이상의 항공편이 움직이면서, 항공 여행 시장은 급속도로 성장하고 있다. 2042년까지 연간 승객 수가 두 배로 증가하여 200억명에 이를 것으로 예상된다. 스트라이커 볼테라의 전기 항공기 구조 소방차(ARFF)는 이러한 성장에 따른 안전 및

신뢰성 요구를 충족하도록 설계되었다. 이 차량의 동력 시스템은 배터리 전기와 디젤 동력을 결합해 터미널 내 이동 시에는 배터리 모드로 배출 가스가 전혀 발생하지 않는다. 기존 디젤 ARFF 차량보다 사고 현장까지 28% 더 빠른 가속이 가능하다. 스트라이커 볼테라는 미국 방화협회(NFPA) 414 및 국제민간항공기구(ICAO) 표준, 특히 전 세계 3분 대응 규칙을 충족하도록 인증되었다.

셋으로 학습된 어텐션 기반 딥러닝 모델을 통해 RAPA는 실시간으로 고정밀 객체 탐지 및 추적을 구현한다. 도플러 속도를 활용하여 정적 객체와 동적 객체를 정확하게 구분하며, 공개 벤치마크에서 경쟁 솔루션보다 40% 이상 높은 정확도를 달성한다. 에지 임베디드 플랫폼에서 효율적으로 작동하는 RAPA는 자율주행 차량, 무인 수상정(USV), 로봇 공학 분야에 비용이 효율적이고 확장 가능한 솔루션을 제공한다.

RAPA(한국) – 딥퓨전AI

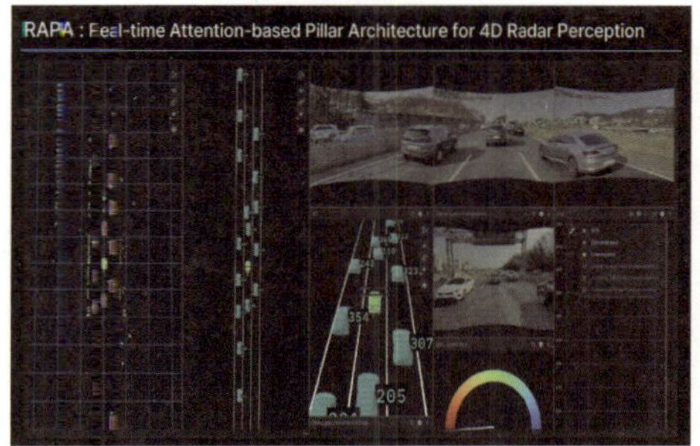

4D 이미징 레이더는 자율주행의 핵심 기술로 빠르게 부상하고 있으며, LiDAR 수준의 성능을 훨씬 저렴한 비용으로 제공한다. 그러나 레이더 데이터의 고유한 희소성과 노이즈는 기존 딥러닝 모델의 성능을 오랫동안 제한해 왔다. RAPA(Real-time Attention-based Pillar Architecture for 4D Radar Perception)는 이러한 한계를 극복하도록 설계되었다. 여러 개의 4D 이미징 레이더만을 사용하는 자체 개발한 데이터

스트럿(Strutt) EV[1](싱가포르) – 스트럿

스트럿 EV[1]은 새로운 형태의 스마트 개인 이동 수단이다. EV[1]을 운전할 때, 코파일럿(Co-Pilot) 기술은 주변 환경의 복잡성을 완벽하게 감지하고 주행 중 지속적으로 부드럽게 조정하여 편안한 승차감을 제공하며 벽, 가구, 사람과의 충돌을 방지한다. 또한 자연어 음성 인식 기능을 통해 메뉴를 탐색해 선택하지 않아도 음성으로 간편하게 원하는 조작을 요청할 수 있다. 자율주행 차에 처음 적용된 AI 및 라이다 기

술을 기반으로 하는 코파일럿은 개인 이동 수단에 이 기술을 최초로 통합했다. 실시간 지도 기능을 통해 주변 상황을 더욱 정확하게 파악할 수 있으며 속도, 코파일럿의 진행 방향 등 필요한 모든 정보를 콤팩트한 터치스크린에서 한눈에 확인할 수 있다. 자동차 산업의 기술에서 영감을 받은 스트럿 스마트 휠(Smart-Wheel) 시스템은 강력한 쿼드 모터, 전지형 휠, 지능형 구동계를 탑재해 울퉁불퉁한 초원이나 오솔길에서도 더욱 안정적이고 편안한 주행을 제공한다.

LG 차량 내 AI 솔루션(한국) - LG전자

LG AI 기반 차량용 솔루션은 첨단 디스플레이, 센싱 시스템, 온디바이스 AI를 결합한 통합한 제품이다. 이 포트폴리오는 네 가지 핵심 솔루션으로 구성된다. 첫 번째는 모빌리티 디스플레이 솔루션이다. 곡면 디자인과 시선 추적 기능을 갖춘 투명 OLED 윈드실드를 통해 시야를 가리지 않고 실시간 주행 정보를 제공한다. 두 번째는 오토모티브 비전 솔루션이다. RGB/IR 카메라를 활용한 차량 내 센싱 플랫폼으로 시선, 표정, 자세, 감정을 모니터링해 적응형 안전 및 개인 맞춤형 인터페이스를 지원한다. 세 번째는 차량용 엔터테인먼트 솔루션이다. 투명 측면 창 디스플레이와 AI 기반 콘텐츠 매핑을 통해 OTT 스트리밍, 양방향 소통, 자율주행 및 스마트시티 환경에 최적화된 커넥티드 경험을 제공한다. 네 번째는 LG AI 플랫폼이다. 디스플레이, 센싱, 엔터테인먼트 기능을 통합한 온디바이스 멀티모달 생성형 AI 플랫폼으로 운전자, 탑승자, 차량, 주변 환경 간의 상황 인식 및 저지연 상호 작용을 가능하게 한다. 이러한 솔루션들은 모빌리티의 차원, 감각, 감정을 확장해 차세대 차량 내 상호 작용 및 커넥티드 모빌리티 생태계의 기반을 구축한다.

2부

혁신가들이 나타났다
Innovators Show Up

반도체의 제왕들
CES에 집결

세계 최대 테크쇼인 CES. 소비자가전제품과 거리가 있어 보이지만 CES의 중요한 주인공 중 하나는 반도체 기업들이다. 이들이 만드는 반도체가 전자제품의 두뇌를 담당하기 때문이다. 이뿐만 아니라 인공지능(AI)도 결국 반도체를 바탕으로 작동되기 때문이다. 반도체 기업들은 때로는 CES에 전면에 나서기도 하고, 때로는 CES의 뒤에서 고객들과 만나기도 한다.

젠슨 황 엔비디아 최고경영자(CEO)는 올해도 CES 중심에 섰다. 전 세계에서 가장 가치가 높은 4조달러 기업인 엔비디아는 CES 2025에서 황 CEO가 기조연설을 하면서 뜨거운 관심을 얻었다. 그는 이 자리에서 '피지컬 AI'라는 테마를 제시하기도 했다.

황 CEO는 올해에도 '특별연설'을 통해서 지난해 못지않은 존재감을 남겼다. 또한 레노버, 지멘스 등 글로벌 기업들의 기조연설에 등장하면서 CES를 종횡무진했다.

엔비디아는 CES 2026에서 운영하는 프로그램인 'CES 파운드리'의 전략적 파트너로 참여하면서 주축을 맡았다. 특히 올해 CES의 중심 주제가 '피지컬 AI'로 정해지면서 로보틱스와 모빌리티, 산업용 AI로 대표되는 엔비디아의 피지컬 AI 사업이 큰 주목을 받았다.

엔비디아의 로보틱스 분야 사업은 '로보틱스&에지AI' 부문에서 담당한다. 로봇에 들어가는 반도체는 클라우드와 연결돼 있지 않아도 작동될 수 있는 에지AI여야 하기 때문이다. 로봇에 들어가는 반도체들은 젯슨 플랫폼으로 젯슨 토르, 젯슨 오린 등 모빌리티 부문과 같은 플랫폼을 공유한다.

제품으로는 이처럼 반도체를 판매하는 것 외에도 엔비디아 아이작(Isaac)과 엔비디아 옴니버스도 함께 판매된다. 엔비디아 아이작은 로봇 개발을 위한 소프트웨어 플랫폼이며, 엔비디아 옴니버스는 디지털 트윈으로 이 옴니버스 속에서 로봇을 학습시

CES 2025에서 기조연설하는 젠슨 황 엔비디아 CEO의 모습. © 엔비디아

키는 것이 가능하다. 우리에게 많이 알려진 휴머노이드 로봇 기업들이 엔비디아 아이작을 사용해 인간형 로봇들을 학습시키고 있다. 보스턴로보틱스, 유니트리, 피겨AI 같은 곳들이 대표적이다.

수집된 데이터를 학습시키기 위한 서버AI, 실제 데이터가 아닌 가상세계를 만들어서 학습시키는 옴니버스, 그리고 완성된 AI를 로봇에 탑재시키는 젯슨까지 총 3개의 컴퓨팅 시스템이 로보틱스에 필요하다.

모빌리티도 움직이는 기계이므로 로보틱스와 비슷한 부분이 많다. 차량에서 에지 AI를 가동시키기 위해 젯슨 플랫폼의 반도체가 필요하다. 젯슨과 같은 에지AI가 차량에 탑재되며, 수집된 데이터를 학습시키기 위한 대규모 서버가 필요하다. 또한, 가상 데이터로 옴니버스 속에서 자율주행차를 훈련시킬 수 있다. 테슬라나 웨이모처럼 대규모 운행 데이터가 없어도 자율주행을 학습시키기 위한 대안이다.

올해 CES에서 엔비디아는 엔비디아 DGX 스파크, 지포스 RTX, 지포스 나우, RTX AI 등 소비자용 제품들을 많이 공개했다. 많은 관심을 받은 제품 중 하나는 엔비디아의 개인용 슈퍼 AI 컴퓨터인 DGX 스파크다. 이 소형 워크스테이션은 거대언어모델(LLM)을 로컬에서 작동시키기 위해서 만들어진 제품이다. 엔비디아 GB10 그레이스 블랙웰 슈퍼칩이 탑재돼 있으며 뛰어난 전력효율을 가진 소형 폼팩터다. 작은 크기에도 불구하고 1페타플롭(PetaFLOP)의 AI 성능을 제공한다. 엔비디아 AI 소프트웨어 스택이 사전 설치돼 있고 128GB 메모리를 탑재해 개발자는 딥시크, 메타, 엔비디아, 구글, 큐엔(Qwen) 등의 최신 추론 AI 모델을 최대 2000억개의 매개 변수로 로컬에서 작동시킬 수 있다. 슈퍼컴퓨터가 없어도 AI 모델 프로토타입을 제작하고, 미세 조정하고, 추론할 수 있는 컴퓨터다. DGX 스파크는 2025년 10월 대한민국 경주에서 열린 아시아태평양경제협력체(APEC) CEO 서밋에 참석한 황 CEO가 이재용 삼성전자 회장, 정의선 현대자동차그룹 회장, 최태원 SK그룹 회장에게 선물한 제품이기도 하다.

엔비디아가 AI 기업으로 변신하기 전 CES에서 공개한 가장 중요한 제품은 지포스 그래픽카드였다. 엔비디아는 이번 CES에서도 지포스 GTX 50 등 그래픽카드를 공개했다. 또한 지포스가 탑재된 게임용 노트북인 지포스 RTX 50 시리즈, 그리고 지포스 나우 클라우드 게임 등을 공개했다.

립부탄 인텔 CEO가 AI PC에 들어가는 펀서레이크 칩을 들고 있다. ⓒ 인텔

인텔 코어 CPU 신제품 공개

엔비디아가 반도체 업계의 왕좌를 차지하기 전 반도체의 왕을 차지하고 있던 기업은 인텔이었다. 컴퓨터 내 연산에서 가장 중요한 반도체는 그래픽처리장치(GPU)가 아니라 중앙처리장치(CPU)였기 때문이다. 하지만 여전히 인텔의 CPU는 윈도 기반 PC와 랩톱에 가장 많이 탑재된 제품으로 AI PC라는 새로운 트렌드를 이끌고 있다. 이는 인텔의 '클라이언트 컴퓨팅' 사업부에서 담당하고 있다.

CES 2026에는 짐 존슨 인텔 클라이언트 컴퓨팅그룹 총괄 겸 선임부사장이 참석했고, 인텔 코어 시리즈3 프로세서 신제품을 공개했다. 행사 기간 중 베니션 호텔에 쇼룸을 갖추고 최신 반도체가 탑재된 제품들을 공개했다. 인텔은 1월 6일 오전에는 CES 콘퍼런스 세션에 참여해 AI 인프라, AI 에이전트 등에 대해서 발표했다.

인텔은 AI PC 트렌드를 이끌고 있다. AI PC는 마이크로소프트가 윈도 기반 컴퓨터 제조사들과 만든 제품군으로 마이크로소프트는 이를 코파일럿+ PC라고 부른다. 고성능 반도체를 바탕으로 어디에 있든 더 쉽고 효율적으로 작업을 만들고, 협업하고, 완료할 수 있도록 도와주는 개인 비서를 만드는 것이 AI PC다. 로컬에서 AI가 작동되기 때문에 데이터를 더 안전하게 보호하는 데도 도움이 된다는 것이 AI PC 업체들의 설명이다.

AI PC에 들어가는 반도체는 크게 세 가지다. 먼저 빠른 응답 시간을 위한 CPU가 있다. 이 안정적인 중앙 프로세서는 일반적인 작업이나 갑작스럽고 엄청난 작업 부하

를 처리한다. 두 번째는 높은 처리량을 위한 GPU다. GPU는 시각적 렌더링이나 높은 성능이 필요한 대규모 AI 워크로드와 같이 병렬 처리량이 필요한 대규모 작업에 탁월하다.

마지막은 전력 효율성을 위한 신경처리장치(NPU)다. 통합된 신경 프로세서는 더 높은 효율성을 위해 지속적으로 많이 사용되는 AI 작업을 더 낮은 전력으로 처리할 수 있다.

기조연설자로 나선 AMD 리사 수

CES 2025의 주인공이 황 CEO였다면 CES 2026의 주인공 중 하나는 바로 AMD다. 리사 수 AMD CEO가 CES 2026 기조연설을 맡았기 때문이다. AMD는 AMD 커넥트라는 공간을 조성해 클라우드에서 에지, 엔드포인트에 이르는 AI 솔루션을 보여줬다. 또한 AI PC, 게임, 데이터 센터, 에지 AI 분야의 제품과 AMD 소프트웨어와 AMD 생태계를 홍보했다. 라이젠 7 9850X3D를 포함한 새로운 라이젠 칩과 라이젠 9000G 시리즈, FSR 레드스톤 AI 업스케일링 기술이 무대에 올랐다.

AMD는 자동차 관련 솔루션도 공개했다. LVCC 웨스트홀에 만들어진 어드밴싱 오토모티브(Advancing Automotive) 부스를 통해 자동차 컴퓨팅 요구 사항 전반을 충족하도록 설계된 다재다능한 AI 기반 솔루

리사 수 AMD CEO. ⓒAMD

션을 선보였다. 몰입형 차량 경험부터 첨단운전자보조시스템(ADAS) 및 자율주행(AD)에 이르기까지 AMD는 내장형 x86 프로세서와 적응형 시스템온칩(SoC)을 통해 확장 가능한 성능을 제공했다.

퀄컴 스냅드래곤 X2 엘리트 공개

라스베이거스 모터쇼로도 불리는 CES. 반도체 기업들도 오토모티브 분야의 제품을 많이 공개한다. 퀄컴은 CES에서 우리에게 익숙한 스마트폰용 SoC보다는 자동차용 반도체 제품에 더 무게를 두고 있다. 많은 자동차 기업들이 CES를 찾기 때문이다. 퀄컴은 모빌리티 기업이 있는 웨스트홀에 큰 부스를 냈다.

퀄컴의 모빌리티 제품군은 '스냅드래곤 디지털 섀시 솔루션'이라는 이름을 가지고 있다. 차량을 위한 물리적 섀시와 대비되는 디지털 섀시 전체를 퀄컴이 만든다는 의미다. 여기에는 차량과 주변을 연결하는 네트워크(오토 커넥티비티), 운전자가 앉아 있는 콕핏, 자율주행과 ADAS 등 주행 관련 기능, 클라우드와 자동차를 연결하는 Car-to-Cloud가 포함된다. 각 기능에는 이에 맞는 반도체가 탑재된다. 현대차, 벤츠, BMW, 볼보, 소니혼다 등이 퀄컴의 반도체를 사용해서 차량을 만들고 있다.

퀄컴은 CES 2026에서 스냅드래곤 X 시리즈 출시 행사도 열었다. 스냅드래곤 X는 개인용 컴퓨터나 랩톱에 들어가는 퀄컴의 반도체다. 퀄컴이 직접 기초부터 설계한 오라이언 CPU를 기반으로 만들어진 이 시리즈는 2024년 코파일럿+ PC의 등장과 함께 세상에 나왔다. 강력한 AI 처리 능력을 가지고 있어서 긴 배터리 시간과 함께 인텔, AMD가 속한 x86이 아닌 Arm 기반 랩톱의 시대를 열었다. 퀄컴은 이번 CES에서는 최신 제품인 스냅드래곤 X2 엘리트와 X2 엘리트 익스트림을 공개했다.

외부에 별도 부스 꾸린 NXP

전 세계 차량용 반도체 1위인 NXP반도체도 CES에 참석했다. NXP반도체는 라스베이거스컨벤션센터(LVCC) 외부에 위치한 공간인 센트럴 플라자에 부스를 차렸다.

NXP반도체는 네덜란드에 본사를 둔 세계적인 반도체 기업으로 네덜란드 전자기업 필립스가 모체다. 2006년 필립스의 반도체 분야가 분사되면서 설립됐다. 자동차 반도체와 보안 반도체 분야에서 세계적으로 선두를 달리고 있다. 2015년에는 미국의 경쟁사였던 프리스케일 반도체를 인수하면서 몸집을 키웠다. 2010년 나스닥에 상장해 지금 전체 반도체 기업 중 25위 수준에 올라 있다.

NXP는 세계 1위의 자동차 반도체 공급 업체로, 차량용 네트워킹, 전기차 제어, ADAS, 인포테인먼트 시스템 등에 사

CES에 설치된 NXP반도체의 부스.

용되는 마이크로컨트롤러 및 프로세서를 만든다. 보안 분야에서는 세계 2위의 보안 반도체 기업으로, NFC(근거리무선통신) · RFID(전자태그) 칩, 결제 시스템, 전자 여권, 스마트 시티 등에 사용되는 보안 솔루션이 주력이다.

이외에도 산업 자동화, 스마트 홈, 에지 컴퓨팅 등에 사용되는 마이크로컨트롤러(MCU) 및 마이크로프로세서(MPU), 센서, 무선 커넥티비티(Wi-Fi, Bluetooth) 제품도 공급한다.

NXP는 메모리 반도체가 아닌 비메모리, 특히 자동차 및 산업용 분야에 특화돼 있고 경쟁사로는 독일 기업 인피니언과 일본 기업 르네사스가 있다.

일본 차량용 반도체 강자 르네사스

르네사스 반도체도 CES 2026에 참여했다. 르네사스는 2003년 일본 히타치제작소와 미쓰비시전기의 반도체 부문이 통합돼 출범했다. 2010년에는 NEC 일렉트로닉스와 합병하면서 현재의 '르네사스 일렉트로닉스'가 됐다. 2017년 임베디드 아날로그 반도체 전문 기업 인터실, 2021년에는 전력 관리 IC(PMIC) 및 사물인터넷(IoT)용 반도체 전문 기업인 다이얼로그 반도체, 2024년에는 반도체 설계 소프트웨어(EDA) 기업인 알티움까지 인수하면서 경쟁력을 키운 곳이다.

르네사스는 크게 자동차용 반도체와 산업 · 인프라 · IoT용 반도체 두 사업에 주

시바타 히데토시 르네사스 CEO.

력하고 있다. 주요 고객은 일본 자동차 회사들이다. 도요타, 닛산, 혼다 등에 반도체를 공급하고 있다.

르네사스는 CES 2026에서 5세대(Gen 5) R-Car 제품군을 중심으로 소프트웨어중심차량(SDV) 솔루션 제품군을 공개했다. Gen 5 제품군의 최신 제품인 R-Car X5H는 첨단 3nm 공정 기술로 제조된 업계 최초의 멀티 도메인 자동차 SoC다. 이 제품은 ADAS, 차량 내 인포테인먼트(IVI) 및 게이트웨이 시스템을 포함한 차량 기능을 동시에 실행할 수 있다.

르네사스는 5세대 실리콘 샘플링을 시작했으며, 차세대 개발의 일환으로 완전한 평가 보드와 R-Car 오픈 액세스(RoX) 화이트박스 소프트웨어개발키트(SDK)를 제공한다. CES 2026에서 R-Car X5H의 AI 기반 다중 영역 시연을 선보였다.

R-Car X5H는 업계에서 가장 진보된 공정 노드 중 하나를 활용해 최고 수준의 통합, 성능 및 전력 효율성을 제공하며, 기존 5nm 솔루션 대비 최대 35% 낮은 전력 소비를 실현한다. 차세대 SDV에 AI가 필수적인 요소가 됨에 따라 이 SoC는 다양한 자동차 영역을 대상으로 강력한 중앙 컴퓨팅 성능을 제공하고, 칩렛 확장을 통해 AI 성능을 유연하게 넓힐 수 있다. 최대 400 TOPS의 AI 성능을 제공하며, 칩렛을 통해 가속 성능을 4배 이상 향상시킬 수 있다.

또한 고성능 그래픽을 위한 4 TFLOPS 상당의 GPU 성능과 32개의 Arm® Cortex® -A720AE CPU 코어 및 ASIL D를 지원하는 6개의 Cortex-R52 록스텝 코어가 탑재돼 있다. 혼합 중요도 기술을 활용해 안전성을 저해하지 않고 여러 영역에서 고급 기능을 실행한다.

르네사스는 개발사들의 출시 기간 단축을 위해 리눅스, 안드로이드 및 XEN 하이퍼바이저 기반의 오픈 플랫폼인 R-Car X5H용 RoX Whitebox 소프트웨어 개발 키트(SDK)를 제공한다.

일본 토종 파운드리 라피더스

최근 일본 반도체 산업을 말하면 빼놓을 수 없는 회사가 라피더스드. 자동차 업계에서 도요타, 덴소, 테크 업계에서 소프트뱅크, 소니, NEC, NTT, 반도체 업계에서 키옥시아, 금융 업계에서 MUFG가 주주로 참여해서 만든 파운드리 기업이다. 즉, TSMC나 삼성 파운드리처럼 고객의 설계에 맞춰 반도체를 생산만 하는 기업이라는 뜻이다.

라피더스는 코로나19 기간 일본 내에 제대로 된 반도체 팹이 없다는 것을 깨달은 일본 정부가 주도해 출범했다. 현재 일본 최북단 홋카이도 지토세에 2나노 팹을 건설하고 있으며, 2027년부터는 생산이 이뤄질 것으로 예상된다. 라피더스가 양산에 들입하면 일본은 대만, 한국, 미국에 이어 최선단 공정 반도체를 생산할 수 있는 네 번째 국가가 된다. 여기에는 도요타와 닛산, 혼다 등 일본 자동차 업체들에 탑재되는 반도체가 생산될 것으로 예상된다. 또한, 르네사스와 같은 일본 팹리스 기업들이 설계에 참여하게 된다. 이미 일본에 많은 소부장(소재·부품·장비) 기업들이 있는 만큼 일본 내부에 르네사스를 정점으로 하는 반도체 생태계가 구축될 것으로 보인다.

라피더스는 CES 2026에 처음 참가해 비즈니스 전용 부스를 운영했다. 2나노 공정을 앞세워 고객사 확장에 나선 것이다. 그간 라피더스는 주로 '세미콘' 등 반도체 전문 전시회에 참가하며 기술력 홍보에 집중했지만 이번에 CES에 참여한 것은 고객군 전반을 확보하기 위한 목적이다.

라피더스의 첨단 공정 구축은 차곡차곡 진행되고 있다. 2024년 12월 일본 기업 가운데 처음으로 초미세 공정 핵심 장비인 ASML의 극자외선(EUV) 노광 장비를 도입했고, 7월에는 2나노 게이트올어라운드(GAA) 기반 프로토타입 제작에 성공했다. 수율을 크게 개선해서 2027년부터는 본격적으로 양산에 돌입한다.

라피더스의 부상 뒤에는 일본 기업과 정부가 있다. 기존의 8개 대기업 외에 22개 기업이 2026년 신규 주주로 새롭게 참여한

일본 홋카이도 지토세에 위치한 라피더스 파운드리.

다. 혼다, 후지쓰, 캐논, 후지필름, 세이코엡손, 우시오전기, 교세라 등 22곳으로, 상당수가 반도체 소부장 공급사다. 라피더스 공장이 있는 홋카이도에서 원자력발전소를 운영하는 홋카이도전력, 일본 3대 은행인 미쓰이스미토모은행 등이 새롭게 주주로 참여한다. 소니그룹 등 기존 주주는 추가 출자를 한다.

정부도 지원에 적극적이다. 라피더스는 2031년까지 7조엔 이상 자금이 필요할 것으로 추산했는데 이 가운데 민간 출자로 1조엔을 확보하는 것이 목표다. 일본 정부는 2025년 11월 라피더스에 2026~2027년 1조엔을 추가 지원하기로 결정했다. 누적 지원액은 2조9000억엔에 달한다.

반도체 기업 위의 반도체 기업 Arm

반도체 기업 위의 반도체 기업. 바로 Arm 이다. RISC(Reduced Instruction Set Computing) 기반의 반도체 설계 지식재산권(IP)을 소유한 기업으로 많은 저전력 반도체들이 Arm의 설계에 기반하고 있다. CES 2026에 많은 반도체 기업이 참여하듯이 Arm도 참여했다.

AI PC, 웨어러블 기기, 스마트 홈, 모빌리티, 로보틱스 등 다양한 분야에서 Arm 컴퓨팅 플랫폼을 기반으로 지능이 구축되고 있다. AI가 모든 제품과 서비스에 접목됨에 따라 Arm은 어디에서든 인텔리전스를 구현할 수 있도록 성능, 효율성, 확장성을 제공하는 것이 목표다. 에지, 홈, 자동차 등 다양한 분야의 기기에 AI를 제공해 필요한 곳 어디에서든 효율적이고 안전하며 신속하게 대응하는 AI를 구현한다.

모빌리티의 경우 Arm은 Zena 컴퓨팅 서브시스템(CSS)이라는 플랫폼을 제공한다. 표준화되고 사전 통합된 컴퓨팅 플랫폼을 통해 자동차 제조 업체가 신차 모델을 최소 1년 더 빠르게 출시할 수 있도록 지원한다. 테슬라, 리비안, 니오, 메르세데스-벤츠, 혼다, 지리자동차 등이 Zena 컴퓨팅 서브 시스템을 사용한다.

차세대 차량은 ADAS, IVI, 다양한 안전 요구 사항과 실시간 제약 조건을 가진 차량 제어 시스템을 포함한 다양한 워크로드

르네 하스 Arm CEO.

를 단일 플랫폼에서 실행해야 한다. Armv9 Automotive Enhanced(AE) 기술을 기반으로 구축된 Zena CSS는 AI 기반 차량을 위한 통합된 플랫폼이다. 이 생태계에는 덴소, 깃허브, 그린힐스, 맵박스, 레드햇, 파나소닉 오토모티브 등 2000만명이 넘는 개발자가 있다. Zena CSS는 AUTOSAR, COVESA, eSync, Virtio 등의 개방형 표준을 기반으로 구축됐으며, 제너럴모터스, CARIAD, 콘티넨탈, 타타모터스 등 150개 이상의 회원사를 보유한 SOAFEE의 지원을 받고 있다. 지난 5년간 자동차 시장에 공급되는 Arm 기반 칩의 출하량은 세 배로 증가했다. 이는 테슬라와 퀄컴 등 주요 자동차용 칩을 만드는 회사들이 Arm 기반이기 때문이다. 스마트폰 시장에서도 아이폰, 퀄컴, 삼성전자 등이 Arm 칩을 사용하

는 것과 유사한 상황이다. 소비자용 제품에서도 Arm 아키텍처가 광범위하게 사용되고 있다. 스마트폰은 물론 게임용 GPU, 증강현실 디바이스, 스마트TV 등에서 Arm 기반 반도체가 사용되고 있기 때문이다.

Arm에 따르면 엔비디아의 소형 AI 컴퓨터 DGX 스파크, 메타 레이밴 디스플레이 안경, 지리자동차의 EX5, 구글의 액시온 CPU, 보스턴다이내믹스의 로봇 스팟 등이 모두 Arm 설계 기반의 반도체가 사용된 제품이다.

Arm이 보는 반도체의 미래

반도체 업계에서 가장 마당발이라고 할 수 있는 Arm. Arm이 보는 반도체와 AI의 미래는 무엇일까. 최근 Arm이 발간한 2026년 기술 예측을 정리해봤다.

1. 모듈형 칩렛이 실리콘 설계의 새로운 기준을 제시

반도체 산업에서 미세공정이 한계에 도달하면서, 단일 칩 구조에서 모듈 기반 칩렛 설계로의 전환이 가속화되고 있다. 기존에는 하나의 웨이퍼에 모든 반도체를 집어넣으려고 했다면 이제는 여러 칩을 결합하는 것이 핵심 기술이 될 것이라는 것이다. GPU와 HBM이 첨단패키징으로 결합되는 것이 대표적이다. 특히 다양한 공급 업체의 칩렛을 결합할 수 있는 모듈형이 비용을 줄이는 효과적인 수단이 된다는 것이다.

Arm의 대주주인 소프트뱅크의 손정의 회장. © Arm

2. 첨단 소재 및 3D 통합을 통한 스마트한 규모 확장

미세화가 어려워지면서 더욱 스마트한 스태킹 기술이 중요해질 가능성이 높다. 반도체에서 수평적 확장보다는 수직적 혁신이 중요해진다는 것. 고성능, 에너지 효율적인 컴퓨팅이 중요해지고 더욱 강력한 AI 시스템, 더욱 밀집된 데이터 센터 인프라, 그리고 더욱 지능화된 에지 디바이스를 위한 기반이 될 것이다.

3. 보안 설계 실리콘

설계 단계부터 보안을 고려한 실리콘은 더 이상 상업적 차별화 요소가 아닌 보편적인 필수 요건이 될 것이다. 이미 공격자들은 AI 시스템에서 악용 가능한 패턴을 탐색하고 하드웨어 자체를 표적으로 삼고 있으며, 이러한 위협이 증가함에 따라 하드웨어 수준의 신뢰성 확보가 필수적이기 때문이다.

4. AI 데이터센터 맞춤 반도체가 중요해진다

시스템 수준에서 소프트웨어 스택과 공동 설계된 후 특정 AI 프레임워크, 데이터 유형 및 워크로드에 최적화된 전용 반도체가 중요해지고 있다. 아마존웹서비스(AWS)의 그래비톤, 구글 클라우드의 액시온, 마이크로소프트 애저의 코발트 같은 전용 CPU가 대표적이다. 이는 단위 면적당 AI 컴퓨팅 성능을 극대화하고 AI 구동에 필요한 전력 소비 및 관련 비용을 절감하는 것을 목표로 한다.

5. 분산형 AI 컴퓨팅과 에지 컴퓨팅 강화

클라우드는 대규모 모델에 여전히 필수적이지만, AI 추론 처리는 클라우드에서 벗어나 디바이스로 점차 이동하면서 더욱 빠른 응답과 의사 결정을 가능하게 할 것이다. 클라우드의 막대한 비용을 줄이기 위해서라도 스마트폰, PC에서 AI 처리가 많아질 수밖에 없다는 것이다.

6. 클라우드, 에지 및 피지컬 AI가 융합

2026년에는 클라우드와 에지 컴퓨팅 간의 오랜 논쟁이 점차 사그라들고, AI 시스템은 협업 지능에 초점을 맞춘 통합된 연속체로 작동하게 될 것이다. 기업들은 클라우드, 에지, 물리적 지능을 별개의 영역으로 취급하기보다는 각 계층에 가장 적합한 AI 작업과 워크로드를 설계하기 시작할 것이다. 이는 로봇, 차량, 기계와 같은 피지컬 AI에서 더욱 중요해진다.

7. 피지컬 AI 개발을 혁신할 세계 모델

세계 모델(World Model)은 로봇 공학, 자율 기계, 분자 발견 엔진 등 물리적 AI 시스템을 구축하고 검증하는 데 있어 핵심적인 도구로 부상할 것이다. 비디오 생성, 확산-변환 하이브리드(DTF-H), 고정밀 시뮬레이션 기술의 발전으로 개발자와 엔지니어는 실제 물리 법칙을 정확하게 반영하는 풍부한 가상 환경을 구축할 수 있게 된다.

8. 피지컬 및 에지 환경에서 에이전트형 및 자율형 AI의 지속적인 성장

AI는 단순한 보조 기능을 넘어 자율적인 에이전트로 진화해 제한된 감독하에 인지, 추론, 행동이 가능한 시스템을 구축할 것이다. 로봇, 차량, 물류 분야에서 다중 에이전트 오케스트레이션이 더욱 널리 활용될 것이며, 소비자 기기에는 에이전트형 AI가 기본적으로 통합될 것이다.

9. 상황 인식 AI는 차세대 사용자 경험을 이끈다

텍스트, 이미지, 비디오 및 오디오 전반에 걸친 에지 컴퓨팅 기반의 생성형 AI는 계속해서 확장될 것이지만, 온디바이스 AI의 진정한 도약은 상황 인식(Contextual) AI에 있을 것이다. 이를 통해 기기는 주변 환경, 사용자 의도 및 로컬 데이터를 이해하고 해석해 향상된 디스플레이부터 능동적인 안전 기능에 이르기까지 새로운 차원의 사용자 경험을 제공할 수 있게 된다. 나의 정보를 활용해 챗GPT가 더 우수한 답을 내놓는 것이 대표적이다.

10. 하나의 대형 모델보다는 여러 모델의 성장

대규모언어모델(LLM)은 클라우드 환경에서 학습 및 추론에 있어 여전히 중요한 역할을 하겠지만 '하나의 거대 모델' 시대는 점차 여러 개의 작고 특화된 모델 시대로 대체될 것이다. 이러한 목적 지향적인 모델들은 에지 컴퓨팅 환경에서 특정 도메인에 최적화돼 작동할 것이다.

11. 소규모언어모델(SLM)은 점점 더 활용도가 높아질 것

최적화, 증류 등의 기술로 컴퓨팅 성능 저하 없이 오늘날의 LLM을 소형언어모델(SLM)로 만들 것이다. 이러한 소형 모델은 훨씬 적은 매개변수 개수로도 최첨단 추론 성능에 근접한 결과를 제공해 파인튜닝 비용을 줄이고, 전력 제약이 있는 환경에서도 효율적으로 사용할 수 있게 해줄 것이다.

12. 피지컬 AI로 산업 분야 생산성 향상

AI 플랫폼은 기계 및 로봇에 지능이 내장된 물리적 형태가 될 것이다. 멀티모달 모델과 더욱 효율적인 학습 및 추론 파이프라인의 혁신에 힘입어 물리적 AI 시스템은 규모 확장이 가능해지면서 의료, 제조, 운송, 광업 등 다양한 산업을 재편할 새로운 유형의 자율 기계를 선보일 것이다. 이러한 자율 기계는 생산성을 대폭 향상시키고 인간에게 위험하고 안전하지 않은 환경에서도 작동할 수 있게 된다.

13. 멀티 클라우드 인텔리전스

2026년에는 기업들이 단순히 멀티 클라우드 아키텍처를 도입하는 것을 넘어 더욱 성숙하고 지능적인 하이브리드 클라우드 컴퓨팅 단계로 나아갈 것이다. AI 모델, 데이터 파이프라인 및 애플리케이션이 여러 클라우드, 데이터 센터 및 에지 환경에서 원활히 작동하게 될 것이다.

14. AI가 자동차 산업의 판도를 바꾼다

AI 기반 자동차 기능이 업계의 필수 요소로 자리 잡으면서, 차량용 칩부터 공장의 산업용 로봇에 이르기까지 자동차 공급망 전반에 AI가 깊숙이 자리 잡을 것이다. ADAS와 IVI에 AI가 탑재될 것이며, 이에 맞춰 반도체 설계도 재편될 것이다. 자동차 산업의 제조 공정 또한 산업용 로봇, 디지털 트윈, 커넥티드 시스템을 통해 더욱 스마트하고 자동화된 공장으로 탈바꿈할 것이다.

15. 온디바이스 AI로 스마트폰은 더욱 똑똑해진다

2026년의 스마트폰은 카메라 및 이미지 인식, 실시간 번역 및 음성 비서 등 기기 내에서 완전히 처리되는 AI 기능에 크게 의존할 것이다. 스마트폰은 본질적으로 디지털 비서, 카메라, 개인 관리자가 하나로 통합된 형태로 진화할 것이다.

16. 모든 에지 디바이스 간의 컴퓨팅 경계가 사라진다

PC, 모바일, IoT, 에지 AI 간의 오랜 경계가 허물어지면서 기기에 구애받지 않는 온디바이스 인텔리전스의 통합 시대가 도래할 것이다. 사용자는 제품 카테고리에 얽매이지 않고, 다양한 에지 디바이스 폼팩터에서 경험, 성능, AI 기능이 끊김 없이 제공되는 일관된 컴퓨팅 혼경을 경험하게 될 것이다.

17. 개인 맞춤형 AI로 모든 기기가 연결된다

AI 경험은 기기를 초월해 사용자의 디지털 생활 전반에 걸쳐 유연하게 움직이는 지능을 갖춘 통합된 '개인 맞춤형 환경'을 형성할 것이다. 스마트폰, 웨어러블 기기, PC, 차량, 그리고 스마트홈 기기(온도 조절기, 스피커, 보안 시스템 등)를 포함한 모든 에지 기기는 AI 워크로드를 기본적으로 실행해 실시간으로 콘텍스트와 학습 내용을 공유하고, 모든 화면과 센서에서 사용자의 요구를 예측해 매끄럽고 개인화된 경험을 제공할 수 있게 된다.

18. 기업 환경 전반에 걸친 AR 및 VR 웨어러블 기기의 성장

헤드셋과 스마트 안경을 포함한 증강현실 (AR) 및 가상현실(VR) 웨어러블 기기는 물류, 유지보수, 의료, 소매업 등 다양한 작업 환경에서 자리를 잡을 것이다. 경량 설계와 배터리 수명 연장의 발전 덕분에 손을 사용하지 않고도 컴퓨팅을 활용할 수 있는 환경이 그 어느 때보다 넓어졌기 때문이다. AR 및 VR 웨어러블 컴퓨팅은 단순한 신기함을 넘어 필수적인 요소로 진화할 것이다.

19. 의미 해석 인프라가 IoT를 재구상한다

IoT는 '지능형 인터넷'으로 진화할 것이다. 에게 IoT 디바이스는 데이터 수집 및 감지를 넘어 '의미 해석', 즉 자율적인 해석, 예측 및 행동을 수행하는 단계로 나아갈 것이다. 최소한의 인간 개입으로 실시간 인사이트를 제공함으로써 자율성과 에너지 효율적인 혁신의 새로운 시대를 열어갈 것이다.

20. 헬스케어 웨어러블 기기 임상에 도입

차세대 헬스 웨어러블 기기는 단순한 피트니스 도우미를 넘어 의료 수준의 진단 도구로 진화할 것이다. 이러한 웨어러블 기기어 는 심박 변이도부터 호흡 패턴까지 생체 데이터를 실시간으로 분석할 수 있는

AI 모델이 탑재될 것이다.

TV와 차량에 제미나이 가져온 구글

구글은 최근 CES에 부스를 내거나 적극적으로 참여하지 않고 있다. 과거에는 안드로이드 부스를 내서 안드로이드폰 전반을 홍보하거나 픽셀과 같은 구글 브랜드 스마트폰에 대한 홍보를 CES에서 진행했다. 하지만 최근에는 AI와 인프라에 집중하면서 소비자용 제품에 대한 관심이 떨어진 상황이다.

다만 하드웨어 부문의 중요한 파트너인 삼성전자를 통해서 CES에 간접적으로 등장하고 있다. 반면 콘퍼런스 프로그램에는 많은 구글 임원들이 참여해서 CES에서 구글의 메시지를 전달하고 있다.

CES 2025에서 구글은 구글TV에 제미나이를 탑재해 공개했다. 구글의 스마트TV 브랜드인 '구글TV'에 제미나이를 탑재해서 제미나이를 스마트홈에 가져온 것이 주 내용이다. 구글은 스마트TV 운영체제인 안드로이드TV와 구글 자체 브랜드인 구글TV를 동시에 운영 중인데, 구글TV에 먼저 제미나이를 가져온 것이다. CES 2026에서는 제미나이의 기술이 들어간 냉장고를 삼성전자와 함께 공개했다. 냉장고 내부 식재료 인식에 구글 제미나이의 멀티모달 능력을 활용한 것이다.

구글 임원들은 다양한 CES 콘퍼런스 세션

구글의 CES 2024 부스.

에 참여했다. 구글의 안드로이드 오토모티 브 사업 GM(총괄)인 패트릭 브래디 부사 장은 에이전틱AI와 차내 경험의 미래 세션 에 참석했다. 메르세데스-벤츠와 스포티 파이 등 관련 기업들도 참석해 향후 자율 주행차 시대에 차내 경험이 어떻게 바뀔지 에 대해서 논의했다.

구글은 전 세계에서 가장 큰 자동차용 플 랫폼이다. 안드로이드 운영체제(OS)를 전 세계에서 약 40억명이 사용하고 있고, 안

드로이드 오토로 작동이 가능한 차량은 2 억5000만대에 달한다. 특히 구글 지도와 연동돼 있다는 점에서 안드로이드 오토에 대한 소비자들의 선호도가 높다. 구글은 안드로이드 오토를 통해서 자사의 AI 에 이전트인 제미나이를 서비스하고 있다. 현 재 스마트폰용 구글 어시스턴트를 제미나 이로 대체하는 것처럼 차량용 음성 비서도 제미나이로 대체하고 있는 것이다.

새롭게 추가된 기능으로 제미나이를 통해

현지에 대한 정보를 물어볼 수 있다. 단순히 목적지만 검색하는 것이 아니라, "헤이 구글, 바비큐가 너무 먹고 싶어. 내 목적지 근처, 지금 영업 중인 괜찮은 바비큐 식당 있어?"라고 물어보면 구글 지도 정보와 리뷰를 기반으로 장소를 찾아주고 음성을 통해 대화를 나눌 수 있다.

문자 메시지를 보내는 것도 더 편해진다. 기존 AI 비서보다 훨씬 정확하게 문자를 받아쓸 뿐만 아니라 예상 도착 시간 등도 수동으로 입력할 필요가 없다. 운전 중에 메시지가 많이 오면 제미나이가 내용을 요약해 자신 있게 답장할 수 있도록 도와준다.

운전 중에 이메일을 확인하거나 일정을 확인하는 등 구글 드라이브와 연결된 데이터를 기반으로 사용할 수도 있다. 구글 캘린더, 태스크, 킵, 삼성 캘린더, 미리 알림, 노트가 함께 지원된다.

구글의 TV 플랫폼 GM인 샤리니 고빌파이는 '완전 스트리밍의 시대(Full Stream Ahead)'라는 세션에 참여했다. 기존의 선형 TV(Linear TV) 시청자가 넷플릭스, 디즈니플러스, 유튜브, FAST(무료 광고 TV) 등으로 이동하는 상황에서 시장의 방향에 대해서 논의했다. 로쿠, 삼성전자의 임원들이 함께 참여했다.

삼성전자 같은 TV 제조사들은 글로벌 TV 시장이 정체에 빠지고 저가의 중국 TV 제조사들이 치고 올라오는 상황에서 광고 사업에서 수익을 기대하고 있다. 이를 위해서는 TV에 들어가는 OS를 장악하는 것이 중요하다. 삼성전자 타이젠, LG전자 웹OS가 대표적이다. TV를 직접 제조하지 않는 구글(안드로이드 TV), 아마존(파이어TV), 월마트(스마트캐스트) 등도 자체 OS를 운영하는 이유다. 일찌감치 이 시장에 뛰어들었던 로쿠 같은 회사도 치열한 경쟁에 직면했다.

로보택시 경연장 된 CES

2026년 1월, 라스베이거스를 달군 CES 2026의 모빌리티 섹션은 더 이상 먼 미래의 청사진이 아니었다. 지난 몇 년간 콘셉트카와 프로토타입으로 가능성을 타진하던 기업들은 일제히 '양산'과 '서비스 개시'를 선언하며 기술의 실체를 증명했다. 특히 소프트웨어중심차량(SDV) 완성과 레벨 4 자율주행 상용화가 이번 전시의 핵심 테마였다. 소니혼다모빌리티와 BMW 같은 완성차 업체부터 텐서오토와 같은 혁신적인 신생 기업, 그리고 이들의 두뇌와 눈이 되는 모빌리티 테크 기업들까지 CES 2026 현장을 수놓았다.

소니혼다모빌리티, '아필라 1(AFEELA 1)'의 출격

소니와 혼다가 손을 잡고 탄생시킨 모빌리티 테크 기업, 소니혼다모빌리티(Sony Honda Mobility · SHM)가 CES 2026 무대에서 그들의 비전을 더욱 구체화하며 관

소니와 혼다가 손을 잡고 만든 첫 번째 전기차 아필라1.
© 소니혼다모빌리티

람객들의 시선을 사로잡았다. 2022년 소니그룹과 혼다자동차가 50대50의 지분으로 설립한 이 합작사는 혼다의 오랜 차량 제조 노하우와 안전 기술, 그리고 소니가 보유한 세계적인 이미지 센서, 통신, 엔터테인먼트 역량을 결합해 '고부가가치 전기차(EV)와 모빌리티 서비스'를 제공하는 것을 목적으로 한다. 양사는 SDV 시대로의 전환에 대응하기 위해 각자의 강점을 상호

보완하는 구조를 택했다. 혼다는 자력으로 해결하기 어려운 디지털 및 서비스 전환 속도를 소니의 기술력으로 끌어올렸고, 소니는 제조 기반 없이도 자사의 콘텐츠와 센싱 기술을 구현할 수 있는 실질적인 모빌리티 플랫폼을 확보하게 된 것이다.

소니혼다모빌리티는 그동안 CES를 통해 브랜드의 정체성을 점진적으로 공개해 왔다. 2023년 CES에서는 새로운 모빌리티 브랜드인 '아필라(AFEELA)'를 공식 론칭하며 첫 번째 프로토타입 모델을 선보인 바 있다. 아필라는 사람과 모빌리티 간의 상호작용인 'FEEL(느낌)'을 핵심 키워드로 내세워, 단순한 이동 수단을 넘어 사용자의 감각과 연결되는 경험을 지향했다. 이후 지속적인 기술 업데이트와 개발 과정을 거친 아필라는 이번 CES 2026에서 양산에 더욱 가까워진 모습으로 등장했다.

CES 2026에서 소니혼다모빌리티가 보여준 행보 중 가장 주목할 만한 지점은 바로 첫 번째 양산 예정 모델인 '아필라 1'의 프리프로덕션(Pre-production) 모델 공개였다. 라스베이거스컨벤션센터(LVCC) 센트럴홀에 마련된 대규모 단독 부스에서 공개된 이 모델은 양산 직전 단계의 사양을 갖추었으며, 다양한 외장 컬러와 실제 판매 사양에 준하는 내부 구성을 갖추고 있었다. 특히 이번 행사에서는 업데이트된 사용자경험(UX)과 고도화된 소프트웨어 기능들이 시연되었는데, 이는 2026년 미국 캘리포니아 지역부터 시작될 실제 인도를 앞두고 제품의 완성도를 증명하는 과정이었다.

이와 동시에 소니혼다모빌리티는 아필라 1 이후의 미래를 제시하는 완전히 새로운 콘셉트카를 최초로 공개했다. 이 콘셉트 모델은 차세대 라인업의 방향성과 함께 더욱 진화된 차량 아키텍처, HMI(Human Machine Interface), 그리고 인공지능(AI)과 클라우드가 연계된 엔터테인먼트 시스템을 고스란히 담아냈다. 전시는 자율주행 기술의 진화를 뜻하는 'Autonomy', 공간과 인터페이스 경험을 확장하는 'Augmentation', 그리고 사회와의 연결성을 강조하는 'Affinity'라는 세 가지 키워드로 연출되어 브랜드가 추구하는 미래 가치를 명확히 전달했다.

행사 기간 중 소니혼다모빌리티는 창사 이래 처음으로 독립적인 프레스 콘퍼런스를 개최하며 기술적 자신감을 드러냈다. 단순히 차를 만드는 회사가 아니라 소프트웨어와 서비스를 결합한 '모빌리티 테크 컴퍼니'로서의 행보를 공식화한 셈이다. 결과적으로 이번 CES 2026은 소니혼다모빌리티가 실험적인 프로토타입 단계를 넘어, 실제 시장에 출시될 양산차와 그 너머의 차세대 모빌리티 생태계를 동시에 입증한 전환점이 되었다.

BMW, iX3로 노이어 클라세 증명

자동차 산업의 미래가 단순한 성능 경쟁에서 '디지털 사용자경험'으로 옮겨가고 있음을 증명하듯, BMW는 지난 수년간 CES 무대를 통해 차량을 하나의 지능형 동반자로 진화시켜 왔다. 과거의 BMW는 주로 양산과는 거리가 있는 파격적인 선행 기술과 콘셉트카를 통해 자신들의 비전을 공유해 왔다.

대표적으로 CES 2022에서 선보인 'iX 플로우(iX Flow)'는 전자잉크(E Ink) 기술을 활용해 차체 색상을 흑백으로 전환하는 시도로 패션으로서의 자동차 가능성을 제시했다. 이어 CES 2023에서는 'i 비전 디(i Vision Dee)'를 통해 32가지 색상 변경이 가능한 풀컬러 외장 기술과 함께, 물리 버튼을 없애고 전면 유리 전체를 헤드업 디스플레이로 활용하는 미래형 인터페이스를 선보이며 노이어 클라세(Neue Klasse) 시대의 UX 비전을 구체화했다.

이후 CES 2025에 이르러 BMW는 '파노라믹 iDrive(Panoramic iDrive)'라는 명칭으로 대형 디스플레이 기반의 차세대 인포테인먼트 콘셉트를 공개하며, 운전자 중심의 디지털 생태계 구축이 임박했음을 시사했다. 당시 공개된 기술은 차량 앞 유리 하단 전체를 가로지르는 정보 투사 기술과 직관적인 햅틱 컨트롤을 결합해 세간의 큰 주목을 받았다.

이번 CES 2026에서 BMW가 보여준 행보는 과거의 화려한 쇼케이스와는 궤를 달리했다. BMW는 노이어 클라세 시대의 실질적인 시작을 알리는 첫 번째 양산 모델, '신형 BMW iX3'를 전면에 내세웠다. 라스베이거스컨벤션센터 사우스홀 앞 실버 로트(Silver Lot)에 마련된 부스에서 관람객들은 그동안 콘셉트로만 접했던 기술들이 실제 도로를 달릴 수 있는 실체로 구현된 모습을 목격했다.

신형 iX3의 핵심은 '디지털 약속 이행'에 있었다. 차량 내부에는 앞 유리 전체를 가로지르는 43인치 규모의 'BMW 파노라믹 iDrive'가 실제 양산 사양으로 탑재돼 증강현실(AR) 내비게이션과 결합한 직관적인 길 안내를 제공했다. 특히 주목할 점은 아마존과의 협업을 통해 탄생한 '알렉사 플러스(Alexa+)' 기술의 통합이다. BMW는 이를 통해 '첫 번째 알렉사 플러스 탑재 완성차 브랜드'라는 타이틀과 함께 더욱 고도화된 대화형 AI 비서를 차량 내부에 구현해냈다.

기술적 완성도 역시 비약적으로 향상되었다. 6세대 BMW eDrive 파워트레인을 탑재한 신형 iX3는 WLTP 기준 최대 805km에 달하는 주행거리를 확보했으며, 400kW 초고속 충전을 지원해 10분 충전만으로 약 372km를 주행할 수 있는 효율성을 입증했다. 또한 '하트 오브 조이(Heart of Joy)'로 불리는 중앙 집중식 컴퓨팅 시스템과 AI 기반의 'BMW 심바이오틱 드라이브(Symbiotic Drive)'를 통해 운전자 보조 시스템의 정밀도를 이전 세대보다 20배 이상 높였다.

BMW는 CES 2026을 기점으로 선행 기술을 뽐내던 단계를 지나, 실제 고객들이 경험할 수 있는 완성된 미래 모빌리티의 실체를 제시했다. 노이어 클라세 1호차인 iX3는 과거 CES 무대에서 던졌던 화두들을 하나의 차량 안에 집약해냄으로써, BMW가 그리는 전동화와 디지털화의 미래가 이미 현실의 도로에 도착했음을 강력하게 선언했다.

실험은 끝났다…
웨이모, 자율주행의 일상화

구글의 자율주행차 프로젝트에서 시작해 현재 전 세계 자율주행 기술의 정점에 서 있는 알파벳(Alphabet) 산하의 웨이모(Waymo)는 이번 CES 2026에서도 로보택시 상용화의 선두 주자로서 그 존재감을 유감없이 드러냈다. 2009년 구글 내부 프로젝트로 출발해 2016년 독립 법인으로 분리된 웨이모는 '웨이모 드라이버(Waymo Driver)'라 불리는 레벨4 자율주행 시스템을 통해 무인 로보택시 서비스인 '웨이모 원(Waymo One)'을 운영하며 모빌리티의 패러다임을 바꿔왔다. 현재 피닉스, 샌프란시스코, 로스앤젤레스 등 미국 주요 도시에서 완전 무인 유상 서비스를 안착시킨 웨이모는, 이번 행사를 통해 단순한 기술 과시를 넘어 상업적 스케일업(Scale-up) 단계로 진입했음을 선언했다.

과거 CES 무대에서 웨이모의 역할은 주로 '경험 제공'에 집중돼 있었다. 특히 CES 2025 당시 라스베이거스 도심에서 운영된 로보택시 시승 서비스는 관람객과 언론에 기사 없는 무인차가 실제 복잡한 교통 상황을 어떻게 처리하는지 직접 확인시켜주는 결정적 계기가 되었다. 당시 현장 리뷰들은 웨이모의 부드러운 정차와 안정적인 주행 성능에 대해 높은 평가를 내렸으며, 이는 로보택시에 대한 대중적 신뢰도를 높이는 데 기여했다. 과거 대형 키노트나 하드웨어 신제품 발표보다는 현장 시승과 파트너십 미팅에 주력해 온 웨이모의 전략은 '실행 가능성'을 증명하는 데 효과적이었다. CES 2026에서 목격된 웨이모의 행보는

구글 모회사, 알파벳의 '웨이모'. © 웨이모

보다 거시적인 확장 로드맵과 운영 전략에 초점이 맞춰졌다. 웨이모는 이번 전시 기간 중 열린 다양한 AI 및 모빌리티 세션에 참여해 마이애미, 댈러스, 휴스턴, 샌안토니오, 올랜도 등 미국 내 텍사스와 플로리다 지역은 물론, 영국 런던과 일본 등으로 서비스를 확장하겠다는 구체적인 계획을 공유했다. 이는 2026년까지 20개 이상의 도시로 진출하겠다는 기존 목표를 재확인한 것으로, 이제 로보택시가 특정 도시의 실험적 모델을 넘어 광범위한 교통 인프라스트럭처의 일부로 자리 잡았음을 보여주었다.

특히 이번 행사에서 웨이모는 새로운 센서 스택이나 차세대 차량을 깜짝 공개하기보다는, 이미 발표된 6세대 하드웨어와 지커(Zeekr) 기반 전용 로보택시의 실제 운영 데이터를 바탕으로 한 '공유 도로 위 로보택시' 전략을 강조했다. 포브스 등 주요 외신이 CES 2026을 '로보택시가 스포트라이트를 받는 해'로 규정한 것처럼, 웨이모는 죽스(Zoox) 등 경쟁사들과 함께 로보택시 운영 경험과 도시별 규제 프레임워크 대응 방안을 논의하며 산업 리더로서 역할을 수행했다. 라스베이거스 현장에서는 지난 행사와 마찬가지로 도심 데모 운행이 병행되어 관람객들이 고속도로 주행까지 확대된 웨이모의 기술력을 직접 체감할 수 있는 기회를 제공했다.

CES 2026에서의 웨이모는 더 이상 기술

의 신기함을 파는 기업이 아니었다. 수백만 건의 무인 주행 데이터를 바탕으로 마이애미와 런던을 잇는 거대한 서비스 네트워크를 구축하고, 규제 기관 및 도시 정부와의 협력을 통해 로보택시의 본격적인 상용화 시대를 여는 '운영 전문가'로서의 면모를 확고히 했다. 새로운 하드웨어의 화려함보다는 서비스의 신뢰도와 확장성을 전면에 내세운 웨이모의 행보는 자율주행 산업이 도달해야 할 다음 단계가 어디인지를 명확히 제시했다.

죽스, 전면 개방 로보택시 선언

아마존이 인수한 미국의 자율주행 로보택시 전문 기업 죽스(Zoox)는 CES 2026에서 '전용 설계된 로보택시'의 실전 상용화 단계를 가감 없이 보여주며 모빌리티 섹션의 주인공으로 우뚝 섰다. 2014년 설립되어 2020년 아마존에 약 13억달러에 인수된 죽스는 기존 양산차를 개조하는 방식에서 탈피해, 운전석과 핸들이 아예 없는 '모빌리티 서비스 전용 차량(MaaS)'을 독자적으로 설계해 온 기업이다. 이들의 차량은 양방향 주행이 가능하고 승객들이 서로 마주 보고 앉는 독특한 구조를 갖추고 있어, 이동 수단을 넘어선 새로운 공간 경험을 지향한다.

과거 CES 2025 당시 죽스는 라스베이거스 스트립(LasVegas Strip) 일대에서 관람객과 언론을 대상으로 무료 시승 서비스를 제공하며 폭발적인 관심을 끌었다. 당시 시승을 통해 공개된 죽스의 로보택시는 4인이 마주 보는 좌석 구조, 개별 온도 및 음악 제어 시스템, 4륜 조향 기술을 활용한 좁은 도로에서의 기동성 등을 증명해냈다. 특히 안전요원이 탑승하지 않은 상태에서도 중앙 관제 시스템의 모니터링하에 복잡한 라스베이거스 도심을 완벽히 주행하는 모습은 '운전자 없는 미래'가 더 이상 구호가 아님을 입증하는 결정적 장면이었다.

이번 CES 2026에서 죽스의 행보는 단순한 기술 시연을 넘어 '도시 인프라와의 완전한 결합'으로 진화했다. 2025년 9월부터 리조트 월드(Resorts World), 럭소(Luxor) 등 라스베이거스의 주요 거점을 연결하는 무료 로보택시 서비스를 일반 고객 대상으로 시작한 죽스는, 이번 CES 기간을 기점으로 그 서비스 범위를 대폭 확장했다.

죽스의 자율주행차. 운전대가 없는 것이 특징이다. ⓒ죽스

특히 라스베이거스의 랜드마크인 '스피어(Sphere)' 및 'T-모바일 아레나(T-Mobile Arena)'와의 공식 파트너십을 통해 공연 관람객을 실어나르는 상용 라이드헤일링 서비스로서의 면모를 본격적으로 드러냈다. CES 2026 현장 프리뷰와 외신들은 죽스를 웨이모와 함께 로보택시 상용화 시대를 이끄는 양대 축으로 규정했다. 특히 웨이모가 기존 차량 플랫폼의 확장성에 집중한다면, 죽스는 핸들조차 없는 전용 설계를 실제 도시 서비스에 대규모로 투입한 '첫 번째 실전 사례'라는 점에서 차별화된 평가를 받았다. 행사 기간 중 관람객들은 스트립 주변을 분주히 오가는 죽스의 로보택시를 일상적인 교통수단처럼 이용하며, 자율주행 기술이 실험실을 벗어나 도시의 실질적인 이동 솔루션으로 자리 잡았음을 체감할 수 있었다.

결과적으로 CES 2026에서의 죽스는 기술적 신기함을 넘어 사업적 지속 가능성을 증명해냈다. 아마존의 강력한 자본력과 죽스의 독자적 하드웨어 설계 능력이 결합하여 탄생한 이 로보택시 생태계는, 미래의 도시 모빌리티가 어떤 형태의 하드웨어와 서비스 모델을 갖춰야 하는지에 대한 가장 명확한 답안지를 제시했다.

텐서오토, 개인 소유 레벨4 자율주행차 공개

미국 캘리포니아 새너제이에 본사를 둔 AI 및 로보카 스타트업 텐서오토(Tensor Auto)는 이번 CES 2026을 통해 세계 무대에 화려하게 데뷔했다. 그동안 웨이모나 죽스 같은 기업들이 기업 소유의 '로보택시' 공유 서비스에 집중해온 것과 달리, 텐서오토는 '개인이 직접 소유하는 레벨4 로보카'라는 완전히 새로운 카테고리를 들고 나와 관람객들의 이목을 집중시켰다. 2025년 여름 브랜드와 제품을 처음 공개한 이후, 과거 CES 참가 이력이 전무했던 텐서오토에 이번 CES 2026은 사실상 전 세계 소비자들에게 그들의 실체를 처음으로 선보이는 공식적인 데뷔 무대가 되었다.

텐서오토가 이번 전시의 주인공으로 내세운 '텐서 로보카(Tensor Robocar)'는 단순한 전기차를 넘어 차량 전체가 하나의 거대한 AI 에이전트로 작동하는 제품이다. 이 차량의 가장 큰 특징은 SAE 레벨4 자율주행을 지원하면서도, 필요에 따라 사람이 직접 운전할 수 있는 '듀얼 모드(L0-L4)' 설계를 채택했다는 점이다. 자율주행 모드 시에는 스티어링 휠과 페달이 안으로 접혀 들어가거나 숨겨지는 가변형 구조를 통해 운전석이 없는 라운지 형태의 실내 공간을 제공하며, 수동 운전이 필요할 때는 다시 제어 장치들이 나타나 운전자의 주권을 보장한다.

기술적 사양 또한 압도적이다. 텐서오토는 이번 전시에서 30여 개의 카메라와 5

텐서오토의 자율주행차. 운전자가 수동 운전을 원하면 스티어 링휠고 페달이 나타난다. ©텐서오토

개으 라이다(LiDAR), 10여 개의 레이더를 포함해 마이크와 초음파 센서 등 총 100개 이상의 센서로 구성된 풀 스택 시스템을 공개했다. 특히 엔비디아의 블랙웰(Blackwell) 아키텍처 기반 시스템온칩(SoC)을 활용한 온보드 슈퍼컴퓨터는 총 8000TOPS급의 연산 능력을 자랑하며, 차량에 탑재된 멀티모달 대규모언어모델(LLM) 기반 AI 에이전트가 음성과 제스처를 통해 사용자와 대화하고 차량의 모든 기능을 제어하는 모습을 시연했다.

CES 2026 현장에서 텐서오토는 "당신의 자율성을 직접 소유하라(Own Your Autonomy)"는 슬로건을 앞세워, 로보택시 플릿(Fleet) 모델과는 차별화된 프리미엄 개인 소유 모델로서의 가치를 강조했다. 텐서오토는 이번 데뷔 무대를 시작으로 2026년부터 미국, 유럽, 아랍에미리트(UAE) 등 일부 글로벌 시장에서 본격 판매할 계획임을 밝히며, 자율주행 기술의 정점이 특정 서비스 운영사의 전유물이 아닌 개인의 일상적 자산이 되는 시대를 선언했다.

결과적으로 CES 2026은 텐서오토라는 신생 브랜드가 자율주행 산업의 새로운 패러다임을 제시하며 성공적으로 안착했음을 알리는 신호탄이 되었다. 화려한 센서 스택과 압도적인 연산 성능, 그리고 사용자의 주체성을 존중하는 듀얼 모드 설계는 미래 자동차가 나아가야 할 또 다른 방향성을 제시했다는 평가를 받았다.

모빌아이, 2억대 위에서 작동하는 AI

이스라엘 예루살렘에 본사를 둔 모빌아이(Mobileye)는 컴퓨터 비전과 머신러닝을 결합한 첨단운전자보조시스템(ADAS) 및 자율주행 기술 분야의 세계적 선두 주자다. 1999년 설립 이후 자체 설계한 SoC인 '아이큐(EyeQ)'와 이를 구동하는 정교한 소프트웨어를 통해 성장했으며, 2017년 인텔(Intel)에 인수된 후에도 나스닥에 상장된 독립 법인으로서 전 세계 50개 이상의 완성차 주문자상표부착생산(OEM) 업체와 협력하고 있다. 2024년 말 기준으로 약 2억대에 달하는 차량에 모빌아이의 기술이 탑재돼 있을 만큼, 사실상 현대 자동차 안전 기술의 표준을 정립해 온 기업이기도 하다.

모빌아이는 매년 CES를 기술 로드맵

의 핵심 발표장으로 활용해 왔다. 과거 CES 2024에서는 OEM 업체들이 각자의 브랜드 정체성에 맞춰 주행 감각과 UX를 커스터마이징할 수 있는 '모빌아이 DXP(Driving Experience Platform)'를 처음으로 공개하며 주목을 받았다. 이어 CES 2025에서는 'Mobileye: Now. Next. Beyond.'라는 슬로건 아래, 운전자가 전방을 주시해야 하는 핸즈오프 시스템인 '슈퍼비전(SuperVision)'부터 소비자용 레벨 3/4 시스템인 '쇼퍼(Chauffeur)', 그리고 로보택시용 완전 자율주행 시스템인 '드라이브(Drive)'까지 이어지는 포괄적인 라인업을 실제 차량과 함께 시연하며 자율주행의 대중화 가능성을 제시했다.

이번 CES 2026에서 모빌아이는 '피지컬 AI(Physical AI)'라는 새로운 화두를 던지며 자율주행 기술의 다음 지평을 열었다. 2026년 1월 6일 열린 연례 키노트 'Mobileye Live at CES 2026'에서 최고경영자(CEO) 아므논 샤슈아 교수는 AI가 가상 세계를 넘어 실제 물리적 세계의 이동성을 어떻게 근본적으로 변화시키는지에 대한 구체적인 비전을 공유했다. 특히 이번 발표의 하이라이트는 차세대 아이큐(EyeQ) 칩 아키텍처의 공개였다. 이는 더욱 강력해진 연산 성능을 바탕으로 AI 주행 스택의 진화를 뒷받침하며, 복잡한 도로 환경에서도 더욱 인간에 가까운 판단을

내릴 수 있도록 설계되었다.

행사 기간 중 모빌아이는 폭스바겐(Volkswagen) 자율주행 부문 CEO와의 대담을 통해 대규모 레벨3/4 상용화를 위한 실질적인 협력 진척 상황을 공개하며 신뢰도를 높였다. 라스베이거스컨벤션센터 웨스트홀에 마련된 전용 라운지에서는 파트너사와 투자자들을 대상으로 클라우드 기반의 REM 지도 기술, 센서의 중복성을 극대화한 '트루 리던던시(True Redundancy)', 그리고 수학적으로 안전을 증경하는 RSS 프레임워크 등 모빌아이의 핵심 기술이 총망라된 풀 스택 데모가 진행되었다.

결과적으로 CES 2026에서 모빌아이는 단순한 반도체 공급사를 넘어, 물리적 세계와 AI가 결합된 미래 모빌리티 생태계의 설계자로서 그 위상을 확고히 했다. 차세대 칩셋과 피지컬 AI 비전을 통해 제시된 모빌아이의 로드맵은, 자율주행 기술이 실험실의 단계를 넘어 우리 일상의 '물리적 실체'로 어떻게 안착할 수 있는지를 보여주는 이정표가 되었다.

아에바, 윈드실드 통합형 4D 라이다 공개

미국 실리콘밸리 마운틴뷰에 본사를 둔 아에바(Aeva Technologies, Inc.)는 거리 정보뿐만 아니라 물체의 '순간 속도'까지 동시에 측정하는 FMCW(주파수 변조 연속파) 방식의 4D LiDAR 기술로 센싱 분야의 패

아에바-라이다는 두께가 얇아서 일반 승용차에 장착하기 용이하다. © 에바 테크놀로지스

러다임을 전환하고 있는 기업이다. 기존 LiDAR가 3D 위치 정보에 의존했다면, 아에바의 4D LiDAR는 실리콘 포토닉스 기술을 기반으로 물체의 움직임을 즉각적으로 파악해 자율주행차와 로봇이 보다 안전하고 정밀하게 주행할 수 있도록 돕는다. 현재 아에바는 승용차와 트럭 등 자동차 분야를 넘어 로보틱스, 산업 자동화, 스마트 인프라까지 폭넓은 시장을 타깃으로 기술력을 확장하고 있다.

과거 CES 2025 무대에서 아에바는 자사의 기술력을 실제 도로에서 증명하는 데 집중했다. 당시 고속도로 주행에 최적화된 장거리 고해상도 4D LiDAR 센서를 최초로 공개했으며, 자율주행 트럭인 '프레이트라이너 카스카디아(Freightliner Cascadia)'에 이 센서를 탑재해 라스베이거스 도심에서 실시간 시연을 선보였다. 관람객들은 라이브 포인트 클라우드를 통해 FMCW 방식 특유의 간섭 없는 정밀한 인지 능력을 직접 확인하며 아에바의 차별성을 체감할 수 있었다.

이번 CES 2026에서 아에바는 실험적인 시연을 넘어, 대량 생산을 위한 완성차 통합 기술의 정점을 보여주었다. 전시의 핵심은 승용차 전면 유리(윈드실드) 상단에 완벽하게 통합된 4D LiDAR였다. 자동차 유리 대기업 AGC와 공동 설계한 이 디자인은 고성능 센서가 외관상 거의 드러나지 않도록 처리되어, 차량 미관을 해치지 않으면서도 레벨3 이상의 고도화된 자율주행 성능을 구현하려는 OEM 업체들의 요구를 완벽히 충족시켰다.

또한 아에바는 이번 행사에서 차세대 플래그십 센서인 '아틀라스 울트라(Atlas Ultra)'를 전면에 내세웠다. SAE 레벨3 및 레벨4 자율주행을 겨냥한 이 제품은 이전 모델을 압도하는 장거리 탐지 성능과 고해상도를 자랑하며, 자동차를 넘어 '피지컬 AI(Physical AI)' 시대의 핵심 센싱 플랫폼으로서의 가능성을 제시했다. 아에바는 자사 부스뿐만 아니라 LG이노텍, AGC 등 주요 파트너사의 부스를 통해서도 실제 적용 사례를 공유하며 생태계 확장을 가시화했다.

요약하자면, CES 2026에서 아에바는 4D LiDAR 기술이 더 이상 미래의 대안이 아닌, 실제 양산 차량에 즉시 적용 가능한 '준비된 기술'임을 입증했다. 윈드실드 통합형 디자인과 아틀라스 울트라 센서를 통해 제시된 아에바의 비전은, 자동차와 로보틱스가 물리적 세계를 인지하는 방식을 근본적으로 바꾸는 피지컬 AI 시대의 이정표로 평가받았다.

헬름.ai, '데이터 벽' 넘는 자율주행 AI 공개

미국 캘리포니아에 기반을 둔 자율주행 및 ADAS 소프트웨어 스타트업 헬름.ai(Helm. ai)는 대규모 데이터 라벨링 없이도 효율적인 학습이 가능한 '딥 티칭(Deep Teaching™)' 기술을 앞세워 자율주행 업계의 새로운 강자로 부상했다. 2016년 설립된 이 회사는 카메라 중심(Vision-only)의 인공지능 스택을 통해 레벨 2+부터 레벨 4 자율주행, 나아가 로보틱스 자동화까지 아우르는 소프트웨어를 개발하고 있다. 특히 일본 완성차 기업 혼다(Honda)가 전략적 투자자이자 핵심 고객사로 참여하면서, 이들의 기술은 혼다의 차세대 전기차 라인업인 'Zero 시리즈'의 핵심 두뇌 역할을 맡게 되었다.

과거 CES 2025 무대에서 헬름.ai는 혼다와의 강력한 파트너십을 전면에 내세우며 존재감을 증명했다. 당시 전시의 하이라이트는 혼다 Zero 시리즈 프로토타입에 탑재되는 레벨 3 '아이즈오프(eyes-off)' 자동 운전 기능의 시연이었다. 헬름.ai는 수작업 데이터 의존도를 획기적으로 낮춘 딥 티칭 기반 소프트웨어를 통해 테슬라와 같은 대규모 차량 플릿(Fleet) 없이도 고도의 자율주행 기능을 양산 차에 구현할 수 있다는 점을 강조했다. 이와 더불어 VidGen-2, GenSim-2 등 생성형 시뮬레이션 제품군을 공개하며, 가상 세계와 현실 간 격차를 줄이는 차세대 개발 워크플로를 선보였다. 이번 CES 2026에서 헬름.ai는 혼다와의 공동 개발 계약을 통해 더욱 구체화된 양산 로드맵을 제시했다. 현재까지 공식적으로 발표된 세부 안건은 확인되지 않으나, 2025년 하반기부터 이어진 '팩터드 임바디드 AI(Factored Embodied AI)' 아키텍처와 비전 기반 제로샷(Zero-shot) 도시 주행 기술이 주요 축을 이룬 것으로 파악된다. 특히 단 1000시간의 데이터 학습만으로 도심 주행을 성공시킨 사례를 바탕으로, 시뮬레이션과 월드 모델의 품질을 극대화해 '데이터의 벽'을 넘어서는 새로운 설계 방향성을 공유했다.

헬름.ai의 이러한 행보는 기술적으로나 산업적으로 매우 중요한 의미를 지닌다. 고가의 라이다(LiDAR)나 HD 맵 없이 카메라만으로 레벨 3 수준의 자율주행을 지향하는 이들의 접근법은, 카메라 기반 스택이 자율주행 시장의 메인 스트림으로 자리잡을 수 있다는 강력한 시그널을 주었다. 또한 혼다가 2025년 추가 투자를 단행하고 2027년까지 광범위한 모델에 헬름.ai의 기술을 적용하기로 한 것은, 기존의 부품사 중심 공급망이 소프트웨어 전문 스타트업과의 직계 파트너십 체제로 재편되고 있음을 보여주는 상징적인 사례로 평가받는다.

결과적으로 CES 2026에서의 헬름.ai는 단순한 기술 공급사를 넘어, 혼다의 자율주행 미래를 책임지는 'AI 퍼스트 플랫폼' 플레이어로서 입지를 확고히 했다. 양산 임박 단계에 접어든 혼다 Zero 시리즈와 결합된 이들의 AI 소프트웨어는, 데이터 효율성과 안전성을 동시에 확보한 차세대 모빌리티의 기준점을 제시했다.

이미 도래한
휴머노이드 로봇 시대

CES는 '미래'를 전시해 왔지만, CES 2026이 보여준 미래는 달랐다. 더 이상 화면 속 인공지능(AI)이나 콘셉트 영상이 아니라, 실제 현장에서 사람과 함께 일하고, 돈을 벌며, 산업의 구조를 바꾸는 '물리적 인공지능(Physical AI)'이 전면에 등장했기 때문이다. 로봇은 이제 기술 데모의 주인공이 아니라, 생산성과 비용, 안전이라는 냉정한 지표로 평가받는 산업 자산의 단계에 들어섰다.

이번 CES에서 확인된 핵심 메시지는 명확하다. 휴머노이드는 더 이상 "될까"의 문제가 아니라, "어디서, 어떻게 먼저 쓰일 것인가"의 문제로 이동했다. 이족 보행과 균형 제어를 넘어 손의 정밀함, 촉각 인식, 학습 방식, 그리고 실제 고객 현장에서의 반복 운영 가능성이 경쟁의 중심으로 떠올랐다. 동시에 로봇 단일 기계가 아니라, OS·앱·파운데이션 모델·부품 생태계를 아우르는 플랫폼 전쟁도 본격화됐다.

미국, 유럽, 아시아 각지에서 등장한 로봇 기업들은 서로 다른 전략으로 같은 목표를 향하고 있다. 산업 현장에서 바로 수익을 만드는 실전형 휴머노이드, 로봇의 아이폰을 꿈꾸는 운영체제(OS) 중심 플랫폼, 조용히 공장 자동화를 지탱해 온 표준 인프라스트럭처, 그리고 '손'과 '촉각'이라는 결정적 요소를 장악하려는 부품·인터페이스 기업들까지. CES 2026은 로봇 산업이 더 이상 단일 서사가 아닌, 다층적인 가치사슬 경쟁으로 진입했음을 보여준 무대였다.

어질리티 로보틱스,
휴머노이드 상용화 시대 연다

미국 오리건주에 본사를 둔 어질리티 로보틱스(Agility Robotics)는 연구실에 머물던 이족 보행 기술을 실제 산업 현장의 노동력으로 전환하며 휴머노이드 상용화의 선구자 역할을 하고 있다. 2015년 오리건주

어질리티 로보틱스의 휴머노이드 로봇 디짓(Digit)이 물류창고에서 일하고 있는 모습. © 어질리티 로보틱스

립대에서 스핀오프해 설립된 이 회사는 이족 보행 연구 플랫폼인 '카시(Cassie)'를 통해 다져온 동역학적 걷기 기술을 바탕으로, 2019년 팔과 몸체를 갖춘 산업용 휴머노이드 '디짓(Digit)'을 세상에 선보였다. 디짓은 단순히 인간을 닮은 로봇을 넘어, 물류 창고나 제조 공장처럼 인간을 위해 설계된 환경에서 토트 상자를 옮기거나 반복적인 물류 작업을 수행하기 위해 태어난 실무형 로봇이다.

디짓의 외형적 특징 중 가장 눈에 띄는 것은 '새의 다리'를 연상시키는 독특한 하체 구조다. 1.75m의 키와 72kg의 무게를 가진 디짓의 다리가 뒤쪽으로 굽혀지는 이유는 좁은 통로나 선반 사이에서 물건을 집어 올릴 때 무릎이 장애물에 부딪히는 것을 방지하기 위함이다. 또한 7개의 카메라와 라이다(LiDAR) 센서를 통해 주변 환경을 입체적으로 인지하며, 최근에는 멀티모달 대규모언어모델(LLM)을 통합하여 인

간의 복잡한 음성 명령을 이해하고 상황에 맞는 작업을 스스로 판단하여 수행하는 지능형 로봇으로 진화했다.

과거 CES 무대에서 어질리티 로보틱스는 디짓의 실전 능력을 입증하는 데 주력했다. 특히 CES 2025에서는 단독 전시보다 엔비디아(NVIDIA), 아마존웹서비스(AWS), 액센츄어(Accenture) 등 글로벌 파트너사들의 부스 곳곳에서 실제 창고 작업을 수행하는 데모를 선보이며 주목받았다. 당시 디짓은 사람과 같은 공간에서 안전하게 공존하며 반복적인 중량물 운반 작업을 묵묵히 수행해냈고, 이는 "휴머노이드가 연구 단계를 지나 실제 비즈니스 워크셀에 투입될 수 있는 상용 제품"이라는 강력한 메시지를 시장에 각인시켰다는 평가를 받았다.

이번 CES 2026에서 어질리티 로보틱스는 기술 시연을 넘어 휴머노이드 산업의 리더로서 새로운 시대의 개막을 선포했다. 'Robots Among Us: Welcome to the Age of

Humanoids'라는 단독 세션을 주관하며, 디짓이 아마존이나 GXO 로지스틱스 같은 실제 고객사의 현장에서 '돈을 받고 일하는' 첫 번째 상업용 휴머노이드로서 거둔 성과를 공유했다. 또한 엔비디아와 협력한 'CES 파운드리' 및 '피지컬 AI' 세션에서는 디지털 트윈 기술을 이용한 로봇 훈련과 공장 통합 자동화 로드맵을 발표하며 디짓이 단일 로봇을 넘어 거대한 지능형 제조 생태계의 핵심 인프라스트럭처로 자리 잡아가고 있음을 보여줬다.

현재 어질리티 로보틱스는 오리건주 세일럼에 연간 1만대 규모의 생산 능력을 갖춘 세계 최초의 휴머노이드 공장 '로보팹(RoboFab)'을 가동하며 대량 생산 시대를 준비하고 있다. 셰플러(Schaeffler)와의 파트너십을 통해 전 세계 100개 공장에 디짓을 배치하기로 한 사례는 휴머노이드가 인력난과 안전 이슈를 겪는 제조 현장의 실질적인 해결책이 되었음을 보여준다. CES 2026을 기점으로 어질리티 로보틱스는 단순한 로봇 제조사를 넘어, 물리적 인공지능이 인간의 노동을 보조하고 가치를 높이는 '미래의 일터'를 설계하는 주역으로 거듭나겠다는 의지를 재확인했다.

뉴라 로보틱스,
로봇의 아이폰 모먼트 선언

독일 메칭겐에 본사를 둔 뉴라 로보틱스

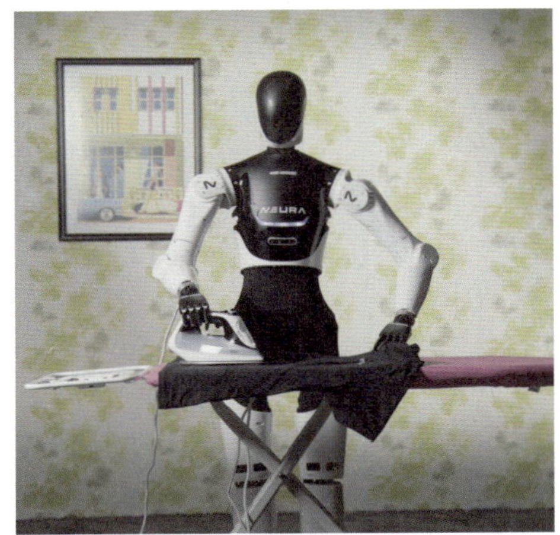

뉴라 로보틱스의 휴머노이드 로봇이 다림질을 하고 있는 모습.
© 뉴라로보틱스

(NEURA Robotics)는 인간의 인지 능력을 로봇에 이식한 '코그니티브 로보틱스(Cognitive Robotics)' 분야의 선두 주자로, 이번 CES 2026을 통해 그들의 혁신적인 로봇 생태계를 세계 무대에 선보이며 공식적으로 데뷔했다. 2019년 설립된 이 회사는 AI, 제어 소프트웨어, 센서 등 로봇의 핵심 부품을 모두 자체 개발하며 협동 로봇 '마이라(MAiRA)', 가정용 로봇 '미파(MiPA)', 그리고 휴머노이드 '4NE1'에 이르는 폭넓은 포트폴리오를 구축해 왔다.

이들은 단순히 하드웨어를 파는 제조사를 넘어 '로봇계의 아이폰'과 같은 플랫폼 기업을 지향하며, 로봇 OS와 앱 생태계인 '뉴라버스(Neuraverse)'를 통해 로봇 대중화 시대를 열겠다는 포부를 지니고 있다.

그간 유럽의 오토매티카(Automatica)나 IFA 등지에서 내실을 다져온 뉴라 로보틱스에 CES 2026은 글로벌 시장을 향한 중대한 전환점이 되었다. 과거 2025년까지는 유럽 중심의 전시를 통해 3세대 휴머노이드 4NE1과 개방형 생태계 뉴라버스를 공개하며 "코그니티브 로보틱스의 대중화"를 선언해 왔으나, 정식으로 CES 무대에 부스를 차린 것은 이번이 처음이다. 뉴라 로보틱스는 이번 행사에서 보고, 듣고, 만지며 스스로 학습하는 '피지컬 AI' 기술이 집약된 로봇 라인업을 대대적으로 선보이며 북미 관객들의 시선을 사로잡았다.

전시의 중심에는 범용 코그니티브 휴머노이드 4NE1이 있었다. 4NE1은 정교한 센서와 촉각 스킨을 통해 실제 물리 환경을 인간처럼 이해하고 상호작용하는 모습을 시연하며, 산업용 니치를 넘어 일상으로 들어올 준비가 되었음을 입증했다. 또한 가정 및 서비스용 로봇 미파(MiPA)를 전면에 배치해 로봇이 어떻게 집안일과 일상 서비스를 보조할 수 있는지 구체적인 청사진을 제시했다. 무엇보다 협동 로봇, 모바일 로봇, 휴머노이드를 하나의 OS로 묶어 관리하는 뉴라버스 플랫폼을 강조하며, 가와사키나 옴론과 같은 글로벌 파트너들과 확장된 생태계 비전을 공유했다.

기술적으로 뉴라 로보틱스의 행보는 물리적 AI가 특정 산업의 도구를 넘어 범용 플랫폼으로 진화하고 있음을 상징한다. 모든 기술을 인하우스로 개발하는 수직 계열화 전략과 스위스 취리히에 신설된 피지컬 AI 전담 허브를 통해, 이들은 유럽이 휴머노이드 혁신의 중심지로 부상하고 있음을 전 세계에 알렸다. 시장 내러티브 측면에서도 피겨AI나 테슬라 옵티머스 등 미국 중심의 휴머노이드 경쟁 구도에 강력한 유럽발 대안을 제시하며, 2030년까지 500만대의 로봇을 공급하겠다는 공격적인 목표를 재확인했다.

결과적으로 CES 2026은 뉴라 로보틱스가 단순한 로봇 회사가 아니라, 앱 생태계와 OS, 그리고 피지컬 AI 인프라를 모두 장악하려는 거대한 플랫폼 플레이어임을 각인시킨 무대였다. 이들이 보여준 로봇의 '아이폰 모먼트'는 향후 로봇 산업의 가치사슬이 어떻게 재편될 것인지를 보여주는 명확한 이정표가 되었다.

유니버설 로봇, 피지컬 AI의 산업 표준 굳힌다

덴마크 오덴세에 본사를 둔 유니버설 로봇(Universal Robots · UR)은 사람과 같은 공간에서 안전 펜스 없이 협업할 수 있는 '협동 로봇(Cobot)' 시장을 개척하고 현재 글로벌 점유율 1위를 수성하고 있는 독보적인 기업이다. 2005년 설립된 유니버설 로봇은 2008년 세계 최초로 상업용 협동 로

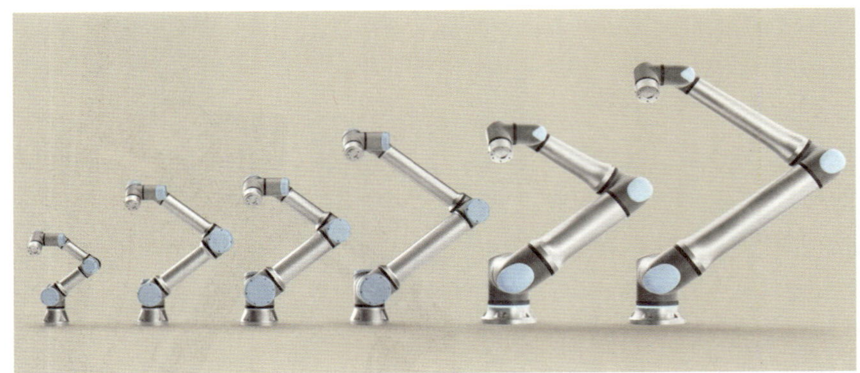

유니버설 로봇의 협동 로봇. ⓒ 유니버설 로봇

봇을 선보인 이후, 현재는 미국 테라다인(Teradyne) 산하 기업으로 전 세계 공장에 10만대가 넘는 로봇을 공급하며 산업 자동화의 기본 인프라 역할을 하고 있다.

유니버설 로봇의 행보는 화려한 소비자용 로봇이 주목받는 CES 무대보다는 오토메이트(Automate)나 팹테크(FABTECH)과 같은 B2B 산업 자동화 전시회에 집중해 왔다. UR의 핵심 가치가 가전제품이나 서비스 로봇보다는 용접, 팔레타이징, 정밀 조립 등 실제 공장의 복잡한 공정을 자동화하는 데 있기 때문이다.

하지만 CES 2026의 이면에서 유니버설 로봇은 '피지컬 AI의 프런트 도어'로서 조용한 존재감을 드러내고 있다. 암(Arm)이나 엔비디아(NVIDIA) 등 주요 하드웨어 및 AI 파트너사들의 세션에서 UR은 자율주행과 지능형 판단 기능을 공장 현장에 실

현하는 대표적인 협동 로봇 플랫폼으로 언급되고 있다. 특히 엔비디아 젯슨(Jetson) 기반의 제어 시스템과 저코드(Low-code) 소프트웨어 모듈을 통해 "공장 내 로봇에도 챗GPT와 같은 지능의 순간이 오고 있다"는 내러티브를 주도하며, 단순한 하드웨어 제조사를 넘어 소프트웨어와 AI가 통합된 로봇 생태계의 중심축으로 기능하고 있다.

기술적으로 UR은 최근 고하중 및 장거리 작업이 가능한 UR20, UR30 모델과 함께 2025년 발표된 UR18까지 라인업을 확장하며 다양한 산업적 요구에 대응하고 있다. 이들은 CES에서 직접적으로 화제를 모으기보다는, 'UR+'라는 독자적인 앱 생태계를 통해 수백 개의 파트너사가 자사 로봇 위에서 혁신적인 AI 솔루션을 구현할 수 있도록 돕는 플랫폼 전략을 취하고 있

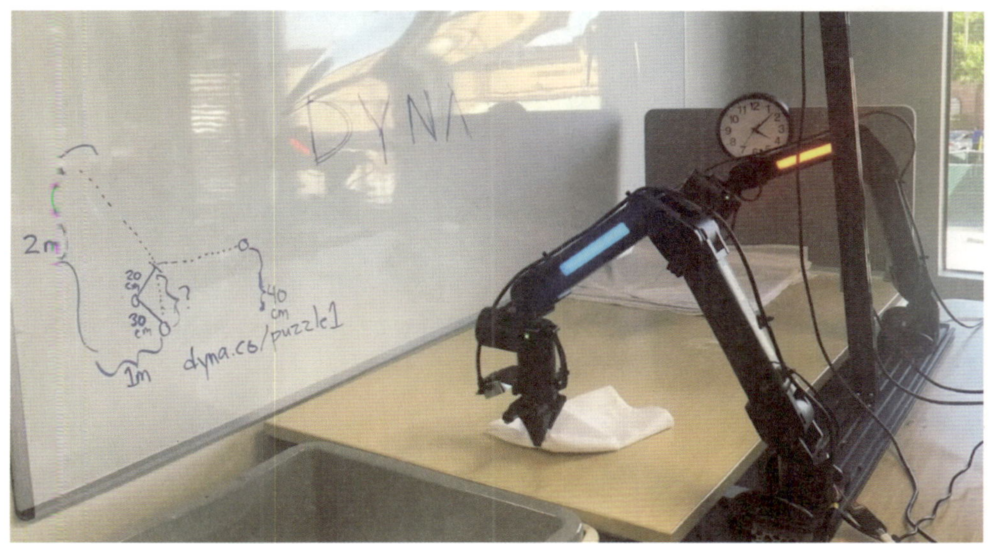

다이나 로보틱스의 로봇이 수건을 개고 있는 모습. © 다이나로보틱스

다. 구니버설 로봇은 CES 무대의 화려한 휴머노이드 열풍 뒤에서 묵묵히 실제 산업 현장의 자동화를 지탱하는 가장 안정적인 인프라로서의 입지를 재확인하고 있다.

다이나 로보틱스, 서비스 자동화 집중

미국 실리콘밸리 레드우드시티에 본사를 둔 다이나 로보틱스(Dyna Robotics)는 '로봇 파운데이션 모델'을 통해 노동 집약적인 서비스 현장의 자동화를 이끄는 신생 강자로 부상했다. 2024년 설립된 다이나 로보틱스는 호텔, 레스토랑, 세탁실 등 실제 사업장에서 세탁물 접기, 냅킨 정리, 식품 포장과 같은 반복적이고 정밀한 작업을 수행하는 저비용·고신뢰 로봇팔을 개발하고 있다. 특히 인스타카트에 3억5000만 달러에 매각된 케이퍼AI(Caper AI)의 창업자들과 구글 딥마인드 출신의 연구진이 합류하며 리테일 실전 배치 경험과 최첨단 AI 기술력을 동시에 갖춘 팀으로 평가받고 있다.

다이나 로보틱스의 기술적 핵심은 로봇 조작을 위한 파운데이션 모델인 DYNA-1이다. 이 모델은 수건이나 냅킨 접기처럼 복잡한 변형이 일어나는 물체를 다루는 작업에서 24시간 연속 가동 시 99.4%라는 경이로운 성공률을 달성했다. DYNA-1은 단일 가중치 모델만으로도 호텔, 헬스장, 식품

매장 등 서로 다른 환경에 제로샷(Zero-shot) 혹은 최소한의 튜닝만으로 즉시 투입이 가능하다는 점이 특징이다. 또한 예상치 못한 오류 상황에서도 스스로 회복하고 최적의 경로를 탐색하는 자체 '보상 모델(Reward Model)'을 통해 상용 환경에서 사람 대비 약 60% 수준의 경제성 있는 처리량을 확보했다.

이러한 혁신적인 기술력은 글로벌 자본 시장의 뜨거운 관심을 끌어냈다. 2025년 3월 2350만달러의 시드 투자를 유치한 데 이어, 같은 해 9월에는 아마존 산업 혁신 펀드, 엔비디아, 삼성 넥스트, LG 테크 벤처스 등 전략적 투자자들이 대거 참여한 1억 2000만달러 규모의 시리즈 A 투자를 이끌어내며 기업 가치 6억달러를 돌파했다. 현재 다이나의 로봇들은 이미 일부 호텔과 레스토랑에서 16시간 교대 근무 수준으로 실제 상업 운영에 투입되어 그 실효성을 입증하고 있다.

샤르파, CES2026에서 인간 손 재현

싱가포르에 본사를 둔 AI 로봇 스타트업 샤르파(Sharpa)는 인간의 손을 가장 완벽하게 재현해낸 로봇 손 '샤르파 웨이브(SharpaWave)'를 통해 범용 로봇 및 휴머노이드 시장의 핵심 부품 생태계를 재편하려 하고 있다. 2024년 설립된 이 회사는 초고성능 로봇 부품을 통해 미래의 범용 로봇 시대를 앞당기겠다는 미션 아래, 싱가포르의 글로벌 본부와 중국 상하이의 연구개발(R&D) 센터, 미국 마운틴뷰의 비즈니스 거점을 잇는 전략적 구조를 갖추고 있다.

샤르파의 기술력이 집약된 샤르파 웨이브는 실제 사람 손과 거의 동일한 크기에 22 자유도(DoF)를 구현한 혁신적인 제품이다. 특히 손끝에 1000개 이상의 촉각 픽셀을 배치한 'Dynamic Tactile Array(DTA)' 기술을 통해 0.005N 수준의 극미세한 압력까지 감지하고 제어할 수 있는 초정밀 조작 능력을 자랑한다. 이를 통해 단순히 물체를 잡는 것을 넘어 가위질, 펜 돌리기, 다중 물체 파지 등 인간만이 가능했던 고난도 정밀 작업을 수행할 수 있으며, 자체 시뮬레이터인 '샤르파 파일럿(Sharpa Pilot)'과 결합해 연구자 및 개발자들이 손쉽게 고도화된 손기술을 실험할 수 있는 환경을 제공한다.

인간 손을 모방한 샤르파의 로봇. ⓒ 샤르파

과거 CES 참가 이력이 전무했던 샤르파에 이번 CES 2026은 전 세계의 주목을 받는 상징적인 데뷔 무대가 되었다. 샤르파는 샤르파 웨이브로 CES 2026 로보틱스 부문 혁신상을 받으며 기술의 우수성을 공식적으로 인정받았다. 라스베이거스 현장 데모에서 샤르파는 인간을 능가하는 힘과 섬세함을 동시에 갖춘 조작 능력은 물론, 장시간 반복 작업에도 견디는 높은 내구성과 신뢰성을 증명해 보였다. 또한 호텔, 병원, 가정 등 실제 서비스 환경에서 로봇 손이 어떻게 가사 보조나 의료 지원 등의 고부가가치 작업을 수행할 수 있는지에 대한 구체적인 시나리오를 제시하며 관람객들에게 찬사를 받았다.

CES 2026에서의 이번 발표는 로봇 산업 전반에 매우 중요한 메시지를 던졌다. 그동안의 휴머노이드 경쟁이 주로 이족 보행이나 균형 잡기 등 '몸통'의 기동성에 치중했다면, 샤르파는 인간 수준의 '손'을 상용화 단계로 끌어올림으로써 로봇이 도구를 사용하거나 정밀 조립을 수행하는 등 실질적인 노동력을 대체할 수 있는 결정적인 토대를 마련했다. 이는 테슬라 옵티머스, 피겨 등 전신 휴머노이드를 개발하는 기업들과의 파트너십 가능성을 시사하며, 샤르파를 글로벌 로봇 부품 인프라의 핵심 플레이어로 각인시켰다.

결과적으로 CES 2026은 샤르파에 단순한 제품 공개를 넘어, 로봇 부품 시장의 주도권을 선점하고 범용 로봇 상용화 속도를 가속화하는 기폭제가 되었다. '로봇의 손맛'을 현실로 구현한 샤르파의 행보는 2035년 수십조 원 규모로 성장할 휴머노이드 시장에서 손과 핸드 모듈이 새로운 핵심 격전지가 될 것임을 예고하고 있다.

해플리 로보틱스, 촉각 AI 시대 열다

캐나다 몬트리올에 본사를 둔 해플리 로보틱스(Haply Robotics)는 디지털 공간과 물리적 세계 사이의 보이지 않는 장벽을 '촉각'으로 허무는 햅틱 인터페이스 전문 기업이다. 이들은 사람의 미세한 손 움직임과 힘을 정밀하게 측정하고 재현하는 장치를 통해, 사용자가 가상 물체를 직접 만지는 듯한 경험을 제공하며 로봇 원격 제어 및 디지털 창작의 새로운 표준을 제시하고 있다. 특히 이들의 고정밀 3D 햅틱 컨트롤러인 '인버스3(Inverse3)'와 소형 3D 터치 마우스 '민버스(MinVerse)'는 전문가용 조형 작업부터 정교한 로봇 훈련에 이르기까지 폭넓게 활용되고 있다.

해플리 로보틱스는 매년 CES를 자사 기술의 상업적 가치를 증명하는 무대로 활용하며 압도적인 성과를 거둬왔다. 지난 CES 2025에서는 민버스 3D 터치 마우스를 통해 메타버스 부문 '최고혁신상(Best of Innovation)'을 포함해 2관왕에 오르며

해플리 로보틱스의 햅틱 제어 기술 '하프'를 적용한 로봇.
© 해플리 로보틱스

전 세계의 이목을 집중시켰다. 당시 전시된 기술은 모니터와 마우스에 의존하던 기존의 3D 모델링 방식을 실제 점토를 빚는 듯한 직관적인 스컬프팅 경험으로 전환하며, 가상 현실과 증강 현실 환경에서 촉각 인터페이스가 수행해야 할 핵심 역할을 명확히 보여주었다.

이번 CES 2026에서 해플리 로보틱스는 2년 연속 혁신상 2개 부문(총 4개 부문 누적 수상)에 이름을 올리며 햅틱 기반 피지컬 AI 분야의 선두 주자임을 다시 한번 입증했다. 이번 전시의 핵심은 헥사곤(Hexagon)과 공동으로 개발한 XR 조형 솔루션과 인공지능 부문에서 인정받은 'HARP(Human Advanced Robotics Platform)'다. 특히 헥사곤의 정밀 모델링 소프트웨어와 해플리의 콤팩트 햅틱 장치를 결합한 시스템은 전문가 수준의 3D 디자인을 저렴한 휴대형 장비로 가능하게 함으로써 XR 디자인 워크플로를 혁신했다는

평가를 받았다.

나아가 해플리 로보틱스는 엔비디아와의 협업을 통해 자율주행 및 로봇 훈련의 새로운 지평을 열었다. 이번 행사에서 선보인 핵심 시연 중 하나는 엔비디아 아이작 심(Isaac Sim)에 인버스3를 통합하여 사용자가 가상 물체를 느끼며 로봇 트레이닝 데이터를 수집하는 과정이었다. 이는 단순한 원격 제어를 넘어 사람의 숙련된 감각과 기술을 로봇 파운데이션 모델 학습에 그대로 전이할 수 있는 '휴먼-로봇 인터페이스' 플랫폼으로서 HARP의 가치를 증명한 사례로 꼽혔다.

결과적으로 CES 2026에서 해플리 로보틱스는 휴머노이드 로봇이 '몸'을 갖춘 시대에 '로봇을 어떻게 가르치고 소통할 것인가'라는 질문에 대한 가장 완벽한 해답을 제시했다. 햅틱과 물리적 AI, 그리고 XR 기술이 결합된 해플리의 생태계는 디지털 트윈과 로봇 공학의 융합을 가속화하며, 인간의 인지 능력이 기계의 물리적 지능으로 전환되는 과정에서 촉각 인터페이스가 왜 필수적인 레이어인지를 명확히 각인시켰다.

코앞으로 다가온
AI 안경

CES는 확장현실(XR · Extended Reality)과 관련된 신기술이 많이 공개되는 곳이다. 메타가 2014년 인수한 가상현실(VR · Virtual Reality) 헤드셋 제조업체 오큘러스는 2013년부터 CES에 참석해 큰 화제를 모았다. 하지만 시간이 지나도 VR이 메인스트림에 진입하지 못하면서 CES에서 XR 기기에 대한 관심은 점점 사라져갔다. 2023년과 2024년 CES에서도 XR에 대한 기대감은 약간 커졌다. 메타버스 붐과 함께 어플이 2024년 2월 출시한 XR 헤드셋 비전 프로에 대한 기대감 때문이었다. 하지만 비전 프로가 불러온 관심이 찻잔 속 태풍에 그치면서 XR에 대한 기대감은 크게 낮아졌다. CES 2026에서 기업들과 소비자들의 관심은 헤드셋 형태가 아닌 안경 형태의 기기에 더

쏠렸다. 일상적인 용도로는 헤드셋보다 안경이 훨씬 오래 착용할 수 있기 때문이다. 특히 대형언어모델(LLM)을 기반으로 하는 인공지능(AI)이 발전하면서 'AI 안경'이라는 제품군이 소비자 가전 시장에서 자리 잡는 모습이다.

AI 안경에 집중하는 메타

오큘러스를 인수하고 XR 하드웨어에 오래 투자해온 메타는 CES 2026에 참여했다. XR 업체들이 몰려 있는 센트럴홀에는 부스를 내지 않았지만 별도 공간을 꾸리고 제품들을 고객들에게 소개했다.

메타는 XR 헤드셋에서 AI 안경으로 방향 전환을 보여주는 가장 중요한 회사다. 오큘러스를 인수한 메타는 2019년 '퀘스트'라는

메타가 CES에서 공개했던 오큘러스 리프트. ⓒ오큘러스

VR 헤드셋을 출시했는데, 특히 2020년 출시한 퀘스트2는 높은 완성도와 저렴한 가격으로 코로나19 기간 큰 성공을 거뒀다. 2년 만에 2000만대가 판매되면서 VR과 메타버스의 대중화를 가져오는 듯했다. 하지만 2023년 9월 나온 퀘스트3, 2024년 나온 퀘스트3s 모두 큰 성공을 거두지 못했다.

오히려 이후 성공을 거둔 제품은 2023년에 나온 메타 레이밴 스마트안경이었다. 이 안경은 이후 300만대 이상이 판매되면서 중요한 카테고리로 자리 잡았다. 레이밴 스마트안경의 판매를 이끈 것은 다름 아닌 AI다. 메타는 2023년 9월 레이밴 스마트안경에 자사가 만든 LLM 라마를 탑재했다. 스마트폰 앱을 열어 AI에 직접 텍스트를 입력하면서 물어볼 필요 없이 음성으로 AI에 물어볼 수 있는 길을 연 것이다. 이는 LLM이 텍스트뿐만 아니라 음성까지 완벽하게 이해하기 때문에 가능해진 일이었다.

음성 대화뿐만이 아니다. 스마트안경에 탑재돼 있는 카메라를 통해 AI와 멀티모달 소통이 가능하다. 카메라를 통해 사용자와 AI의 시선이 공유돼서 AI에 음성으로 "지금 내가 보고 있는 것이 무엇이지?"라든지 "내가 보고 있는 스페인어를 영어로 번역해줘"와 같은 기능이 가능해졌다.

단순히 전화 통화를 하고, 사진을 찍는 수준이었던 스마트안경이 AI라는 새로운 인터페이스의 도입으로 그 활용도가 무한히 넓어진 것이다.

2024년 9월에 메타는 여기서 한발 더 나아가 스마트안경과 XR을 결합하는 미래까지 제시했다. VR 헤드셋은 몰입감 있는 경험이 가능하지만 일상적인 사용이 불가능하다. 반면 안경 형태의 제품에서 VR 헤드셋같이 디스플레이를 도입하려면 기술적인 문제와 비용의 문제가 발생한다.

첫 번째 문제는 디스플레이다. 안경 렌즈에 디스플레이를 투사시키려면 특수한 디스플레이와 특수한 렌즈가 필요하다. 매우 높은 해상도의 디스플레이가 필요한데 밝은 대낮에도 보일 수 있게 밝기가 매우 높아야 한다. 크게 두 가지 기술이 사용된다. LCOS(Liquid Crystal on Silicon)는 반도체 실리콘 위에 액정표시장치(LCD)에 사용되는 액정을 올린 것이다. 다른 하나는 LEDoS(LED on Silicon)도 반도체 위에

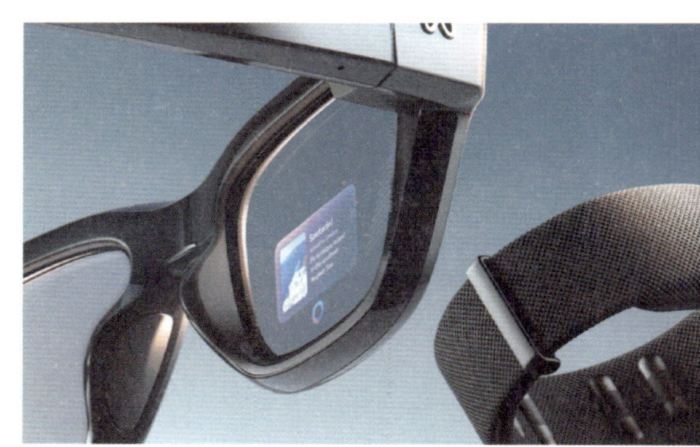

메타가 올해 공개한 디스플레이가 있는 레이밴 AI 안경.

LED를 올린 것이다. LCOS는 상대적으로 생산비용이 저렴하고 LEDoS는 성능이 뛰어난 것으로 알려져 있다.

두 번째 문제는 렌즈다. 렌즈에 디스플레이를 띄우기 위해서는 도파관(waveguide)을 이용해서 디스플레이의 이미지를 사용자의 눈까지 전달하게 되는데, 이 경우 렌즈는 일반 렌즈가 아닌 맞춤형 렌즈를 사용해야 한다. 특히, 사용자가 시력이 좋지 않아서 도수를 넣어야 할 경우 난도가 더 올라간다.

세 번째 문제는 배터리다. 칼라 디스플레이를 띄우기 위해서는 많은 배터리가 소모된다. 또한, AI 안경에서 많은 데이터 처리를 하려면 배터리 소모가 늘어난다. 안경테라는 좁은 공간에 배터리를 넣어야 하고, 동시에 무게를 낮게 유지하려면 배터리의 성능이 매우 중요해질 수밖에 없다.

네 번째 문제는 반도체다. 스마트안경의 기능을 안경 내에서 처리하려면 고성능의 반도체를 탑재해야 하는데 이 경우 가격이 올라가고 배터리 소모가 늘어난다. 그래서 안경의 반도체 성능을 낮추고 데이터 처리를 최대한 스마트폰이나 스마트폰과 연결된 클라우드로 옮길 경우 서비스 속도가 느려지게 된다. 특히나 네트워크 문제가 발생하면 AI 안경은 무용지물이 될 수도 있다. 그런 점에서 스마트안경의 반도체 성능도 중요하다.

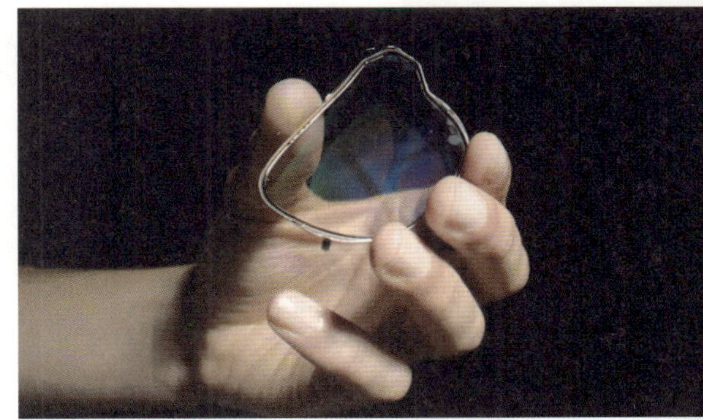

메타가 스마트안경을 위해 개발한 렌즈와 도파관 기술. © 메타

2024년 9월 메타가 공개한 '오라이언(Oryon)'은 프로토타입이지만 메타의 향후 기술 로드맵을 보여줬다.

먼저 디스플레이는 양쪽 렌즈에 모두 나와서 현실 공간과 중첩해서 이미지를 보여줄 수 있는 증강현실(AR) 기능을 탑재했다. 안경이면서도 VR 헤드셋처럼 현실과 상호작용할 수 있는 가능성을 보여준 것이다. VR 헤드셋에 들어가는 핸드트래킹 센서 등을 탑재해서 사용자의 얼굴과 손 움직임을 인식할 수 있었고, 이를 통해 AR 게임을 즐기는 것을 데모로 보여줬다.

메타는 오라이언용으로 스마트안경만으로 부족한 인터페이스 장치를 보강하기 위해 뉴럴밴드라는 보조 입력장치를 개발했다. 손목밴드 형태의 이 제품은 뇌에서 손가락으로 전달하는 신경신호를 인식해서 안경 디스플레이에서 클릭, 드래그 같은 입력을 가능하게 했다. 스마트폰을 꺼내지 않아도 스마트안경에 나온 디스플레이만으로 복잡하고 다양한 작업을 할 수 있는 기반을 마련한 것이다.

배터리와 반도체 문제를 해결하기 위해 메타는 '퍽' 형태의 별도 휴대용 장치를 개발했다. 두 개의 디스플레이와 고도의 AR 연산을 처리하기 위해 프로세서와 배터리를 외장 배터리 형태의 기기로 만든 것이다. 이 덕분에 메타 오라이언은 AR 안경의 기능을 십분 발휘할 수 있었다.

오라이언으로 향후 로드맵을 공개한 메타는 2025년 9월에는 디스플레이가 있는 첫 AI 안경 제품인 '메타 레이밴 디스플레이'를 공개했다. 본격적으로 디스플레이가 있는 AI 안경의 시대를 연 것이다. 가격은 799달러로, 379달러인 디스플레이가 없는 제품의 약 2배다.

오라이언과 달리 디스플레이는 오른쪽 렌즈에만 LCOS 디스플레이로 탑재됐다. 시야각은 20도, 주사율은 90Hz로 구현됐으며 최대 밝기는 5000니트에 달해서 야외에서도 충분히 보일 수 있는 밝기를 구현했다. 뉴럴밴드는 안경과 함께 세트로 포함돼 있다. 별도의 퍽은 없이 스마트폰이 연산처리장치를 주로 담당한다.

놀라운 것은 디스플레이를 탑재했음에도 불구하고 69g의 낮은 무게를 유지했다는 점이다. 디스플레이가 없는 제품의 무게는 48g이다. 또한 배터리 지속 시간도 최대 6시간으로 양호한 수치를 공개했다.

메타 레이밴 디스플레이를 통해 다양한 기능을 사용할 수 있다. 사진 촬영과 전화 통화, 메타AI와 음성 대화는 기본이다. 내가 방금 찍은 사진을 안경 디스플레이를 통해서 확인하고, 이를 바로 인스타그램이나 메신저를 통해 보낼 수 있다. 디스플레이로 문자 대화를 하는 것도 가능하다. 다른 언어를 번역해서 캡션으로 디스플레이에 보여주고, 길 찾기 안내를 디스플레이로 받을 수 있다. 영상 통화를 AI 안경을 통해서 하는 것도 가능하다. 통화하는 상대방의 얼굴이 안경 디스플레이로 표시되고, 상대방에게는 내가 보고 있는 것이 보인다. 상대방의 도움을 받아서 실생활의 문제를 해결할 때 도움이 되는 영상 통화 방식이다.

메타 레이밴 스마트 디스플레이는 시장에서도 좋은 평가를 받고 있다. 아직 관련된 앱과 서비스가 많지 않을 뿐 AI 안경의 새로운 영역을 열었다는 평가다. 전자산업에서 스마트폰의 다음이 될 수 있는 디바이스가 'AI 안경'이 될 것이라는 확실을 시장에 던져줬다. 메타는 메타 레이밴 디스플레이 공개와 함께 AI 안경 개발자들을 위한 툴킷을 제공하는 등 본격적인 개발자 생태계 조성에 나섰다. 2026년은 본격적인 AI 안경 경쟁이 시작될 것으로 예상된다.

메타 뒤쫓는 구글과 애플

구글과 애플은 모두 CES에 참여하지 않았지만 현재 AI 안경 개발에 가장 적극적인 회사다. 이 두 회사의 전략을 이해해야 향후 AI 안경 및 AI 하드웨어 시장의 전망을 가장 잘 이해할 수 있다.

구글은 안경이라는 폼팩터를 메타보다 더 먼저 주목하고 개발해왔다. 세르게이 브린 구글 창업자 주도로 2013년 등장한 스마트안경인 '구글 글라스'가 구글이 처음 내놓은 제품이다. 역시 한쪽에만 디스플레이가 적용된 '구글 글라스'는 비싼 가격과 제한적인 기능, 발열 문제, 불법 촬영에 따른 사생활 침해 논란으로 실제로 제대로 된 상용화에 성공하지 못했다.

하지만 이후에도 구글은 안경 형태의 폼팩터에 대한 연구와 투자를 계속해왔다. 2020년 인수한 캐나다 스마트안경 기업 노스(North), 2022년에 인수한 마이크로LED 기업 랙시움(Raxium) 등 관련 기술 스타트업을 꾸준히 인수해 기술을 확보해왔다. 2025년에는 아이트래킹 업체인 애드호크 마이크로시스템(Adhawk Microsystem)을 인수하는 등 엄청나게 적극적인 행보를 보이고 있다.

구글이 본격적으로 AI 안경에 시동을 건 것은 2024년 메타 AI 안경의 등장 이후로 추정된다. 안경이 사용자와 AI가 소통하는데 좋은 디바이스라는 것이 입증되면서 챗GPT 대항마인 제미나이를 개발하고 있는 구글은 이 시장을 놓칠 수 없다는 판단을 한 것으로 추정된다.

구글은 2024년 구글 I/O 행사에서 AI와 사람이 인터페이스하는 도구로 스마트폰이 아닌 안경을 사용하는 것을 '프로젝트 아스트라'라는 이름으로 테스트하기 시작했다. 이 프로젝트는 1년 후인 2025년 구글 I/O에서 안드로이드 XR 기반의 AI 안경을 시연하는 것으로 구체화됐다. 2025년 9월 메타가 '오라이언'으로 보여줬던 것처럼 디스플레이가 있는 AI 안경으로 할 수 있는 다양한 사용 사례를 공개했다. 실시간 통역과 구글맵을 활용한 길 찾기가 그것이다.

이때 구글은 삼성전자와 협력해 최초의 AI 안경을 만들 것이며, 아이웨어 브랜드인 한국 젠틀몬스터와 미국 와비파커와 함께 디자인을 협력할 것이라고 발표했다. 메타가 아이웨어 브랜드 레이밴, 오클리 등과 손잡은 것처럼 한국과 미국의 젊은 아이웨어 브랜드를 파트너로 선택한 것이다. AI 안경은 정보기술(IT) 기기지만 동시에 패션이 중요하다는 것을 이해하고 결정된 파트너십으로 보인다.

2025년 12월 미국에서 개최된 안드로이드 쇼 XR 에디션에서는 AI 안경의 더 구체적인 로드맵이 공개됐다. 2026년 디스플레이가 없는 AI 안경과 디스플레이가 한쪽

에만 있는 AI 안경의 두 가지 모델이 출시
된다는 것이다. 메타의 두 가지 제품군과
직접적으로 경쟁하는 제품군이 등장하게
되는 것이다.

관심은 디스플레이가 있는 모델에 더 쏠렸
다. 데모 영상도 디스플레이가 있는 모델
에 집중됐다. 구글이 보여준 첫 번째 실사
용 사례는 실시간 통역이다. 내 앞에서 얘
기하는 상대방의 언어를 실시간으로 번역
해서 자막으로 내 눈앞에 텍스트로 보여준
다. 데모에서는 스페인어를 영어로, 한국
어를 영어로 번역해줬다.

두 번째 실사용 사례는 구글맵을 기반으로
단순한 길 안내 이상의 사용자 경험을 AI
안경 사용자에게 주는 것이다. AI 안경이
다양한 앱과 연결돼 사용자의 편의성을 높
여줄 수 있음을 보여준 것이다. 투어 정보
앱인 겟유어가이드(Get Your Guide)와 차
량공유 서비스인 우버가 데모에 등장했다.
겟유어가이드의 경우 음성으로 제미나이
를 호출해 겟유어가이드와 연결하고, 사
용자는 지역 샌드위치 투어를 추천받는다.
이를 선택하면 해당 투어가 시작되는 장소
를 안경을 통해서 길 안내를 받을 수 있다.
우버의 경우 내가 부른 우버 차량이 몇 분
후에 도착하는지(ETA), 그리고 우버를 탑
승하는 위치가 어딘지를 실시간으로 디스
플레이를 통해서 볼 수 있다.

구글이 메타에 비해 가진 큰 강점은 기존

구글과 데모에서 사용한 AI 안경의 모습. ⓒ 구글

의 안드로이드 생태계를 이미 확보하고 있
다는 것이다. 안드로이드 앱을 개발하던
개발자들은 쉽게 안드로이드XR용 앱을
개발할 수 있으며, 이를 AI 안경으로까지
확장할 수 있다.

메타가 새로운 하드웨어 기술을 개발하고,
실험적인 사용자환경(UI)을 내놓는 등 앞
서고 있지만 결국 스마트폰 운영체제(OS)
에 의존해야 하는 것은 메타의 큰 약점이
다. 결국 스마트안경은 스마트폰에 의존할
수밖에 없는 하드웨어여서 안드로이드와
iOS를 지배하는 구글과 애플의 영향력을
벗어날 수 없기 때문이다.

구글은 다른 영역에서도 절대적인 우위
를 확보하고 있다. 하나는 많은 사용자 정
보를 확보하고 있다는 것이다. 안드로이드
OS 외에도 구글 계정, 지메일, 구글드라이
브, 구글맵스 등을 통해 사용자의 정보를
확보하고 있다. 이는 AI 안경을 통해 개인

젠틀몬스터 모델이 안경을 쓰고 있는 모습. ⓒ 젠틀몬스터

맞춤형 서비스를 제공하기에 최적이다. 더군다나 구글은 가장 앞선 LLM을 개발하고 있다. 구글이 자체 개발한 AI인 제미나이는 가장 우수한 성능을 가진 LLM으로 평가받고 있다. 구글이 확보한 사용자 데이터를 기반으로 제미나이는 가장 우수한 AI 비서 서비스를 제공할 가능성이 높다. 메타AI는 메타가 만든 오픈소스 AI인 '라마'를 기반으로 하고 있는데 제미나이에 비해 성능이 크게 떨어지는 것으로 평가받고 있다.

애플의 AI 안경은 어떤 모습일까. 애플은 한 번도 스마트안경을 출시할 것이라는 내용을 공식적으로 발표한 적이 없다. 하지만 여러 외신 보도를 통해 애플이 AI 안경을 개발하고 있고 이를 2027년에 출시할 것이라는 내용이 나오고 있다.

메타가 AI 안경을 통해서 시장을 선점하려고 하고, 경쟁 OS인 안드로이드 기반 AI

안경이 내년에 출시되는 상황에 애플이 스마트안경을 내놓지 않는다는 것은 불가능해 보인다. 특히 애플이 일찍부터 만들어왔던 음성비서 시리의 성능 향상을 위해서라도 애플은 안경 형태의 웨어러블 디바이스를 반드시 내놓을 것으로 보인다.

애플은 애플워치를 통한 성공 경험도 가지고 있다. 애플은 2014년 처음으로 '애플워치'라는 스마트워치를 출시했다. 애플워치가 나오기 전에도 스마트워치는 있었고, 기존의 아날로그 시계 시장이 있었다. 하지만 애플워치가 기존의 스마트워치 및 아날로그 시장을 잠식했을 뿐만 아니라 전체 시장 파이를 크게 키웠다. 애플 스마트폰과 애플 생태계와 연결된다는 엄청난 장점이 애플 워치가 폭발적으로 성장한 이유다.

글로벌 스마트워치 시장 규모는 2024년 기준 약 300억~380억달러이고, 매년 판매되는 스마트워치의 수는 8000만대에 달한다. 이 중 30% 정도를 애플워치가 차지할 정도로 애플뿐만 아니라 스마트폰 기업들에 중요한 시장이다. 스마트안경 시장이 얼마나 커질지는 알 수 없지만 새로운 성장동력이 없는 소비자용 전자제품 시장에서 스마트안경은 의미 있는 규모로 성장할 수 있을 것으로 업계는 기대하고 있다.

다만 애플의 경우 AI 안경을 출시하는 데 몇 가지 큰 장애물이 있다. 바로 자체 AI인 애플인텔리전스의 성능이 뛰어나지 않다는 점이다. 애플은 챗GPT와 파트너십을 통해 이를 아이폰 등 주요 기기에 탑재했지만 이는 단순히 기능 확장 정도에 그치고 있다. 구글의 제미나이처럼 애플 제품 생태계에 깊숙이 들어와서 개인 정보까지 통합된 개인 맞춤형 AI를 만들려면 갈 길이 멀다.

현재 애플은 구글의 제미나이와 파트너십을 맺고 이를 아이폰 생태계에 도입하기로 했는데 이런 파트너십이 애플 제품과 생태계의 어느 수준까지 확장될 것인지가 미지수다. 또한 애플은 자체 LLM을 개발하고 자체 AI 인프라까지 함께 구축하고 있는데 AI 안경 개발과 얼마나 속도를 맞출 수 있을지도 중요하다. 애플의 주요 임원들이 회사를 많이 떠나고 있어서 개발 속도가 느려질 것으로 예상되고 있기도 하다.

갤럭시XR과 비전 프로 어떻게 될까

XR 시장을 사실상 홀로 이끌어왔던 메타는 애플이 XR 헤드셋 '비전 프로'를 출시하면서 이 시장이 커질 것을 기대해왔다. 그러나 2024년 출시된 비전 프로는 지나치게 높은 가격과 부족한 콘텐츠로 소비자들의 큰 호응을 얻지 못했다. 당연히 관련 개발자 생태계도 커지지 못했다. 애플의 진입으로 XR 생태계가 커질 것으로 기대했던 메타에는 실망스러운 결과였다. 이는 구글과 삼성에도 마찬가지였다. 비전

프로에 대항하기 위해 갤럭시XR을 개발했고, 2025년 10월에 이를 출시했지만 시장의 관심은 어느새 AI 안경으로 옮겨갔기 때문이다. 이미 많은 기기를 판매했고, 게임 중심인 메타 퀘스트가 XR헤드셋 시장 주도권을 계속 쥐고 갈 수밖에 없는 이유다.

하지만 메타 역시 XR 헤드셋에서 안경과 AI로 리소스를 재조정하고 있다. 메타는 최근 AI 전략도 대대적으로 전환하고 있다. 당초 메타는 오픈소스로 AI를 개발하면서 오픈AI나 구글, 마이크로소프와 차별화되는 모습을 보여왔다. 그러나 오픈소스 모델에서는 중국 기업인 딥시크나 알리바바가 내놓은 딥시크, QWEN이 더 좋은 성

애플의 XR 헤드셋 비전 프로. © 애플

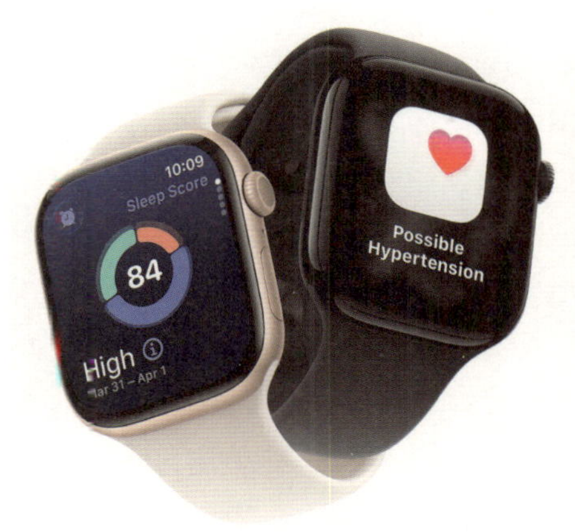

애플 스마트워치. ⓒ애플

능을 보여주고 폐쇄형 모델에서는 오픈AI 챗GPT나 구글 제미나이가 훨씬 앞서나가면서 오픈소스 전략을 사실상 폐기해가는 모습이다.

메타는 스케일AI 창업자인 알렉산더 왕을 영입해 2025년 여름 메타슈퍼인텔리전스랩(MSL)을 설립하고 오픈AI, 구글 등의 최고 AI 인재 등을 영입했다. 이를 통해 챗GPT나 제미나이를 따라잡을 수 있는 LLM 개발에 나서고 있다. 또한 이 조직은 메타 AI 안경에 최적화된 메타 AI도 만들 것으로 예상된다.

메타의 XR 관련 조직인 리얼리티랩스에도 변화가 계속되고 있다. XR 헤드셋 사업과 AI 안경이 별도로 분리됐으며, 메타버스에 투자하던 예산이 AI 안경 쪽으로 이동하고 있다는 보도가 나오고 있다. 특히, 여러 사람이 동시에 접속해서 게임을 즐기는 메타버스 플랫폼인 '호라이즌 월드'의 예산이 크게 감축된다.

2027년 나올 것으로 예상되는 차세대 XR 헤드셋인 메타 퀘스트4도 게임에 더 집중하는 제품이 될 것이라는 보도가 나오고 있다. 이는 세계 최대 게임 플랫폼 중 하나인 스팀이 자체 XR 헤드셋 스팀 프레임을 출시하는 등 VR 게임 시장이 더 치열해질 것으로 예상되기 때문이다.

메타 퀘스트, 스팀 프레임과 같이 게임에 특화된 헤드셋과 별도의 시장에 위치한 애플 비전 프로와 삼성 갤럭시XR은 어떤 방향으로 움직이게 될까? 각각 3499달러, 1799달러인 두 제품은 일반 소비자 시장에서 고객을 찾기는 어려워 보인다.

이에 두 회사는 기업 간 거래(B2B) 시장을 공략하고 있다. 상대적으로 가격에 덜 민감한 기업고객을 타깃으로 서비스를 만들고, XR 헤드셋의 가격이 하락할 때까지 개발을 계속하는 전략인 것으로 보인다.

애플 비전 프로의 경우 엔비디아의 로봇 학습, 디지털 트윈 등에 사용되고 있다. 비전 프로를 착용한 연구자가 움직이는 대로 로봇이 따라할 수 있도록 만들어 로봇 훈련에 사용하는 것이다. 디지털 트윈 속 시뮬레이션 세계에서도 사용자가 비전 프로를 착용하고 시뮬레이션에 참여하거나 다른 지역에 위치한 착용자와 함께 공동 작업을 하는 것이 대표적이다.

갤럭시XR은 원격 교육에 활용된다. 삼성 인력개발원이 직원들 교육에 갤럭시XR을 사용하기로 했고 관련된 콘텐츠도 함께 개발한다.

삼성은 신입사원부터 고위 임원까지 임직원 교육 전반에 갤럭시XR을 활용할 계획으로, 교육생들은 갤럭시XR을 착용한 뒤 가상공간에서 음성·시선·제스처 등 직관적 상호작용을 통해 주제별 맞춤 학습을 진행하게 된다.

교육생들은 삼성의 뿌리인 1938년 삼성상회 창업 당시로 돌아가 회사 내부를 탐방하는 역사 체험을 할 수도 있고, 가상공간에서 프레젠테이션이나 회의 진행 연습을 해볼 수도 있다. 부서장이 부서원 간 갈등

삼성전자가 구글과 함께 내놓은 갤럭시XR 헤드셋. © 삼성전자

을 조율하는 롤플레이를 할 수도 있다. 특히 갤럭시XR의 경우 구글 제미나이가 탑재돼 있어서 AI를 통해서 다양한 교육 관련 기능을 추가할 수 있을 것으로 보인다.

프리미엄 엔터테인먼트도 애플 비전 프로와 갤럭시XR이 타깃으로 할 수 있는 시장이다. TV를 대체하는 개인용 미디어 소비 기기가 되거나, 몰입형 콘텐츠를 시청할 수 있는 전용 기기로 자리매김할 수 있다. 외부와 차단된 몰입형 경험을 할 수 있는 XR 헤드셋은 아이맥스 수준의 거대한 화면을 시청할 수 있는 장치다. 애플 비전 프로는 최근 스펙트럼사와 손잡고 LA 레이커스 NBA 농구팀의 라이브 경기를 실시간 시청할 수 있는 앱을 공개했다. 농구 코트에 직접 들어와 프로 농구선수들을 코앞에서 보는 것 같은 경험을 제공하는 것이다. 수천 달러에 달하는 1층 좌석 티켓을 구매하지 않고도 몰입된 라이브 스포츠 경험을 제공하는 것이 목적이다.

이 경기는 블랙매직 디자인의 새로운 URSA Cine Immersive Live 카메라를 사용하여 촬영된다. 올해 초 애플 비전 프로용 이머시브 기능을 지원하기 위해 출시된 제품으로 애플은 이 같은 몰입형 큰텐츠를 더 개발할 계획이다.

현재 메탈리카 공연, 미국 MLB 양키스타디움을 몰입형으로 경험할 수 있고, 아우디 F1팀, 레드불 등과 함께한 콘텐츠도 나

올 예정이다.

프리미엄 엔터테인먼트의 중요한 영역은 K팝이다. 한국에 기반을 둔 어메이즈는 VR 콘서트 콘텐츠를 제작하는 회사다. 전용 스튜디오에서 전용 카메라를 통해 K팝 아이돌을 내 눈앞에서 보는 것처럼 몰입형 경험을 할 수 있다.

특히 팬덤이 강한 K팝에서 VR 콘서트는 이기 큰 성공을 거두고 있다. 인기 남자 아이돌 '투모로우바이투게더'의 VR 콘서트는 지난해 서울을 비롯해 일본·미국 대도시에서 상영됐는데, 전체 관람객이 12만명에 달했다. 서울 기준으로 티켓 값이 3만원이 넘었고, 외국의 경우 훨씬 높은 가격이 책정됐지만 팬덤은 기꺼이 지갑을 열었다. 특히 외국 K팝 팬덤에서 반응이 좋아 VR 콘서트 매출 중 90%가 해외에서 나왔다. 어메이즈의 VR 콘서트는 먼저 극장의 음향시설을 이용해 기간 한정으로 순회 투어를 한다. 투어가 끝나면 앱에서 다시 시청할 수 있다. 메타 퀘스트를 기본으로, 비전프로 iOS에서도 볼 수 있고, 갤럭시XR도 출시와 함께 지원을 시작했다.

CES에서도 주목받은 AI 안경

CES 기간에도 AI 안경 기업들에 많은 주목이 쏠렸다. 중국 기업들이 XR 산업에서 큰 비중을 차지하는 가운데 미국 기업들도 존재감을 내보였다.

뷰직스는 대표적인 미국 스마트안경 기업이다. 뉴욕에 본사를 둔 뷰직스는 나스닥에 상장한 기업이기도 하다. 창고 업무에 사용하는 LX1 스마트안경을 비롯해 주로 기업 작업 현장에서 만드는 스마트안경을 만든다. 안경뿐만 아니라 스마트안경 렌즈용 웨이브가이드 기술도 보유하고 있어서 대만 콴타컴퓨터로부터 투자를 받고 콴타컴퓨터를 통해서 주문자상표부착생산(OEM) 방식을 취하고 있다.

중국 기업들은 기업과 소비자 간 거래(B2C) 위주로 좀 더 소비자들을 위한 AI 안경을 내놓고 있다.

중국을 대표하는 스마트안경 기업 엑스리얼은 매년 CES에 참여해서 새로운 제품을 공개한다. 엑스리얼 주요 제품은 AI 안경과 같은 일상 착용 제품이 아니다. 엑스리얼 원, 엑스리얼 원 프로 등의 제품은 스마트폰의 디스플레이를 폐쇄형인 안경 디스플레이에 띄워 미디어 시청이나 PC 작업 등을 할 수 있도록 하는 게 주목적이다. 하지만 최근에는 기술의 발달로 일상적인 착용과 함께 현실 공간에 이미지를 중첩시키는 AR 기술이 도입되고 있다.

특히 주목할 만한 것은 엑스리얼이 구글과 함께 만드는 XR안경인 '프로젝트 아우라'다. 드로이드쇼 XR 에디션에서 공개된 프로젝트 아우라는 선을 통해 배터리와 연결되는 안경형 제품으로 XR 헤드셋과 AI 안경의 중간에 있는 제품이다. 기존 엑스리얼 제품처럼 현실 공간에 디스플레이를 띄우는 형태인데 XR 헤드셋 제품처럼 핸드 트래킹이 이뤄져서 공간 컴퓨팅 기기로 사용할 수 있다. 장기적으로 AR 안경의 등장으로 가는 제품이라고 볼 수 있다.

스마트안경 스타트업 로키드는 CES 2026에 참여해 최신 제품들을 공개했다. 로키드 안경은 렌즈 양쪽에 두 개의 디스플레이가 있는 제품이다. 녹색의 단색 디스플레이지만 일반 안경과 같은 디자인을 가지고 있어서 메타의 AI 안경과 제일 유사한 제품이다. 1200만화소 카메라가 탑재됐고 퀄컴의 스냅드래곤 AR1 칩을 탑재했다. 구글 맵을 통한 지도 안내, 양방향 통역 등의 기능을 갖췄다. 미국에서 내년부터 판매가 시작되는데 사전주문 가격은 599달러다.

이븐리얼리티스의 스마트안경 G2는 CES 2026에서 혁신상을 받았다. 이는 일반적인 안경처럼 보이도록 디자인된 안경으로 로키드처럼 양쪽 렌즈에 녹석의 단색 디스플레이가 나타나는 형태다. 메타나 로키드처럼 테가 두껍지 않고, 대신 안경다리 끝에 배터리 등이 부착돼 있다. G2는 선글라스 클립, R1 스마트 링 같은 추가 액세서리까지 있다. 메타의 손목밴드처럼 R1 스마트링을 통해 전면 디스플레이와 훨씬 다양한 인터페이스가 가능하다. 로키드처럼 실시간 번역, 텔레프롬프터 등의 기능이 탑재돼 있다.

중국 바이트댄스가 2021년 인수한 피코도 CES 2026에 참석했다. 비전 프로의 등장으로 XR 헤드셋 시장이 커질 기대했던 피코는 시장이 정체되면서 인력을 감축했다. 전반적으로 XR 사업에 힘이 빠지는 모습이다. 하지만 바이트댄스도 AI 안경을 개발하고 있는 것으로 알려져 있다.

물류창고 작업자들을 위한 뷰직스 LX1 안경.

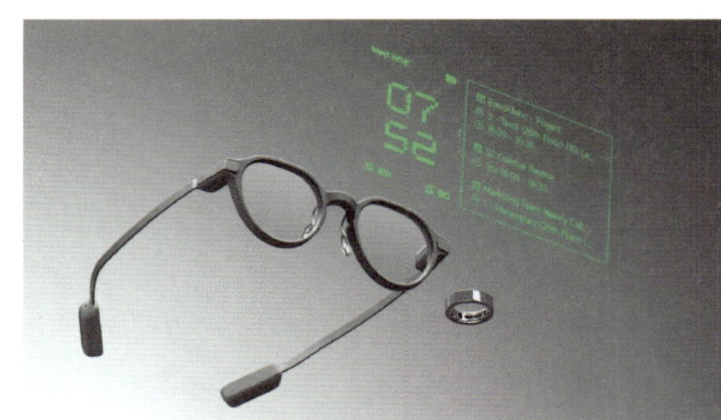

이븐리얼리티스의 소비자용 AI 안경 G2와 스마트링 R1.

흙먼지 속의 하이테크 :
중장비, AI를 입다

해양 기술 업체 브런스윅의 자율 운항 기술 '심라드 오토캡틴'을 장착한 보트. ⓒ 브런스윅

오랜 역사의 중장비 기업들 역시 올해 CES에서 인공지능(AI) 기반 로보틱스와 자율주행 기술 등으로 중무장해 '헤비테크' 기업으로 변신한 모습을 선보였다. 건설 및 제조 현장에서 필수적인 기계와 특수차량부터 해양 모빌리티, 소프트웨어 등 광범위한 영역에 걸쳐 가장 안전하고 지속가능

한 미래를 만들기 위한 혁신을 눈으로 확인할 수 있었다.

브런스윅, 자율주행 보트

글로벌 해양 레저 업계를 선도하는 미국 선박회사 브런스윅(Brunswick)은 올해 전시에서 자율 운항 기술과 전동화 시스템 등 첨단 해양 기술을 통한 '바다 위의 자율 주행 시대'를 선언했다. 브런스윅은 해양 산업에서는 이례적으로 2020년부터 꾸준히 CES에 참가하며 혁신 선도 기업으로 주목받아왔다. 전동화 및 자율 운항 등 육상 모빌리티에서 보던 기술을 바다 위로 옮겨오며 해양 레저의 청사진을 그리고 있다.

브런스윅은 올해 CES를 통해 완전 자율 운항 시스템인 '심라드 오토캡틴'의 첫 상용 제품을 선보였다. 360도 실시간 상황 인식을 통해 협소한 공간과 까다로운 환경에서도 자동으로 도킹을 수행하고 처음 가는 수역에서도 제약 없이 작동하도록 했다. 보트 운항에서 가장 어렵고 까다로운 과정으로 꼽히는 도킹을 크게 단순화해 초보자들의 해양 레저 접근성을 획기적으로 높여주고, 숙련자들의 편의성도 개선했다. 단순 보조를 넘어선 AI의 정밀한 자율 보팅 기술로, 브런스윅만의 고도화된 해양 기술력을 보여준다.

브런스윅은 자율화와 함께 연결성, 전동화, 공유형 보트 서비스를 의미하는 'ACES' 전략을 통합적으로 추진 중이다. 2023년 전시에선 전기 추진 선외기 '아베이터(Avator)' 첫 모델을 공개하며 해양 모빌리티의 전동화 시대를 열었고, 2024년엔 아베이터 확장판으로 CES 혁신상을 수상했다. 단순한 전동화 엔진을 넘어 첨단 배터리 관리 시스템(BMS)과 디지털 디스플레이, 스마트폰 앱까지 통합된 하나의 생태계를 설계한 것이 핵심이다.

보트의 모든 시스템을 통합 관리하는 리튬이온 보조 파워 관리 시스템 '파톰(Fathom)'은 브런스윅의 연결성을 보여주는 핵심 기술로 꼽힌다. 파톰은 에너지 저장장치, 전력 변환장치, 디지털 모니터링·제어 기능을 포함한 완전 통합형 솔루션이다. 더 큰 배터리 용량을 제공할 뿐만 아니라 냉장고 온도와 조명 등을 스마트폰이나 선내 디스플레이를 통해 실시간으로 모니터링하고 제어할 수 있게 만들었

다. 이와 함께 2019년 인수한 '프리덤 보트 클럽'을 통해 공유형 보트 서비스를 핵심 성장 동력으로 내세우고 있다. 초기 가입비와 월정액을 내면 보트 소유 없이 다양한 보트를 이용할 수 있는 회원제 서비스로, 전동화 및 자율 기술이 조용된 첨단 보트를 소비자에게 소개하는 플랫폼 역할을 한다.

1845년 목공 업체로 시작한 브런스윅은 1961년 선외기 엔진 제조사 '머큐리 마린' 인수를 시작으로 해양 기술 및 보트 브랜드를 적극 사들이며 첨단 해양 기술 기업으로 변신하는 데 성공했다. 현재 보트와 엔진, 부품, 액세서리 등 60개 이상의 해양 브랜드를 보유하고 있다.

캐터필러, 원격 제어 중장비

육지 위에선 세계 최대 건설·광산 장비 제조사인 캐터필러(Caterpillar)가 무인 자율 운반 트럭과 원격 제어 기술을 한층 고도화해 선보였다. 조 크리드 최고경영자(CEO)는 2026년 1월 7일 CES 기조연설에 나서 AI, 머신러닝, 자율운행 기술의 개발 현황과 캐터필러의 향후 100년 비전을 공개했다. 그는 "단순히 땅을 움직이는 것을 넘어 더 나은 미래를 위해 고객 성과를 예측 및 향상, 최적화하는 지능형 시스템과 통합 디지털 플랫폼으로 확장할 것"이라고 밝혔다.

캐터필러 커맨드의 원격 조종 기술. © 캐터필러

그러면서 작업자의 안전을 위한 차세대 건설 장비와 에너지 전환 시대에 맞춘 친환경 기술을 통한 미래 건설기계 산업의 방향성을 제시했다. 캐터필러는 2021년 CES에 처음 참가한 이후 사람이 탑승하지 않고 AI와 센서를 이용해 스스로 작업을 수행하는 자율 운반 트럭과 작업자가 수백 km 떨어진 곳에서 대형 굴착기와 불도저를 조작하는 '원격 제어 조종석' 기술을 공개해왔다. 이는 건설 현장과 같은 고위험 환경에서 작업자의 안전을 확보하고 숙련된 인력 부족 문제를 해결할 수 있는 대안으로 떠오르고 있다.

자율 및 원격 조작은 캐터필러의 통합 관리 기술 플랫폼 '마인스타'로 안전하게 관리한다. 개별 기계 조종뿐만 아니라 실시간 작업 현장을 복제한 3D '디지털 트윈'을 통해 효율성과 안전성을 대폭 개선하는 방식이다. 덕분에 붕괴 위험 지역, 유해가스 환경, 극한의 기후 등 사람이 접근하기 어려운 환경에서 장비를 안전하게 조작하고 시스템 오류를 미리 감지할 수 있게 됐다.

캐터필러는 건설 현장의 탈탄소화 전환에도 적극적이다. 특히 배터리를 기반으로 한 전동화 기술에 투자하며 매년 CES에서 이를 핵심 주제로 발표하고 있다. 배터리 장비뿐만 아니라 현장 전력 생산을 위한 재생 연료 발전기, 태양광 패널 등 통합 솔루션을 제공하는 것이 특징이다. 친환경 발전으로 생산한 전력은 '배터리 에너지 저장장치(BESS)'에 저장해 현장에서 활용할 수 있다. 기존 디젤 장비를 하이브리드로 개조해 성능과 효율성을 높이는 '확장 전동화 장비(EREM)'도 캐터필러의 친환경 전략을 보여주는 사례다.

캐터필러는 1925년 두 선도 기업이 합병하며 탄생한 후 제2차 세계대전 기간 군용 장비를 대량 생산하며 급성장했다. 현재 글로벌 건설 경기 및 원자재 가격에 큰 영향을 미치는 핵심 산업재 기업으로 꼽힌다. 2000년대 들어서 자율화·원격 조종·데이터 분석을 핵심 전략으로 삼아 광산 및 건설 현장의 효율성과 안전성을 높이는 첨단 기술 솔루션 기업으로 변신했다.

오시코시, 특수차량의 강자

중장비 업계에 캐터필러가 있다면 군용·소방용 등 특수목적차량에선 오시코시(Oshkosh) 코퍼레이션이 자율화 등 기술 혁신을 선도하고 있다. 오시코시는 2025년에 CES에 데뷔한 데 이어 2026년에는 최고혁신상을 2개나 수상하며 중장비 부문에서 가장 눈에 띄는 성과를 거뒀다. 로보틱스 영역에서 최고혁신상으로 오시코시의 차세대 붐 리프트가 선정됐다. 오시코시의 건설 전동화 전문 자회사 JLG가 선보인 '붐 리프트 위드 로보틱 엔드 이펙터'는 위험성이 높은 기존 고소작업 장비를 AI 기반 자율 로봇으로 전환해 복잡한 작업을 안전하게 수행하도록 했다. 산업용 로봇 매니퓰레이터, AI 제어 시스템, 다중 센서 기반 주변 인지 기능을 결합해 장비가 스스로 정밀 위치까지 이동하고 미세 작업까지 해내는 기술을 구현했다. JLG는 단일 장비 자율 작업뿐 아니라 여러 대의 붐 리프트가 플릿 단위로 협조 작업(fleet coordination)을 수행하는 기능도 개발 중이다. 여기에 디지털 트윈 및 현장 관리 플

CES 2026 혁신상을 수상한 오시코시 붐 리프트(왼쪽)와 스트라이커. © 오시코시

랫폼과의 연동을 통해 작업 환경을 더욱 고도화·정밀화하는 종합적인 솔루션도 선보였다.

또 오시코시는 소방차, 콘크리트 믹서와 같은 특수목적차량을 전동화하는 데 앞장서고 있다. 일반 차량에 비해 고위험 현장에 자주 노출되는 특수목적차량의 안정성과 효율성을 높이기 위해서다. 오시코시의 전기 소방차인 '스트라이커 볼테라 전기 공항 구조 및 소방 차량(ARFF)'은 2026 CES 여행 및 관광 부문 최고혁신상을 수상했다. 기존 디젤 모델 대비 28% 빠른 가속 성능을 제공해 긴급 상황에서 현장 도착 시간을 단축한다는 점에서 높은 평가를 받았다.

그 밖에 자회사 오시코시 디펜스는 자율·원격 기술을 통합한 군용 차량을 개발 중이다. 운전자가 없는 상태에서 보급 임무를 수행하거나 위험 지역에서 원격 조종으로 인명 피해 위험을 최소화하기 위해서다. 오시코시는 커넥티드 서비스 플랫폼인 '클리어스카이 스마트 플릿'도 주요 기술로 소개했다. 이 플랫폼은 장비 데이터를 실시간으로 모니터링해 고장 나기 전 예측 정비를 가능하게 하고 현장 운영 효율을 높이는 역할을 한다. 엔진 상태, 유압 시스템 압력, 작동 시간, 위치, 연료 소비량 등 장비 센서에서 수집한 방대한 데이터를 축적해 AI 알고리즘으로 분석하며, 특정 부품 고장 징후를 사전에 감지해 작업자에게 경고한다.

오시코시는 1917년 험난한 지형에서도 뛰어난 성능을 발휘하는 4륜 구동 기술을 바탕으로 설립됐다. 소방차, 구급차, 국방용 차량, 공항용 제설차 등 대표 브랜드들을 인수하며 특수차량 시장을 이끌고 있다. 현재 미군의 가장 중요한 차량 공급 업체 중 하나로 꼽히며, 전통적인 제조 역량을 바탕으로 주요 차량과 장비에 배터리 기술과 디지털 제어를 적극 도입하고 있다.

잭커리, 태양광 솔루션 제시

중장비 기계의 전동화·자율화 혁신을 위해선 이를 구동할 안정적인 전력 인프라 구축이 필수적이다. 특히 작업 현장에서 즉시 전력을 공급할 수 있는 충전 설비나 발전기, 에너지저장장치의 중요성이 커지고 있는데, 이 분야에서 두각을 나타내는 기업이 바로 '잭커리(Jackery)'다. 잭커리는 매년 CES에서 용량과 출력이 획기적으로 향상된 '휴대용 발전소'를 선보이며, 다수의 CES 혁신상을 수상하는 등 기술력을 인정받고 있다.

과거 발전기는 디젤과 같이 소음이 큰 내연기관을 사용했지만, 잭커리는 리튬 이온 배터리 기술을 활용해 조용하고 배기가스가 없는 휴대용 발전소를 대중화했다. 외부 전력망에 의존하지 않고 자체적으로 에

잭커리의 태양광 발전기 '솔라 제너레이터'. ⓒ 잭커리

너지를 조달하는 '에너지 자립'을 가능하게 한 것이다. 이는 야외 활동이나 비상 상황에서도 에너지를 사용할 수 있게 한 혁신적 기술로 평가받는다.

특히 태양광 패널과 발전소를 결합한 잭커리의 대표 제품 '솔라 제너레이터'는 산과 사막, 오지 등 전력망이 없는 극한의 환경에서도 안정적으로 작동할 수 있도록 내구성과 안전성을 갖춘 것이 강점이다. 배터리 팩의 전압, 전류, 온도 등을 실시간으로 모니터링하고 제어하는 시스템으로 극한 환경에서도 안정적인 작동을 보장한다. 건설 및 농업 현장에서 보조 전원 역할이나 개인용 캠핑 등을 위한 휴대용 발전기로 활용되고 있다. 솔라 제너레이터의 또 다른 특징은 태양광 패널의 효율성을 극대

화해 흐린 날씨에도 최대한의 전력을 생산할 수 있도록 한 점이다. 2025 CES에서 선보인 '곡선형 태양광 타일'은 셀 변환 효율이 25%로 매우 높은 수준을 자랑해 업계의 주목을 받았다.

또 눈여겨볼 만한 것은 필요에 따라 용량을 확장할 수 있는 모듈식 배터리 기술이다. 현장 규모나 전력 요구량이 달라질 때마다 새로운 발전소를 구매할 필요 없이 모듈만 추가해 경제적이고 유연하게 전력을 이용할 수 있게 했다. 이를 통해 산업 현장뿐만 아니라 가정용 에너지 분야에도 성공적으로 진출했다. 주력 제품 솔라 제너레이터 5000 플러스는 5kWh에서 최대 60kWh까지 용량을 확장할 수 있다. 대부분 일반 가정에서 며칠 동안 구동할

수 있는 규모이며, 정전 시 전력 공급이 끊기지 않도록 하는 '무정전 전원 장치(Oms UPS)' 기능도 제공해 주목받는다.

잭커리는 2012년 미국 캘리포니아에서 시작해 아웃도어 및 캠핑 시장을 타깃으로 성장했다. 최근에는 재난 대비와 건설, 농업 등 전력 인프라가 부족한 원격 작업 현장을 위한 보조 전력 솔루션으로 영역을 확장하고 있다.

보쉬, 전력 반도체에 투자

AI 시대에 발맞춰 세계 최대 자동차 부품 업체 독일 보쉬(Bosch)는 140년간 축적해온 제조 역량을 기반으로 반도체 제조 및 차량 소프트웨어 기술을 강화하고 있다. 보쉬는 칩, 전기 모터, 배터리 기술, 충전소 등 전반적인 전력 가치 사슬을 선도하는 기업이다. 특히 전기차 시대에 보쉬의 실리콘 카바이드(SiC) 칩이 핵심 부품으로 주목받으면서 매년 CES에서 가장 큰 부스 중 하나를 운영하고 있다. 마이크로소프트, 엔비디아와의 협력을 통해 차량 내 AI 적용도 대폭 확대 중이다.

올해 보쉬의 전시장은 모빌리티, 생활, 제조 등 세 영역으로 구성됐다. 물리와 디지털의 경계를 연결하는 방식을 주제로 'AI 확장 플랫폼'이라는 신규 솔루션을 최초로 시연했다. 마이크로소프트, 엔비디아와 손

보쉬의 차량용 AI 시스템. ⓒ보쉬

을 잡고 기존 '디지털 콕핏(cockpit)' 시스템에 AI 기능을 탑재했다. 차량이 운전자의 습관과 운행 맥락 등을 이해하고 반응하는 자기학습형 지능 파트너로 전환된 것이다. 예를 들어 운전자가 "춥다"고 말하기만 해도 시트 히터가 작동하고 실내 온도가 자동 조절되는 등 연계 동작이 이뤄진다. 보쉬는 이를 통해 차량용 인포테인먼트(IVI) 솔루션으로 2030년까지 매출 20억유로 이상 달성을 목표로 하고 있다.

보쉬는 기존 자동차 및 산업용 전장 부품 중심에서 더 나아가 '소프트웨어 정의 모빌리티' 전략을 추진 중이다. 2028년까지 차량 모션 관리 소프트웨어에 수십억 유로를 투자해 소프트웨어 중심 차량 시대를 선도하겠단 계획이다. 소프트웨어가 노면 상태, 운전자 의도, 차량 속도 등 모든 변수를 실시간으로 분석해 각 하드웨어를 가장 빠르고 안전하게 통합 제어하게 된다. 이 같은 정밀한 소프트웨어 능력은 완전자율주행 시스템의 기반이 될 것으로 기대된다. 이 전략을 통해 보쉬는 미래 자동차의 하드웨어와 소프트웨어를 아우르는 통합 솔루션 공급자의 미래를 그리고 있다.

이와 함께 전기차나 고성능 충전 시스템의 핵심 부품인 반도체 소재 실리콘 카바이드(SiC)의 최신 세대 제품을 전시에서 공개했다. SiC칩은 보쉬만의 혁신적인 전력 반도체 기술로, 기존의 실리콘(Si) 기반 반도체의 성능 한계를 뛰어넘어 전기차(EV)와 고효율 전력 변환 시스템에 필수적으로 활용되는 제품이다. 보쉬에 따르면 이는 전기차 인버터에 사용될 때 기존 실리콘칩 대비 에너지 손실을 최대 50% 줄여준다. 그 결과 전기차의 1회 충전 주행 거리가 늘어나고 전력 장치의 크기와 무게도 줄여 차량 효율을 높일 수 있다. 보쉬는 모빌리티 솔루션 분야의 글로벌 리더로서, SiC칩을 전기차 시대의 경정 우위를 확보하기 위한 핵심 동력으로 보고 막대한 투자에 나서고 있다. 2021년 독일 로이틀링겐의 웨이퍼 팹에서 SiC칩을 생산을 시작해 빠르게 기술을 고도화하는 중이다.

머리카락보다 얇은 초미세 감지 칩인 'MEMS' 센서를 활용한 로봇 및 확장현실(XR) 기기용 감지 솔루션도 선보였다. 자율주행 차량의 눈과 귀 역할을 하는 보쉬의 '시스템온칩(SoC)'은 안개나 폭우 같은 악천후에도 차량 주변 환경을 정확하게 파악하게 해준다. 이와 함께 차량 네트워크 속도 향상을 위한 통신 기술과 XR 헤드셋, 스마트글라스용 혁신 감지 솔루션을 공개했다.

보쉬는 1886년 독일에서 정밀 기계 및 전기 공학 작업장으로 출발해 가전과 자동차 등으로 사업을 확장하며 글로벌 1위 부품 기업으로 성장했다.

지멘스가 마이크로소프트와 공동 개발한 산업용 AI 에이전트 '지멘스 인더스트리얼 코파일럿' © 지멘스

지멘스, 제조 AI를 이끌다

독일 기술기업 지멘스(Siemens)는 중장비 제조 업체는 물론 엔비디아 등 빅테크와의 긴밀한 협업으로 산업의 디지털 전환을 이끌고 있다. 롤랜드 부시 지멘스AG 회장 겸 CEO는 1월 6일 기조연설에 나서 설계부터 운영까지 AI 융합 제조 혁신의 중요성을 강조했다. 또 젠슨 황 엔비디아 CEO, 제이 파리크 마이크로소프트 부사장 등과 대담을 나누며 제조 · 인프라 · 교통 분야에서 AI 협력이 어떻게 물리적 세계를 재편하고 있는지 소개했다. 부시 CEO는 "지멘스는 현실 세계를 위한 산업용 AI의 글로벌 리더로서, 모든 기계 · 장치 · 인프라에 지능을 불어넣고 있다"며 "세기에 한 번 올 기회를 산업과 사회에 실질적 혜택으로 전환할 것"이라고 밝혔다.

전시 공간에서는 지멘스의 기술을 적용한 실제 결과물을 보여주기 위한 세 가지 테마의 몰입형 부스를 선보였다. 먼저 '지멘스 인텔리전스 경험'에선 제조, 에너지, 인프라 전반에 걸쳐 지멘스의 지능형 시스템이 만든 성과와 데이터 축적을 통해 창출해낸 결과 등을 시연했다. '산업용 AI 헤드쿼터스'에선 아마존웹서비스(AWS)와 함께 라이브 스트리밍을 진행하고 'PAVE360 자율 경험' 공간에선 디지털 트윈을 활용한 차량 설계 및 자율주행 소프트웨어 검증 기술을 공개했다.

지멘스는 산업 디지털화, 클라우드 기반 엔지니어링, 몰입형 시뮬레이션을 고도화하기 위해 다양한 파트너들과 협력을 이어가고 있다. 대표적으로 마이크로소프트와 공동 개발한 '지멘스 인더스트리얼 코파일럿(Siemens Industrial Copilot)'이 산업용 AI 비서로 주목받는다. 엔지니어가 자연어로 명령을 하면 AI가 복잡한 자동화 기계 제어 코드를 자동 생성해 프로그래밍 시간을 크게 단축할 수 있다. 단순 보조를 넘어 스스로 작업을 실행하는 'AI 에이전트' 단계로 진화하는 모습이다.

또 지멘스의 디지털 트윈은 단순한 3D 모델을 넘어 중력과 같은 실제 물리 법칙을 적용한 가상 세계로 주목받는다. 2025 CES에선 엔비디아 옴니버스를 기반으로 구동하는 신제품을 발표했는데, 실제 사진처럼 사실적인 디지털 트윈으로 현실감을 높이고 프로토타입 제작 비용을 감소시켰다. 이뿐만 아니라 소니와 공동 개발한 XR 헤드셋을 통해 설계자가 가상 제품을 손으로 만지듯 조작하며 설계하는 '몰입형 엔지니어링'도 구현했다.

이 모든 기술을 하나로 묶는 것이 '지멘스 엑셀러레이터(Siemens Xcelerator)'다. 이는 지멘스의 개방형 디지털 비즈니스 플랫폼으로, 타사 제품과 데이터도 적용할 수 있도록 표준화해 어떤 기업이든 지멘스의 디지털 트윈을 쉽게 활용할 수 있도록 했다.

지멘스는 공장 자동화를 넘어 '산업용 사물인터넷(IIoT)'이라는 신경망을 통해 산업 현장과 도시를 하나로 연결하는 청사진을 그리고 있다. AI가 도시의 전력 수요를 예측하고 디지털 트윈 기술을 통해 도시 전체의 교통 흐름과 에너지 소비 등을 최적으로 운영하는 '스마트도시' 기술을 발전시키는 중이다. 2025년 10월엔 전기버스나 대형 전기트럭을 빠르게 충전할 수 있는 '시차지 플렉스'를 공개하며 미래 인프라 사업에도 적극 투자하고 있다.

지멘스는 1847년 독일 베를린에서 전신기 제작 회사로 출발해 세계 초초의 전기 기관차와 전기 전차 등을 개발하며 모빌리티의 역사를 써왔다. 최근 수십 년간 소프트웨어 기업들을 적극적으로 인수하며 디지털 엔지니어링 및 산업용 소프트웨어 분야의 글로벌 강자로 변신했다.

테크와 놀이의 결합 :
레고가 CES에 온 까닭은

'CES 2026' 개막을 앞둔 1월 5일(현지시간) 미국 라스베이거스 만달레이베이에서 레고그룹이 기자 간담회를 진행했다. 발표자가 레고 영상으로 신제품을 소개하는 모습. © 김금이 기자

비행기 모양 레고를 손으로 흔드니 불빛과 함께 실제 비행하는 소리가 재생되고, 여기에 조종사를 조립해서 거꾸로 뒤집으니

추락하는 듯 비명을 지른다. 트로피 모형에 가장 가까이 간 레고 차량이 무엇인지 색깔로 인식해 '운전 시합'을 할 수도 있

다. 세계 최대 정보기술(IT)·가전 전시회인 'CES 2026' 개막을 앞둔 1월 5일(현지시간) 미국 라스베이거스 만달레이베이에서 레고그룹이 선보인 차세대 레고 '스마트 브릭(레고 부품)'의 시연 모습이다.

레고그룹은 2026년 사상 처음으로 CES 미디어 데이에 참가해 기존 장난감 회사를 넘어 '기술 기업'으로서의 면모를 보여줬다. 이날 오전 레고그룹의 단독 기자 간담회가 열린 만달레이베이 오션사이드 룸은 1000여 명을 수용하는 공간이 꽉 찰 정도로 붐볐다.

간담회는 레고 장난감 영상으로 시작됐다. 영상 속에서 두 개의 레고 미니 피규어가 자신들을 발표자라고 소개하며 레고 헬기를 조종했고, 이어 실제 드론이 행사장 내부를 비행하며 관람객을 비추자 현장에서 환호성이 터져나왔다.

무대에 오른 줄리아 골딘 레고그룹 최고제품·마케팅책임자(CPMO)는 "오늘날의 아이들은 디지털 네이티브지만, 여전히 레고 브릭을 쌓는 촉각적이고 창의적인 경험을 사랑한다"며 "새로운 레고로 아이들이 이전에는 불가능하다고 생각했던 방식으로 상상력을 펼치고 창의성을 표현하게 될 것"이라고 설명했다.

이날 소개된 스마트 브릭은 외형은 일반 2×4 레고 브릭과 같지만, 내부에 다양한 센서와 연산 기능을 하는 맞춤형반도체(ASIC)가 탑재돼 아이들의 움직임과 조작 방식에 따라 빛과 소리로 반응한다. 여기에 특정 상황에 맞는 코드가 들어 있는 '스마트 태그'를 끼워 넣으면 하나의 스마트 브릭이 여러 가지 역할로 변할 수 있다. 여러 가지 태그를 동시에 읽는 것도 가능하다.

실제로 스마트 브릭을 차량 모양 레고에 조립하는 것을 시연하니 문이 열리고 엔진이 켜지는 소리가 들렸다. 같은 브릭을 비행기, 오리 모양 레고에 조립해도 각각의 상황에 맞게 반응했다. 차량의 어느 방향을 보고 있는지, 얼마나 가까이 있는지까지 인식할 수 있다. 이를 다양한 스마트 브릭과 조합하면 위치를 인식하는 차량 경주, 서로의 움직임을 아는 전투기 놀이도 가능해진다.

톰 도널드슨 레고그룹 크리에이티브 플레이랩 부문 수석 부사장은 "이것은 물리적 놀이를 위한 '작은 분산형 콘솔'"이라며 "단 하나의 스마트 브릭만으로도 수천 개의 서로 다른 레고 모델에서 방대한 범위의 새로운 경험을 끌어낼 수 있다"고 설명했다.

레고는 스마트 브릭 개발의 세 가지 원칙도 공개했다. 기술 혁신을 디지털 화면이 아닌 물리적 놀이로 가져오고, 수십 년간 유지해온 레고의 개방형 '시스템 인 플레이(System in Play)' 철학에 충실할 것이 그

레고가 CES 2026에서 공개한 스마트 브릭의 모습. ©레고그룹

내용이다. 마지막으로 스크린이나 전원 버튼 없이 아이들이 직관적으로 조작할 수 있는 단순한 사용자 경험을 제공하겠다고 밝혔다.

이번 미디어 간담회는 단순 발표를 넘어 영상과 특별 세션이 이어지며 집중도를 높였다. 초등학생으로 보이는 아이 두 명이 무대에 올라 스마트 브릭을 직접 가지고 노는 모습을 시연해 관람객들의 웃음과 박수가 이어졌다.

또 레고는 28년째 파트너십을 이어온 영화 '스타워즈'에 이 혁신을 최초로 적용할 예정이다. 레고는 간담회 마지막에 스타워즈 레고에 스마트 브릭과 인터랙티브 미니 피규어를 도입하는 '스마트 플레이' 시스템을 공개했다. 스타워즈의 캐릭터 '츄바카'로 분장한 인물이 무대 위에 등장해 상황극을 펼치며 관람객의 반응을 이끌어내기도 했다.

CES 등장한 이색 제품 어떤 것이?

체스 두는 로봇, 드론 타는 청소기, 색이 바뀌는 네일.

세계 최대 IT 제품 박람회인 CES 2026에서는 올해도 다양한 이색 제품들이 등장했다.

중국을 대표하는 인공지능(AI) 기업 센스타임은 CES 2026에서 로봇을 대거 선보였

중국 센스타임이 CES 2026에서 공개한 체스로봇. ⓒ 센스타임

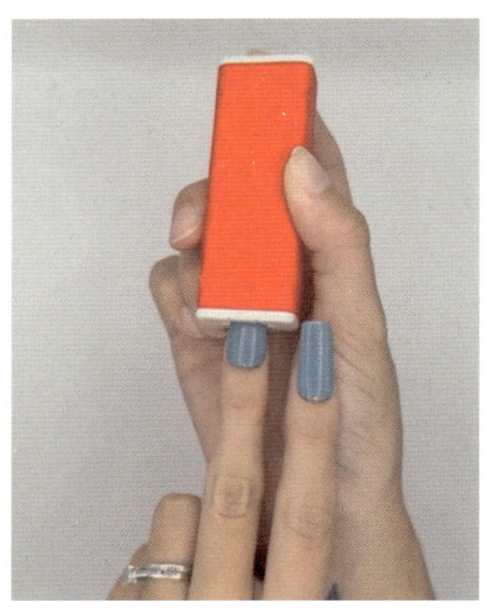

아이폴리시의 색이 바뀌는 네일. ⓒ 아이폴리시

다. 팔다리가 달린 휴머노이드 로봇이 아니라 체스나 바둑을 두는 것에 특화된 로봇이다. 작은 데스크톱 크기의 본체에 로봇 팔이 달려서 체스 말이나 바둑돌을 집어서 정확한 자리에 위치시킨다. 이미지 인식 기능과 게임을 할 수 있는 사고 능력, 로보틱스가 결합한 제품이다. 디지털 시대에도 손에 잡히는 도구를 가지고 게임을 즐기고 싶어 하는 소비자들을 공략한 것이다. 체스 로봇의 가격은 1200달러다.

체스 로봇 외에도 CES에는 인간의 물리적 활동을 함께하는 로봇들이 많이 등장했다. 중국 스위치봇은 에이스메이트라는 '테니스 로봇'을 공개했다. 테니스공을 받는 그물과 공을 발사하는 장치가 일체화한 이

로봇으로 실제 사람과 테니스 연습을 하는 것을 시연했다. 재빠르게 움직여 사람이 보낸 공을 그물로 받은 뒤 바로 테니스공을 사람을 향해 보냈다. 테니스 로봇의 가격은 1600달러다.

루미스타는 농구 슈팅과 리바운드를 연습하는 로봇 '캐리'를 선보였다. 슛이 들어가면 이를 다시 패스해주는 것까지 해준다. 역시 중국 기업인 샤르파 로봇은 블랙잭을 여러 사람과 함께 할 수 있는 딜러 로봇을 선보였다.

중국 로봇청소기 기업들도 깜짝 놀랄 제품들을 선보였다. 로봇팔이 달린 청소기, 계단을 오르는 청소기에 이어 드론을 타고 날아다니는 로봇 청소기까지 등장했다. 모

미국 아마존의 위성 인터넷 사업 아마존 레오의 위성안테나. © 매일경제

바(MOVA)의 로봇 청소기는 드론을 타고 로봇 청소기가 갈 수 없는 곳까지 이동할 수 있다.

싱가포르 기업 프리메크AI는 화장실 청소 로봇을 선보였다. 히트론(Hytron)이라는 이름의 이 로봇은 로봇팔이 탑재돼 필요에 따라 청소 도구를 바꿔가면서 다양한 형태의 변기와 세면대를 청소할 수 있다. 좁은 화장실 칸에 들어갈 수 있도록 본체가 설계됐고 엔비디아의 로보틱스용 에지 AI 반도체가 탑재됐다.

미국 기업 아이폴리시(iPolish)는 색이 바뀌는 네일을 선보였다. 95달러의 스타터 세트를 구매하면 네일과 긴 막대 형태의 '매직 원드'가 함께 배달된다. 매직 원드를 스마트폰에 연결하면 앱을 통해 400여 가지 색상 중에서 선택할 수 있다. 네일을 매직 원드에 집어넣으면 약 5초 후에는 지정한 색으로 바뀐다. 올해부터 판매를 시작하고 가격은 124달러다. 네일은 발레리나 컷과 스퀘벌 컷의 2가지 모양이 있다.

미국 최대 전자상거래 업체인 아마존은

중국 스타트업 루키(Looki)가 공개한 무게 30g의 AI 웨어러블 기기 'L1'. ⓒ루키

CES 전시장에서 위성 인터넷 서비스 '아마존 레오'의 안테나를 공개했다. 레오는 저궤도라는 의미도 가지고 있다. 아마존은 제프 베이조스가 창업한 로켓기업 블루 오리진을 통해서 저궤도 위성을 쏘아 올리고 있는 향후 저궤도 위성 인터넷망을 구축할 예정이다. 일론 머스크의 스페이스X의 '스타링크'와 직접적으로 경쟁하는 서비스다. 아마존은 미국에서 가장 많은 구독자를 가진 아마존 프라임을 서비스하고 있어 구독 사업과 위성 인터넷 사업을 결합할 경우 큰 시너지를 낼 것으로 기대되고 있다.

모든 것을 기록하는 AI 웨어러블

아침에 집을 나서자 가방끈에 부착한 동그란 형태의 작은 기기가 하루를 기록하기 시작한다. 2분에 한 차례씩 사진과 짧은 영상을 남기고 누군가와 대화를 시작하면 자연스럽게 녹음이 켜진다. 대화 내용은 실시간 텍스트로 바뀌어 스마트폰 앱에 저장된다.

집에 돌아와 전원을 끄면 오늘 만난 사람과 나눈 대화, 주요 일정이 한눈에 정리돼 하루 요약으로 제시된다. 1월 7일(현지시간) CES 2026 현장에서 제시된 AI 웨어러블이 그려낸 일상의 모습이다.

이번 CES에서는 기존 스마트워치나 이어버드를 넘어 '보고 · 듣고 · 기억하는' 기능에 초점을 맞춘 형태의 AI 웨어러블이 대거 등장했다. 단순한 건강 측정이나 알림

아마존이 인수한 비의 웨어러블 기기. ⓒ비

을 넘어 일상 자체를 인식하고 기록하는 'AI 단말기'로 진화하고 있다는 평가다. 대표 사례로는 중국 기업 루키의 'L1'이 꼽힌다. 초소형 카메라형 기기로 사진·영상·오디오·모션 데이터를 실시간 수집해 사용자의 하루를 자동 요약한다. 전시장에서는 부스와 인물, 대화를 인식해 방문 기록과 후속 행동을 추천하는 기능을 강조했다. 일종의 '기억 보조 장치'다.

L1의 핵심은 사용자 상황에 따라 '모드'가 바뀐다는 점이다. 전시·출장 환경을 겨냥한 엑스포 모드, 운동 중 피드백을 제공하는 피트니스 모드, 일상 루틴을 분석해 개인화 제안을 내놓는 데일리 모드로 자동 전환된다. 루키 관계자는 "모든 것을 저장하는 AI가 아니라 지금 필요한 통찰을 주는 AI"라고 설명했다. 고해상도 사진과 영상 촬영이 가능하고 안경이나 선글라스 프레임에 장착할 수도 있다.

미국의 AI 노트테이킹 기업 플라우드는 CES 2026에서 웨어러블 핀과 데스크톱을 결합해 대화 기록의 일상화를 제시했다. 옷깃이나 손목에 착용한 핀으로 현장 대화를 자동 전사하고 온라인 회의까지 하나의 계정에서 관리하는 구조다. 메모와 기록이라는 직장인의 반복 업무를 AI가 대신 처리하는 셈이다.

손가락에 착용하는 반지형 웨어러블도 등장했다. 싱가포르의 웨어러블 기업 기지스랩이 공개한 '보치 스마트링'은 주요 제품을 개막전 미리 공개하는 'CES 언베일드' 행사에서도 큰 주목을 받았다. 티타늄으로 만든 이 반지는 제스처와 터치를 통해 녹음이 가능하다. 대화 흐름을 방해하지 않으면서도 핵심 정보를 AI에 전달할 수 있다는 점이 강점이다.

아마존이 인수한 비(Bee)의 웨어러블 '파이어니어'는 소형 AI 디바이스로 일상 대화와 환경을 인식해 개인화된 조언과 요약을 제공하는 콘셉트를 선보였다. 버튼 한 번으로 대화 캡처를 시작·종료하고 녹화 중에는 LED로 상태를 알린다. 음성은 실시간 처리하고 저장하지 않는 방식으로 프라이버시를 강조했다.

이들 기기가 주목받는 것은 단순한 '녹음'이 아니라 기록된 방대한 데이터를 AI가 스스로 분석해 의미 있는 정보로 요약·정리해주기 때문이다. AI를 기반으로 음성을 텍스트로 바꾸고 긴 회의나 강의의 핵심을 요약해 할 일 목록까지 추출한다. 일부는 마인드맵이나 구조화된 리포트로 제공해 업무 전환 속도를 높인다. 기록의 부담을 줄이고 결과만 제공하는 방식이 일상과 업무에 빠르게 스며들고 있는 셈이다.

이 과정에서 AI 웨어러블은 '제2의 뇌' 역할을 한다. 과거 대화와 회의를 검색해 즉시 찾아주고 사용자는 기억 부담에서 벗어나 현재에 더 집중할 수 있다. 시간 사용 패턴과 대화 습관, 감정 흐름을 분석해 자기 객관화를 돕는 도구로도 활용된다. AI가 손 안의 앱을 넘어 몸에 착용하는 일상 도구로 이동하고 있음을 보여주는 대표적인 기기라는 분석도 나온다.

다만 상시 착용형 기기에는 우려도 따른다. 제3자 프라이버시 침해 가능성, 클라우드 전송 과정에서의 해킹 위험, AI 요약 과정에서의 맥락 왜곡 문제가 대표적이다. '언제든 촬영되고 녹음될 수 있다'는 사회적 거부감도 과제로 남아 있다.

3부

K이노베이션
in CES 2026

아틀라스와 클로이드…
K휴머노이드 등장

로보틱스 기업으로 변신 선언한
현대차그룹

CES 2026의 핵심 테마는 '피지컬 AI'였고 그중에서도 인간형 로봇에 가장 많은 관심이 쏠렸다. 그리고 인간형 로봇 중에서도 가장 관심을 많이 끈 것은 바로 현대자동차그룹의 자회사인 미국 보스턴다이내믹스의 '아틀라스'였다.

1월 5일 현대차그룹은 미디어데이를 통해 보스턴다이내믹스의 인간형 로봇 아틀라스의 실물과 활동모습을 처음으로 실시간 공개했다.

아틀라스는 등장부터 심상치 않았다. 요가를 하듯 인간이라면 할 수 없는 방식으로 일어난 아틀라스는 인간이 움직일 수 없는 방향으로 관절을 돌리고, 몸통 전체를 회전시키는 등 경이로운 모습을 보여줬다.

아틀라스는 56개의 자유도를 갖춘 전신 관절 구조에 손에는 촉각 센서를 탑재했고 최대 50kg의 무게를 들어 올리고 영하 20도에서 영상 40도까지 극한의 환경을 버틸 수 있다. 방수 설계를 적용해 산업 현장 내구성을 확보한 것이 특징이다. AI 기술을 기반으로 대다수 작업을 하루 이내에 학습할 수 있도록 설계했다.

이는 인간의 방식을 그대로 모방하는 것이 아니라 로봇이 할 수 있는 방식으로 움직이는 것이 더 효율적일 수 있다는 보스턴다이내믹스의 철학이 반영된 것이다.

최근 쏟아지는 휴머노이드 로봇들이 화려한 퍼포먼스나 인간처럼 보이는 것을 통해서 이목을 끄는 것에 집중했다면, 아틀라스는 철저히 산업 현장에서의 실용적인 용도에 집중했다. 얼굴을 원통형으로 만든 것은 사람처럼 보이지 않기 위해서다.

현대차그룹은 2028년까지 연간 3만대 규모의 아틀라스 양산 체계를 구축할 계획이다. 양산 초기에는 미국 조지아주 현대차그룹 메타플랜트 아메리카(HMGMA)에 투입해 부품 분류·서열 작업을 수행한

현대차가 1월 5일 CES 2026에서 공개한 아틀라스.

다. 2030년 이후에는 부품 조립 등 고난도 공정으로 적용 범위를 넓힌다. 아틀라스는 고중량 · 고위험 · 반복 작업을 맡아 작업자 안전과 생산 효율을 동시에 높이는 역할을 맡는다.

현대차그룹은 로보틱스 기술 상용화의 출발점으로 '공장 도입' 시점에 주목했다. 로버트 플레이터 보스턴다이내믹스 최고경영자(CEO)는 "아틀라스가 물류 작업에서부터 역할을 할 것"이라며 "물건을 집어 올려 옮기거나 자동차를 조립 라인으로 올리는 작업을 이미 시연했고 잘 수행하는 것을 확인했다"고 밝혔다.

현대차그룹은 이러한 계획을 구체화하기 위해 미국에 로봇 애플리케이션 개발 센터(RMAC)를 설치해 현장 적용 속도를 끌어올릴 예정이다.

현대차는 상용화 과정에서 핵심 성장 동력으로 AI 기술력을 보유한 글로벌 빅테크 기업과의 협력을 손꼽았다. 2025년 엔비디아와의 AI 협력 추진을 공표했던 현대차는 구글의 AI 기술 자회사 딥마인드와의 협력으로 상용화 시기를 크게 앞당긴다는 계획이다. 캐롤리나 파라다 구글 딥마인드 시니어 디렉터(로보틱스 총괄)는 "구글 딥마인드의 제미나이와 제미나이 로보틱스가 보스턴다이내믹스 로보틱스와 결합해 통합하는 것이 목표"라며 "함께 뭉치면 협업 영역은 무한하다"고 강조했다. 이어 그는 "이미 기술 교환을 진행했고 합의된 부분도 있다"며 "로봇을 구글로 보내 협업을 진행할 계획"이라고 덧붙였다.

현대차그룹은 로봇 사업의 확산 방식으로 '구독형' 모델 도입도 검토한다. 제조 현장에 로봇을 대량 투입해 운영 데이터를 축적하고 품질·안전·신뢰성을 기준으로 적용 범위를 넓힌 뒤 로봇을 서비스 형태로 제공하는 방식으로 시장을 키우겠다는 구상이다.

현대차그룹은 계열사 간 협력을 통해 로봇 사업 시너지를 극대화한다. 핵심 축은 전장 부품사인 현대모비스다. 이규석 현대모비스 대표는 "로봇 사업에서 중요한 요소는 로봇이 스스로 판단하는 AI 역량과 함께 실제로 움직이게 하는 부품의 완성도, 이를 대량으로 만들 수 있는 생산 체계"라며 "액추에이터 기술의 차별화와 이를 뒷받침할 양산 체계 구축에 집중해 그룹 로봇 사업 성공에 이바지하겠다"고 밝혔다.

액추에이터는 로봇의 팔과 다리를 움직이는 '근육' 역할을 하는 핵심 부품이다.

CES서 주목받은 정의선 현대차그룹 회장

CES에 참석한 한국 기업인 중 가장 주목받은 인물도 다름 아닌 정의선 현대자동차그룹 회장이었다. 정 회장은 이재명 대통령의 방중 사절단에 포함돼 1월 5일 미디어데이에는 등장하지 않았다. 하지만 6일 중국에서 바로 미국 라스베이거스로 날아와 CES 2026 전시장을 돌고 주요 기업들과 만났다. 특히, 로보틱스 협력에서 가장 중요한 파트너인 젠슨 황 엔비디아 최고경영자(CEO)와 2025년 10월 서울에서 이재용 삼성전자 회장까지 함께했던 이른바 '깐부 회동' 이후 약 두 달 만에 다시 만났다.

양사 협력은 이미 인공지능(AI) 인프라 구축을 중심으로 구체화되고 있다. 현대차그룹은 엔비디아의 차세대 AI 칩 '블랙웰' 그래픽처리장치(GPU) 약 5만장을 기반으로 대규모 연산 인프라를 구축하고 이를 활용해 자율주행·로보틱스용 AI 모델 개발을 추진 중이다. 그룹 차원의 핵심 전략인 '소프트웨어중심차량(SDV)'으로의 전환 역시 속도를 내고 있다.

앞서 젠슨 황 CEO는 CES 2026 기조연설에서 자율주행차 플랫폼 '알파마요'를 공개하고 올해 1분기 로보택시 출시를 예고

정의선 현대차그룹 회장(오른쪽)이 류재철 LG전자 CEO와 6일 CES 행사장에서 만나 악수를 하고 있다.

하기도 했다. 황 CEO는 로보택시를 가리켜 "AI가 설계하고 학습하고 실제 도로에서 진화하는 대표적 피지컬 AI 사례"라며 "차량·로봇이 현실 세계에서 작동하기 위해서는 막대한 연산 능력과 시뮬레이션, 데이터 학습이 결합한 풀스택 AI 플랫폼이 필요하다"고 강조했다.

업계에서는 이러한 로보택시 비전이 현대차그룹과 협력 구도를 더욱 선명하게 만든 것으로 보고 있다. 완성차 개발 역량을 지닌 현대차그룹과 AI 반도체·플랫폼 기술을 주도하는 엔비디아가 결합해 자율주행과 로보택시, 로봇을 아우르는 수직적 생태계를 구축할 수 있다는 판단이다.

현대차그룹은 2026년 CES에 맞춰 그룹 임원 130여 명이 총출동하는 연례 글로벌 리더스포럼(GLF)을 라스베이거스 현장에서 열기로 했다. 포럼 세션과 CES 참관을 통해 최신 기술 트렌드 습득과 글로벌 네트워크 강화에 나섰다.

이날 정의선 회장은 CES 2026 개막일 전 시회 현장을 찾아 로보틱스와 차량용 인공지능(AI) 기술을 직접 점검했다. 라스베이거스컨벤션센터(LVCC) 웨스트홀에서 두산그룹 부스를 시작으로 현대차그룹 전시관을 방문했다. 두산퓨얼셀 수소 연료전지와 두산로보틱스 로봇 설루션을 살펴본 데이어 퀄컴 부스를 찾아 휴머노이드용 고성능 로봇 프로세서 '퀄컴 드래곤윙 IQ10'에 대한 설명을 들었다. 또 LG전자 차량용 설루션 전시룸도 방문해 AI 기반 차량용 설루션과 AI 콕핏, 자율주행 애플리케이션, 운전자 안면인식 기술을 체험했다. 마지막으로 윈 호텔에 마련된 삼성전자 전시관을 찾아 AI 가전, '갤럭시 Z 트라이폴드' 등 신제품을 살핀 뒤 엔비디아 부스를 찾아 젠슨 황 CEO와 만났다.

이번 발표로 현대차의 보스턴다이내믹스 투자도 재조명되고 있다. 현대차그룹은 2021년 소프트뱅크로부터 보스턴다이내믹스를 11억달러에 인수했다. 하지만 인수가 끝이 아니었다. 보스턴다이내믹스에 계속 투자를 해왔으며, 현대차그룹 계열사들과 다양한 협력의 기회도 만들었다. 이 과정에 보스턴다이내믹스는 아틀라스를 유압식에서 전기식으로 구조를 변경하고 엔비디아, 구글 등 AI 기업과 적극적으로 협력하는 등 큰 변화를 겪었다.

AI 홈 완성한 삼성전자

2022년 챗GPT가 등장한 이후 삼성전자는 가장 빠르고 적극적으로 인공지능(AI)을 자사 제품과 생태계에 도입해왔다. 삼성전자는 CES 2026에서 가정에 도입된 AI가 어떤 모습인지를 가장 잘 보여줬다.

"AI는 복잡해서는 안 됩니다. 사용자가 의식하지 않아도 자연스럽게 작동해야 합니다(Never complicated. Always natural)."

노태문 삼성전자 디바이스경험(DX)부문장(사장)이 말한 이 말은 삼성의 AI 홈 모습을 가장 잘 보여주는 말이다.

삼성전자는 CES 2026 개막을 앞둔 1월 4일(현지시간) 미국 라스베이거스 윈 호텔에 마련한 단독 전시관에서 '더 퍼스트 룩' 언론 시사회를 열고 실생활에서 작동하는 구체적인 AI 경험을 전면에 내세웠다. '당신의 AI 일상 동반자'를 새 비전으로 선포하고, TV · 가전 · 모바일 · 보안으로 흩어져 있던 AI 기능을 하나로 묶어 기계가 아닌 가족 구성원처럼 상호작용하게 만들었다.

2026년형 삼성 TV는 시청자의 말뜻과 맥락을 이해한 뒤 즉각 반응한다. 구글 제미나이를 탑재한 AI 냉장고는 보관된 식재료를 카메라로 파악해 요리법을 먼저 제안한다. 헬스 디바이스는 걷는 속도만으로 부모님의 인지 건강을 체크한다. 노 사장은 "모든 제품과 서비스에 AI를 적용해 'AI 경험의 대중화'를 선도할 것"이라고 말했다.

이날 삼성전자가 전 세계 1800여 명의 미디어와 파트너 앞에서 공개한 비전은 '당신의 AI 일상 동반자(Your Companion to AI Living)'다.

CES 2026 삼성전자 전시관이 구성된 윈호텔의 대형 터널 형태의 'AI 갤러리'.

삼성전자는 거실에서의 AI는 '편안함'에 방점을 찍었다. 이를 구현하는 것이 2026 년형 TV에 탑재된 '비전 AI 컴패니언'이다. 이 기술은 사용자의 질문이나 상황의 맥락을 이해한다. 사용자가 무언가를 지시했을 때 기계적으로 반응하는 것이 아니라, 사용자의 의도를 파악해 '가려운 곳을 긁어주는' 정보를 제공한다. 여기에 구글과 공동 개발한 '이클립사 오디오'가 적용돼 영상 속 공간에 실제로 들어와 있는 듯한 몰입감까지 준다.

무대에서 삼성전자는 세계 최초로 130형 '마이크로 알지비(RGB) TV'를 공개했다. 마이크로 알지비(RGB) TV는 머리카락 굵기보다 얇은 100마이크로미터(μm) 이하의 초미세 발광다이오드(LED)가 빛을 내며 화질을 구현하는 TV다. 삼성은 이를 통해 소비자가 집 안에서 경험할 수 있는 시청각 경험의 정점을 보여주며, TV가 일상의 즐거움을 극대화하는 도구임을 보여줬다.

주방과 집안일 영역에서 AI는 '해방'을 위한 도구로 소개됐다. 김철기 생활가전(DA)사업부장(부사장)은 "지난 100년간 가전의 숙원이었던 '집안일로부터의 해방'을 실현하겠다"고 밝혔다.

눈에 띄는 변화는 냉장고다. 2026년형 '비스포크 AI 패밀리허브'에는 구글의 최신 AI 모델인 '제미나이(Gemini)'가 탑재됐다. 덕분에 냉장고는 안에 있는 식재료를 더 정확하게 인식한다. 사용자가 "오늘 뭐 먹지?"라고 물으면 보관된 재료를 기반으로 요리법을 추천하고, 요리 영상을 보여주면 이를 텍스트 요리법으로 변환해주기도 한다.

로봇청소기인 '비스포크 AI 스팀'은 사물뿐만 아니라 투명한 액체까지 인식한다. 바닥에 물이 엎질러져 있으면 이를 감지해 피하거나 닦아내는 식이다.

삼성은 AI 비전을 건강 관리, 즉 '케어(Care)' 영역으로까지 확장했다. 단순히 운동량을 측정하는 수준을 넘어 질병을 예방하고 가족을 돌보는 수준이다. 삼성 헬스는 갤럭시 워치와 링 등을 통해 수면, 영양, 신체 활동 데이터를 통합 분석한다. 특히 이번에 처음 공개된 '뇌 건강' 관련 기술은 사용자의 보행 속도나 손가락의 미세한 움직임 등 생체 신호를 분석해 인지 능력 저하 징후를 감지해낸다. 치매 같은 질병을 조기에 발견할 수 있는 단초를 제공하겠다는 목표다.

만약 이상 징후가 발견되면 '젤스(Xealth)' 플랫폼과 연동해 의사와 상담을 연결해주는 구체적인 청사진도 제시했다. 멀리 떨어져 사는 부모님의 안부를 AI 가전이 챙기고, 건강 상태를 관찰해주는 '가족 돌봄'의 역할이다.

삼성전자는 이날 AI 대중화 속도를 더 높이기 위한 4가지 원칙을 제시했다. 독자 기술만 고집하지 않고 외부와 협력해 선택지를 넓히는 '개방성', 기기 자체의 AI와 클라우드 AI를 결합해 성능을 높이는 '서비스 최적화', TV든 냉장고든 똑같은 느낌으로 조작할 수 있게 하는 '통일된 경험', 그리고 무엇보다 이 모든 것을 믿고 쓸 수 있게 하는 '강력한 보안' 등이다.

삼성전자가 이번 CES에서 처음으로 메인 전시장 LVCC를 벗어나 별도의 호텔에 단독 전시관을 꾸린 결단은 단순한 공간 선택의 변화만은 아니었다. 소음과 화려한 자극이 가득한 전시장의 경쟁 구도에서 벗어나 삼성전자만의 속도와 언어로 AI 비전을 설명하겠다는 선언에 가깝다. 기능을 나열하는 대신 하나의 생활 공간을 만들고, 기술을 보여주기보다 삶의 장면을 체험하게 한 구성은 삼성 AI 전략의 방향성을 분명히 드러냈다는 평가가 나온다.

AI 컴퍼니로 삼성전자 바꾸는 노태문

삼성전자가 2026년을 '인공지능(AI) 일상 동반자' 시대의 원년으로 삼고 연간 4억대에 달하는 AI 탑재 제품을 시장에 쏟아내겠다는 공격적인 목표를 제시했다. 스마트폰과 TV, 가전 등 삼성 모든 기기가 유기적으로 연결돼 소비자 개입 없이도 알아서 작동하는 진정한 'AI 라이프'를 구현하겠다는 구상이다.

노태문 삼성전자 디바이스경험(DX)부문장(사장)은 세계 최대 가전 · 정보기술(IT) 전시회 'CES 2026' 개막을 하루 앞둔

1월 5일(현지시간) 미국 라스베이거스 윈호텔에서 기자간담회를 열고 이 같은 내용의 중장기 사업 전략을 발표했다.

노 사장은 "올해부터 출시되는 모든 갤럭시 스마트폰과 4K 이상 프리미엄 TV, 와이파이 연결이 가능한 가전제품에 AI를 전면 탑재할 것"이라며 "올해 AI가 적용된 신제품 4억대를 시장에 공급해 고객이 일상 곳곳에서 AI 혜택을 자연스럽게 누리도록 하겠다"고 밝혔다. 삼성전자는 4억대 신제품과 기존 제품을 더해 총 8억대 이상의 기기를 AI로 연결하는 거대 생태계를 구축한다는 전략이다.

이는 단순히 하드웨어 판매량을 늘리겠다는 의미를 넘어선다. 모바일은 AI 서비스의 핵심 '허브'로, TV는 시청 환경을 스스로 최적화하는 'AI 스크린'으로, 가전은 가사 노동을 획기적으로 줄여주는 'AI 집사'로 진화시켜 이들을 하나로 묶겠다는 전략이다.

노 사장은 "소비자들이 이미 달라진 연결 경험의 가치를 체감하고 있는 만큼 기기 간 연결을 통해 삶의 질을 실질적으로 높이는 데 집중할 것"이라고 설명했다.

수억 대의 기기가 연결될수록 개인정보 유출에 대한 소비자의 불안도 커질 수밖에 없다. 이에 대해 노 사장은 삼성만의 보안 플랫폼인 '삼성 녹스(Knox)'를 해법으로 제시하며 보안에 대한 강한 자신감을 내비

CES 2026 기자간담회에서 발언하고 있는 노태문 삼성전자 DX부문장.

쳤다.

그는 "AI 기기가 개인화될수록 보안 강화는 필수적"이라며 "기기들이 서로 연결돼 상대 기기의 보안 상태를 실시간으로 점검해주는 녹스 기술로 안전하게 AI를 활용할 수 있는 생태계를 구축할 것"이라고 강조했다.

기존 주력 사업인 모바일과 TV · 가전의 경쟁력을 AI로 강화하는 한편, 미래 먹거리 확보를 위한 청사진도 구체화했다.

노 사장은 DX부문의 4대 신성장 동력으로 공조(HVAC)와 전장(자동차 부품), 메디컬 테크놀로지, 로봇을 지목했다. 삼성전자는 이미 2025년에 유럽 최대 공조기업 '플랙트'와 글로벌 전장기업 'ZF'의 첨단운전자보조시스템(ADAS) 사업부 등을 잇달아 인수하며 몸집을 불렸다. 노 사장은 올해도 이들 분야에 대한 투자를 확대해 기술 주도권을 확실히 쥐겠다는 의지를 밝혔다.

로봇 사업에 대한 삼성전자의 사업 계획도 공개됐다. 노 사장은 삼성의 글로벌 생산거점의 자동화를 위한 로봇 사업 추진을 최우선으로 진행 중이고, 이를 통해 쌓은 기술을 토대로 사업화에 나설 것이라고 밝혔다.

클로이드로 홈 로봇 시대 여는 LG

로봇이 출근 준비로 정신없는 주인을 대신해 냉장고에서 우유를 꺼내고, 오븐에 크루아상을 넣으며 아침식사를 준비한다. 주인이 집을 나설 때는 자동차 키와 프리젠테이션 자료 등 업무 준비물까지 챙겨준다. 낮에는 바구니에서 옷가지를 꺼내 세탁기에 넣고, 세탁이 끝나면 이를 개는 작업까지 한다.

LG전자가 '제로 레이버 홈(Zero Labor Home · 가사일 해방)'이라는 비전을 실현하기 위해 개발 중인 홈로봇 'LG 클로이드'가 머지않아 스스로 해낼 일들이다.

LG전자는 CES 2026에서 LG 클로이드를 최초 공개했다. 단순한 로봇이 아니라 주인의 스케줄과 집 안 환경을 고려해 작업 우선순위를 정하고, 이에 맞춰 여러 가전을 제어하며 가사일을 하는 '집 안의 비서'를 목표로 삼고 있다. 인간과 소통하며 공감하고 대화를 통해 쌓은 데이터를 기반으로 스스로 식사 메뉴 등 계획을 수립할 수 있다. 인공지능(AI) 홈 허브 '씽큐 온'으로 날씨 정보를 확인한 뒤 비가 올 때 창문이 열려 있으면 창문을 닫는다. 거주자가 홈 트레이닝을 할 때는 아령을 드는 횟수를 카운트해주는 등 소통하며 일상을 케어해준다.

LG 클로이드가 이처럼 상황을 복합적으로 인식하고 거주자의 생활 방식을 학습해 일상을 정교하게 제어할 수 있는 비결은 LG전자가 자체 개발한 AI 기술력이다. LG

LG전자가 CES 2026에서 공개한 홈로봇 클로이드.

클로이드의 머리는 이동형 AI홈 허브로 개발된 'LG Q9'의 역할을 수행한다. 로봇 두뇌인 칩셋, 디스플레이와 스피커, 카메라와 각종 센서, 음성 기반의 생성형 AI 등이 탑재된 LG 클로이드는 인간의 언어와 표정으로 소통하고 거주자의 생활 방식과 주변 환경을 학습해 이를 기반으로 집 안 가전을 제어한다.

로봇이 여러 상황에 대응하기 위해서는 LG전자가 자체 개발한 시각언어모델(VLM)과 시각언어행동(VLA) 기술이 모두 필요하다. VLM은 시각 정보를 언어로 해석하고 언어 명령을 시각 정보와 연관지어 통합적으로 이해하는 역할을 수행한다. VLA는 이렇게 통합된 정보를 바탕으로 로봇이 구체적 행동을 계획·실행할 수 있도록 돕는다.

LG 클로이드의 외형은 머리와 두 팔이 달

린 상체, 휠 기반 자율주행 기술이 적용된 하체로 구성된다. 허리를 세우는 각도를 조절해 105cm부터 143cm까지 키 높이를 스스로 바꿀 수 있고, 약 87cm 길이의 팔로 바닥 또는 높은 곳에 있는 사물을 잡을 수 있다. 상체에 달린 두 팔과 손목은 앞뒤·좌우 움직임 및 회전이 가능하고 팔을 굽혔다 피는 등 총 7가지 구동 자유도(DoF)를 갖추고 있다.

이는 실제 사람의 팔 움직임과 동일한 수준으로, LG 클로이드의 5개 손가락도 개별적으로 움직이는 관절을 갖추고 있어 섬세한 동작이 가능하다. 이 같은 기술력을 통해 인체에 최적화돼 있는 거주 환경에서 원활하게 활동할 수 있다는 것이 LG전자 설명이다.

LG 클로이드 하체에는 청소로봇·Q9·서빙로봇 등을 통해 발전시켜온 휠 기반 자율주행 시스템이 적용됐다. 무게 중심이 아래쪽에 있는 만큼 어린이나 반려동물이 갑자기 매달려도 균형을 쉽게 잃지 않고, 위아래로 흔들림이 적어 보다 더 정교하고 자유로운 상체 움직임을 뒷받침한다. 이족 보행 로봇보다 가격 접근성이 높아 상용화에도 유리하다는 장점이 있다.

LG전자는 홈로봇을 비롯한 로봇 분야를 '명확한 미래'로 보고 기술 고도화에 속도를 내고 있다. 최근 조직 개편에서 HS사업본부 산하에 HS로보틱스 연구소를 신설하고 전사에 흩어져 있던 로봇 역량을 결집하고 있다. LG전자는 청소로봇과 같은 '가전형 로봇'을 넘어 사람이 가까이 가면 문이 자동으로 열리는 냉장고와 같은 '로보타이즈드 가전' 등 축적된 로봇 기술을 가전에도 확대·적용할 계획이다.

류재철 LG전자 CEO
"로봇사업에 박차 가하겠다"

류재철 LG전자 최고경영자(CEO)가 1월 5일(현지시간) 미국 라스베이거스 만달레이베이 컨벤션센터에서 진행된 'LG 월드 프리미어' 연단에 올라 '공감 지능을 통한 행동하는 인공지능(AI) 시대'를 이끌어가겠다는 비전을 제시했다. 사람과 소통하는 공감 지능을 통해 AI가 단순히 사람의 지시를 따르는 걸 넘어 인간의 삶을 능동적으로 돌보는 '행동하는 AI'로 거듭나야 한다는 것이다.

류 CEO는 "LG의 야망은 단순한 가정 도우미를 만드는 것을 넘어 인간에게 적응하고 시간을 함께 보내면서 특정 개인의 생활 방식을 학습하는 '가정 전문 에이전트'를 선보이는 것"이라며 "AI가 사람을 이해하고 배려하는 '애정 어린 지능' 기술력과 제품 성능, 이들이 완전히 연결된 생태계를 통해 'AI의 실천 시대'를 끌어나가겠다"고 밝혔다.

LG 클로이드에는 글로벌 빅테크 기업들

류재철 LG전자 CEO가 기자간담회에서 발언하고 있다.

과의 합종연횡을 통한 최첨단 칩과 연산 플랫폼 등 다양한 기술력이 적용됐다. 우선 AI 연산을 위해 미국 엔비디아의 젯슨 토르가 탑재됐다. 젯슨 토르는 엔비디아가 2025년 공개한 피지컬 AI 전용 칩셋으로 최대 2070 FP4 테라플롭스(TFLOPS)급의 AI 연산 성능을 갖추고 있다.

이와 함께 퀄컴의 드래곤윙 QRB5165 칩도 들어갔다. 해당 칩은 지능형 인식과 경로 계획, 제어 연산을 수행하는 데 사용되며 LG 클로이드에서는 객체 인식·음성 처리·동시적 위치 추정 및 지도 작성(SLAM) 등을 실시간을 처리하는 데 쓰인다.

류 CEO는 2027년을 원년 삼아 로봇 사업에 박차를 가하겠다는 비전을 제시했다. 그는 "이번에 공개한 LG 클로이드는 다른 경쟁사들 대비 LG전자의 강점을 보여주기

위해 준비한 홈로봇으로 LG전자의 지향점인 '제로 레이버 홈'을 완성할 마지막 퍼즐"이라고 말했다.

LG 클로이드의 구체적인 출시 일정과 가격대는 아직 정해지지 않았다. LG전자는 단순 판매에 그치지 않고 최근 성과를 내고 있는 구독 사업과 연결 지어 LG 클로이드 등 로봇에도 구독 서비스 적용 여부를 검토 중이다.

류 CEO는 "가정을 넘어 규모가 가장 큰 분야가 산업용 현장인데 오히려 공장 등 통제된 조건 아래 정형화된 사업 현장에서 로봇을 운영하는 것이 더 쉬울 수 있다"며 "LG전자와 그룹사만 해도 이미 해외에 20개가 넘는 공장이 있기 때문에 산업용 시장까지 진출한다면 LG 클로이드를 중심으로 사업을 확대할 계획"이라고 전했다.

류 CEO는 중국 TV 기업들의 맹추격에 대해서는 오히려 위기보다 기회가 있을 수 있다며 유기발광다이오드(OLED)를 필두로 프리미엄 전략과 압도적 기술력을 바탕으로 중국 기업들에 뒤처지지 않겠다는 의지를 내비쳤다. LG전자의 중장기 사업 전략으로는 '근원적 경쟁력 확보' '고성과 포트폴리오 전환' '수익성 기반 성장 구조 구축' 등을 내세웠다.

삼성이 제시한
'인류의 일상을 파고드는 AI'

삼성전자의 CES 2026 티저 영상 캡처 이미지. © 삼성전자

삼성의 새로운 50년 선언

CES 2026은 인공지능(AI)이 가전과 정보 기술(IT) 산업 전반을 근본적으로 재편하는 거대한 전환기에 개최됐다. 일상 속의 모든 기기가 점차 지능화되고 서로 유기적으로 연결되는 가운데, 글로벌 기업들은 AI 기술을 제품과 서비스에 심층적으로 통합해 전례 없는 사용자 경험을 제시하려는 사활을 건 전략을 전개하고 있다.

지난 반세기 동안 하드웨어 강자로 군림해 온 삼성전자에도 이러한 패러다임의 변화는 생존을 건 새로운 도전이다.

21세기 초반부터 TV와 메모리 반도체 등 핵심 제품군에서 세계 1위를 지켜온 삼성전자는 이제 하드웨어 성능의 우위를 넘어 AI 중심으로 재편되는 시장 환경에서 주도권을 이어가기 위한 실질적인 돌파구가 필요한 시점에 서 있는 것이다.

이러한 위기의식과 기회 요인을 반영해 삼성전자가 CES 2026에서 내건 전략은 자사의 독보적인 하드웨어 역량에 첨단 AI 소프트웨어를 접목함으로써 차세대 경쟁력을 확보하려는 거대한 실험으로 해석된다. 삼성전자는 '당신의 AI 일상 동반자(Your Companion to AI Living)'라는 슬로건을 앞세웠다 모든 제품과 서비스에 AI를 결합하고, 이를 통해 생활 공간 전반에서 지능형 경험을 제공하겠다는 비전을 강조했다. 특히 노태문 삼성전자 디바이스경험(DX) 부문장 사장과 주요 사업부장들이 개막 전 '더 퍼스트룩 2026' 무대에 직접 올라 각 부문의 혁신 전략을 상세히 설명한 것은

AI 통합 메시지가 이번 CES에서 삼성전자의 전사적 핵심 어젠다로 부상했음을 상징적으로 보여준다.

삼성전자가 공개한 사전 CES 2026 티저 영상 역시 1980년 마이크로컴퓨터 칩 내장 에어컨과 1985년 음성 안내 냉장고 등 지난 50년간 쌓아온 혁신의 역사를 조명하며, 이제 AI라는 엔진을 달고 또 한 번의 위대한 도약을 준비하고 있음을 강력하게 환기시켰다.

세계 최대 전자전시회를 맞아 자사의 혁신 유산을 영상으로 제작해 선보인 것은 이례적인 일로 이는 삼성전자가 오랜 기간 업계를 선도해왔음을 부각하는 동시에 새로운 변화의 분기점에서 과거의 영광을 재현하겠다는 의지의 표명이다.

전시 패러다임의 파격적 전환

삼성전자는 CES 2026에서 기존 전시의 관성을 과감히 벗어던지는 파격적인 선택을 감행했다. 라스베이거스컨벤션센터(LVCC) 중심의 대규모 공동 전시 방식에서 과감히 탈피한 것이다. 삼성전자는 라스베이거스 윈 호텔에 별도의 단독 전시관을 마련하며 전시 방식 자체를 새롭게 정의했다. 이는 전시를 단순히 제품을 나열하고 성능을 뽐내는 쇼룸이 아니라, 삼성전자가 지향하는 기술의 철학과 미래의 고객 가치를 온전히 전달하는 정교한 장치로 재구성했음을 의미한다.

'더 퍼스트룩'이라는 명칭 아래 마련된 이 공간은 미술관이나 박물관의 큐레이션 개념을 전격 도입했다. 제품 전시와 발표 행사, 기술 포럼, 거래선 상담이 하나의 거대한 서사 안에서 유기적으로 이어지도록 설계된 것이 특징이다.

전체 면적 4628m²에 달하는 이 플랫폼은 CES 기간 삼성전자의 모든 활동이 집중되는 거대한 허브 역할을 수행했다. 이러한 변화는 기술 그 자체보다 기술이 사용자에게 전달되고 경험되는 방식에 대한 삼성의 깊은 고민에서 출발했다.

단일 제품이나 개별 기술을 강조하는 기존의 방식으로는 자사가 추구하는 방대하고 복잡한 AI 비전을 충분히 설명하기 어렵다는 판단 아래 소음과 혼잡이 배제된 독립된 공간을 선택한 것으로 풀이된다. 관람 동선과 체험 방식을 세밀하게 설계하고 전문적인 도슨트 프로그램을 대폭 강화한 것 또한 방문객들이 삼성의 초연결 생태계인 스마트싱스에 깊이 몰입하도록 유도하기 위한 고도의 전략적 장치인 셈이다.

결과적으로 새롭게 구성된 전시관은 TV, 가전, 모바일을 AI로 촘촘히 엮어 기기 간의 경계를 완전히 허물고 하나의 연속된 경험을 체감하게 하는 거대한 'AI 리빙 플랫폼'으로서 삼성전자의 독보적인 생태계를 시각화하는 데 성공했다.

삼성전자의 CES 2026 티저 영상 캡처 이미지. © 삼성전자

주방과 일상에 스며든 AI 가전의
실체적 진화와 개방형 협력

삼성전자가 제시하는 AI 경험의 실체는 주방이라는 구체적인 생활 공간을 통해 가장 선명하게 구체화됐다. 그 핵심 사례로 가전제품 중 처음으로 구글의 최신 대규모 AI 모델인 '제미나이'를 탑재한 비스포크 AI 냉장고 신제품이 공개되며 큰 반향을 일으켰다.

이 제품은 삼성의 고유 기술인 내부 카메라 식재료 인식 기능인 'AI 비전'에 제미나이의 고도화된 추론 지능을 결합함으로써 식품 인식 능력을 비약적으로 향상시켰다. 기존 기술이 신선식품과 가공식품 약 80종을 인식하는 수준에 머물렀다면, 이제는 대규모 언어 모델의 도입으로 인식 대상이 비약적으로 넓어졌다. 특히 사용자가 식재료 용기에 직접 손으로 적어 붙인 라벨의 내용까지 정확히 파악해 식자재 목록에 추가할 수 있을 정도로 지능화됐다는 점은

가전이 사용자의 개별적인 습관까지 이해하기 시작했음을 시사한다.

삼성전자는 이를 바탕으로 식재료 관리부터 맞춤형 레시피 추천, 장보기 서비스까지 전 과정을 아우르는 통합 기능인 'AI 푸드 매니저'를 선보였다.

또한 이러한 업그레이드된 AI 비전 기술은 와인 냉장고에도 적용돼 와인병을 카메라로 인식하고 품종과 빈티지 정보를 자동 기록하며 보관 위치의 변동까지 실시간으로 추적하는 'AI 와인 매니저'로 확장됐다.

삼성전자가 주방 AI 혁신에서 보여준 가장 주목할 점은 파트너십을 통한 개방형 접근이다. 자체 개발 AI에만 매몰되지 않고 구글 제미나이와 같은 외부 최고 수준의 기술을 과감히 수용함으로써 하드웨어 경쟁력을 소프트웨어 혁신과 결합하는 융합 전략을 택한 것이다. 이는 스마트홈 표준 연합인 HCA를 주도해온 삼성의 행보와 맥을 같이하며, 사용자 생활 패턴을 깊이 이해하고 선제적으로 돕는 새로운 생활가전의 패러다임을 열었다는 평가를 받는다.

문종승 삼성전자 가전(DA)사업부 부사장은 "삼성전자는 'AI 비전' 기술로 주방 가전의 혁신을 선도해왔다"며 "이번 구글과의 협업으로 한층 진화한 'AI 비전'을 통해 삼성만의 차별화된 푸드 경험을 제공할 것"이라고 말했다.

CES 2026에서 공개한 삼성전자 제미나이 탑재 냉장고 제품 이미지. © 삼성전자

몰입형 디스플레이 기술이 여는
초현실적 엔터테인먼트의 신세계

거실과 개인 공간에서 펼쳐지는 엔터테인먼트 영역에서도 삼성전자의 디스플레이 리더십은 혁신적인 사용자 경험을 창출하고 있다. 삼성전자는 CES 2026을 맞아 세계 최초의 6K 해상도 무안경 3D 게이밍 모니터인 '오디세이 3D G9'을 포함한 오디세이 시리즈 신제품 5종을 전격 공개했다. 대표 제품인 오디세이 3D G9은 별도의 안경 없이도 완벽한 입체 영상을 즐길 수 있는 최초의 모니터로서, 게임 장르에 따라 효과를 최적화하는 전용 설정과 최고 165Hz의 고주사율을 지원한다. 이러한 행보는 삼성전자가 7년 연속 고주사율 게이밍 모니터 시장 1위와 3년 연속 유기발광다이오드(OLED) 게이밍 모니터 세계 1위를 수성하려는 강력한 의지의 산물이다.

동시에 삼성전자는 최고 사양의 신제품들을 대거 투입하며 그래픽 표현력과 시각적 몰입감을 극대화하는 데 역량을 집중했다. 초고해상도와 고주사율을 갖춘 신제품들은 현존 최고 수준의 스펙을 통해 게이머와 크리에이터들에게 상상 이상의 몰입 경

CES 2026에서 공개 예정인 삼성전자 마이크로 RGB TV 제품 이미지. © 삼성전자

험을 제시하려는 삼성의 의도를 반영한다. TV를 비롯한 디스플레이 분야에서 오랜 기간 글로벌 시장을 호령해온 삼성전자는 1970년대 브라운관 컬러TV부터 마이크로 알지비(RGB) 기술에 이르기까지 완벽한 빛과 색을 구현하기 위해 진화를 거듭해왔다. 삼성전자는 이번 전시를 통해 단순한 제품 스펙 경쟁을 넘어 사용자에게 실감나는 영상 체험을 제공함으로써 엔터테인먼트 경험 자체를 근원적으로 끌어올리는 전략을 펼쳤다. 이는 기술이 인간의 감각을 어떻게 확장할 수 있는지를 보여주는 디스플레이 명가의 자부심이 담긴 대목이다.

집에서 도로로 이어지는 AI 생태계의 완성

CES 2026 현장에서 삼성전자가 강조한 'AI 일상 동반자' 비전은 하만의 기술력을 통해 모빌리티라는 새로운 공간으로 그 실체를 확장했다. 삼성은 가전과 모바일을 넘어 차량을 하나의 거대한 지능형 생활 공간으로 변모시켰다. 특히 하만의 '레디(Ready)' 시리즈는 삼성의 반도체와 디스플레이 역량이 전장 시스템과 결합했을 때 어떤 파괴력을 갖는지 증명했다.

이번 전시의 주인공 중 하나인 '레디 업그레이드 ADV 2.0'은 삼성전자의 엑시노스 오토 반도체를 두뇌로 삼아 중앙 컴퓨팅 플랫폼을 구축함으로써 소프트웨어중심자동차(SDV) 시대를 현실로 끌어당겼다. 차량 내부는 삼성의 네오 QLED 기술이 집약된 '레디 디스플레이'와 5K 해상도의 증강현실 헤드업 디스플레이 '레디 비전 큐뷰'를 통해 고차원적인 시각 경험을 제공한다. 여기에 감성 지능 AI '루나(Luna)'와 운전자의 상태를 실시간 모니터링하는 '레디 케어'의 유기적 결합은 사용자 경험의 정점을 보여준다.

운전자의 피로나 스트레스가 감지되면 AI 아바타가 휴식을 제안하고 차량 내 조명과 오디오를 연동해 능동적인 케어 서비스를 수행하는 모습은 CES 2026이 추구하는 AI의 실체적 가치를 대변한다.

삼성전자가 최근 독일 ZF의 ADAS사업부를 인수하면서 한층 강화된 하만의 기술력은 삼성의 하드웨어 DNA와 만나 집과 도로의 경계를 허무는 중단 없는(Seamless)

AI 라이프스타일을 완성하고 있다. 결국 CES 2026 무대는 삼성전자의 전방위적 생태계가 모빌리티라는 마지막 퍼즐 조각을 맞추며 인류의 일상을 어떻게 재정의하는지 보여주는 결정적 현장이 됐다.

책임 있는 AI 리더십의 확립

삼성전자가 CES 2026에서 전달한 메시지는 신제품의 공개라는 물리적 이벤트를 넘어 산업 전반의 흐름과 가치를 주도하는 담론의 형성으로 확장됐다. 삼성전자가 CES 2026에서 새롭게 선보인 '삼성 기술 포럼'은 AI, 가전, 미디어, 디자인 등 다양한 분야를 아우르며 내부 전문가와 파트너 기업, 학계, 미디어가 함께 모여 다각적인 시각에서 미래 기술의 방향을 모색하는 지적 토론의 장이 됐다.

스마트홈 표준화 기구인 HCA와의 협력 논의부터 AI 시대의 보안과 개인정보 보호, 그리고 FAST(무료 광고 기반 스트리밍 TV)와 같은 차세대 미디어 소비 트렌드에 이르기까지 포럼에서 다뤄진 의제들은 매우 광범위하고 현실적이라는 평가를 받았다.

특히 AI 확산과 함께 필연적으로 대두되는 보안과 프라이버시 문제를 포럼의 주요 화두로 삼은 것은 사용자 신뢰를 확보하기 위한 삼성의 선제적이고 책임 있는 대응으로 풀이된다.

과거 하드웨어의 성능 지표인 사양 우위를 강조하던 고전적인 방식에서 나아가, 이제는 기술이 어떻게 인간 중심으로 설계돼야 하는지, 그리고 AI가 인간의 창의성과 디자인 철학에 어떤 영향을 미쳐야 하는지를 논의함으로써 경쟁사들과의 격차를 벌리고 있다. 이는 모든 공간에서 AI 경험을 지원하는 동반자가 되겠다는 삼성의 비전에 실제적인 신뢰와 무게감을 더해주는 접근으로 해석된다. 기술 리더십을 독점하기보다 협력과 상생을 통해 생태계 전체를 성장시키겠다는 삼성전자의 이러한 행보는 AI 시대에 걸맞은 새로운 리더십의 모델을 제시하고 있다는 분석이다.

베일 뒤에서 설계되는
삼성의 보이지 않는 혁신

CES의 주요 전시장과 호텔의 화려한 조명이 비추는 공개 전시장 너머, 일반 관람객의 접근이 제한된 비공개 부스(Private Booth)에서는 삼성의 미래를 지탱할 핵심 동력들이 조용하고 치열하게 움직였다.

삼성전자 반도체(DS)부문은 전시장 전면 대신 라스베이거스의 한 호텔에 마련된 별도의 비공개 공간에서 차세대 고대역폭메모리인 HBM4와 최첨단 시스템 반도체, 그리고 파운드리 로드맵을 공유하며 글로벌 주요 고객들과의 긴밀한 전략적 접점을 확보했다. 이는 CES를 단기적인 성과

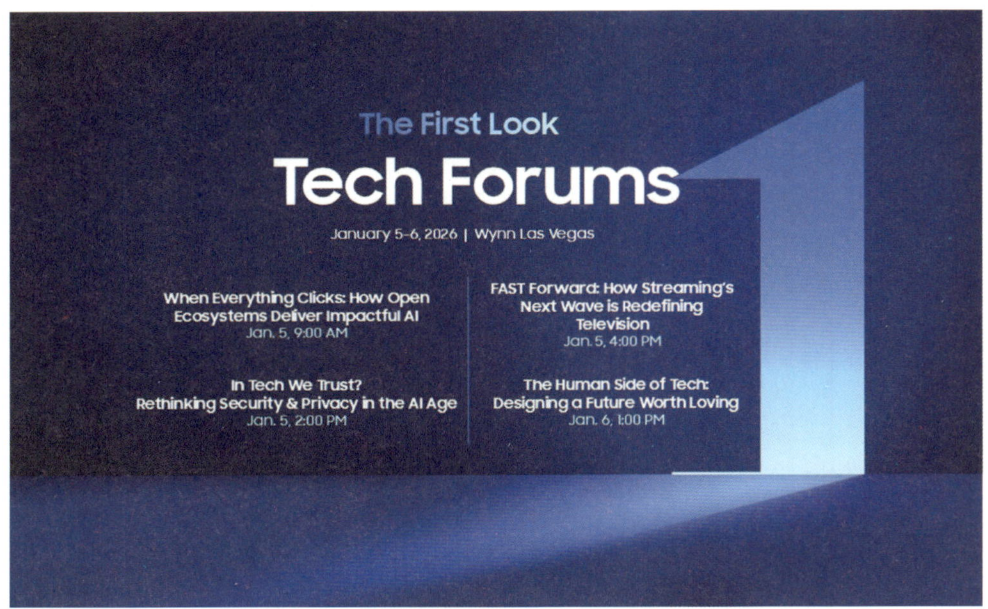

삼성전자가 미국 라스베이거스에서 '삼성 기술 포럼(Samsung Tech Forum)'을 열고 삼성전자만의 차별화된 AI 비전과 비즈니스 전략을 공개했다. ⓒ 삼성전자

과시의 무대로 활용하기보다 주요 고객사와 차세대 기술 방향성을 정밀하게 조율하고 장기적인 신뢰를 구축하는 기회로 삼는 삼성의 전통적인 실용주의 전략을 다시 한 번 입증한 것이다.

특히 AI 연산의 핵심 하드웨어인 HBM4의 구체적인 양산 계획과 커스텀 솔루션을 제안하는 과정은 삼성전자가 단순히 칩을 공급하는 제조사를 넘어 AI 인프라의 공동 설계자로 거듭나고 있음을 보여주는 대목이다.

동시에 삼성디스플레이 역시 프라이빗 부스를 통해 디스플레이를 단순한 부품이 아니라 공간과 경험을 구성하는 핵심적인 인터페이스로 제시하며 차세대 기술이 구현할 미래의 장면들을 입체적으로 그려냈다. '인텔리전트 메타 캠퍼스'에서는 폴더블 기술이 적용된 '모던 플렉스(MONT FLEX™)'와 무편광판 기술인 '리드(LEAD)'가 대학 생활이라는 일상 속에 자연스럽게 스며든 모습을 연출했다. 여기서 디스플레이는 단순한 화면이 아니라 학습과 소통, 이동이 결합된 생활환경의 유기적인 일부로 작동하며, 기술적 성취가 일상의 조건으로 승

삼성디스플레이가 CES 2025에서 공개한 18.1형 IT 폴더블 디스플레이. ⓒ 삼성디스플레이

화되는 과정을 보여줬다.

'모빌리티 라운지'에서는 OLED 기반의 디지털 콕핏을 통해 차량 내부가 어떻게 개인화된 AI 경험 공간으로 변모하는지를 시각화했다. 선명도와 응답 속도, 디자인의 유연함을 통해 이동 환경 자체를 하나의 디지털 거실이나 집무실로 재구성함으로써 자율주행 시대의 새로운 공간 철학을 제시했다.

이러한 혁신은 가상과 현실을 잇는 'AI 에지 비전 스테이션'과 'AI 프러덕티비티 허브'로 이어진다. 확장현실(XR) 기기를 통한 감각적 경험의 확장과 전문가 작업 환경의 생산성을 극대화하는 허브를 통해, 디스플레이가 AI 시대의 라이프스타일을 매개하는 핵심 플랫폼임을 확고히 했다. 디스플레이는 이제 정보를 출력하는 수동

적인 매체를 넘어 사용자의 시각과 가장 가까운 곳에서 새로운 감각적 경험을 만들어내고, 업무와 엔터테인먼트의 경계를 허무는 범용 인터페이스로 진화했다.

결국 보이지 않는 곳에서 정교하게 설계된 이러한 기술적 기반과 파트너십은 공개 전 시장에서 선포된 삼성의 화려한 AI 비전을 실질적으로 떠받치는 단단한 토대가 된다. 반도체가 AI의 두뇌 역할을 수행하고 디스플레이가 그 지능을 인간의 감각으로 전달하는 창구가 됨으로써, 삼성전자의 하드웨어 생태계는 비로소 하나의 완성된 유기체처럼 기능한다.

삼성전자가 여는
AI 시대의 새로운 생존 방정식

CES 2026에서 확인된 삼성전자의 행보는 하드웨어 제조라는 과거의 성공 방정식에서 탈피해 'AI 라이프스타일 플랫폼'이라는 새로운 지평으로 진화하려는 구체적인 시도를 보여준다. 이는 단순히 뛰어난 성능의 기기를 만드는 단계를 넘어 그 기기들이 유기적으로 얽혀 만들어내는 '지능형 공간' 자체를 서비스화하겠다는 전략적 포석으로 보인다.

특히 전시 패러다임의 과감한 전환과 구글 등 외부 파트너와의 개방형 협업은 이러한 변화가 단순한 수사에 그치지 않고, 기업의 체질 개선과 실무적 혁신 차원에서 긴

삼성전자가 CES 2026에서 공개한 2026년형 에어드레서 신제품. © 삼성전자

밀하게 움직이고 있음을 입증하는 실질적인 증거다.

삼성이 제시한 'AI 일상 동반자'라는 비전 역시 개별 기기의 기능을 고도화하는 차원을 넘어, 사용자의 라이프사이클과 맥락을 선제적으로 읽어내고 반응하는 지능형 거주 환경을 구축하겠다는 강력한 의지의 표명으로 풀이된다.

이제 시장의 관심은 화려한 기술적 수치를 넘어 삼성의 AI 솔루션이 실제 일상의 가사 부담을 어느 정도까지 실무적으로 경감시키고 개개인의 생활의 질을 얼마나 윤택하게 높일 것인가라는 본질적인 질문으로 모이고 있다.

삼성전자가 써내려가기 시작한 새로운 50년의 여정은 결국 초정밀 반도체나 초고화질 디스플레이 같은 기술적 우위 그 자체보다는, 그 기술이 인간의 삶 속에 스며들어 만들어내는 사용자 경험의 완성도 등으로 판가름 날 것으로 기대된다.

로보틱스 기업 선언한 현대차

현대차그룹이 CES 2026에서 AI 로보틱스 생태계 전략을 공개했다. ⓒ 현대차그룹

현대차 그룹이 CES 2026에서 그린 AI 로보틱스 현장 단면. ⓒ 현대차그룹

CES 2026 현장에서 드러난 현대자동차그룹의 방향성은 이전보다 훨씬 분명해졌다. 현대차그룹은 더 이상 '자동차를 만드는

회사'라는 산업적 정체성에 자신을 가두지 않는다. 이동 수단을 넘어 작업과 공간, 그리고 인간의 일상 전반을 재구성하는 기술 기업으로의 전환을 공개적으로 선언했고, 그 중심에는 인공지능(AI) 로보틱스가 자리 잡고 있다. CES 2026에서 현대차그룹은 개별 기술의 성능을 나열하기보다 서로 다른 기술들이 어떻게 하나의 생태계로 결합되고 실제 삶 속에서 작동하는지를 보여주는 데 집중했다.

현대차그룹의 CES 2026 주제는 'Partnering Human Progress: AI 로보틱스, 실험실을 넘어 삶으로'다. 이 문구는 단순한 슬로건을 넘어 로봇을 인간의 대체재가 아닌 협업의 주체로 규정하는 전략적 선언에 가깝다. 로봇을 연구실이나 파일럿 프로젝트 단계에 머무르게 하지 않고, 제조 현장과 물류, 나아가 인간의 일상과 업무 공간으로 끌어내리겠다는 의지가 분명히 담겼다. 발표 내용 전반은 인간과 로봇이 어떤 방

보스턴다이내믹스의 로봇 '아틀라스'가 조립의 품질을 검사하고 있다. © 현대차그룹

식으로 역할을 나누고, 어떤 조건에서 협업할 수 있는지를 중심으로 구성했다.

이 전략을 가장 상징적으로 보여준 장면은 로보틱스 자회사 '보스턴다이내믹스'의 차세대 전동식 휴머노이드 로봇 '아틀라스'의 실물 시연이었다. 현대차그룹은 이번 CES에서 아틀라스를 처음으로 공개적으로 시연하며 AI 로보틱스 전략이 개념이나 비전에 그치지 않고 실제 구현 단계에 들어섰음을 강조했다. 전동식 아틀라스는 고정밀 제어와 안정적인 동작, 인간과의 근접 협업을 전제로 설계된 움직임을 통해, 제조·물류 환경에 즉시 투입 가능한 물리적 AI의 모습을 드러냈다. 이는 로봇을 '볼거리'가 아닌 '일하는 존재'로 재정의하려는 현대차그룹의 의도를 명확히 보여주는 장면이었다.

이번 발표에서 주목할 또 하나의 축은 소프트웨어 정의 공장, 이른바 SDF(Software Defined Factory)였다. 현대차그룹은 SDF를 단순한 스마트팩토리 개념으로 설명하지 않았다. 데이터와 소프트웨어로 운영되는 SDF는 로봇을 시험하고 검증하는 공간을 넘어, 로봇이 학습하고 진화하는 플랫폼으로 제시됐다. 제조 전 과정에서 생성되는 방대한 데이터를 기반으로 로봇의 동작과 알고리즘을 지속적으로 개선하고, 그 결과를 다시 현장에 반영하는 구조다. 공장이 더 이상 고정된 생산 설비가 아니라, AI 로보틱스를 고도화하는 실험실이 되는 셈이다.

이 같은 접근은 현대차그룹이 로봇을 '만드는 회사'가 아니라 '운영하는 회사'로 이동하고 있음을 보여준다. 현대차그룹은 AI 로보틱스, 부품, 물류, 소프트웨어를 하나의 밸류체인으로 통합 관리해 로봇의 개발부터 학습, 운영까지 아우르는 종합 솔루션 제공자로 자리매김하겠다는 계획을 분명히 했다. 이는 로봇 산업의 경쟁 축을 하드웨어 성능에서 신뢰성과 운영 경험으로 이동시키려는 시도로 해석된다. 실제 산업 현장에서 축적된 데이터와 운영 노하우가 경쟁력을 좌우하는 구조를 선점하겠다는 전략이다.

CES 2026 본 전시에서도 현대차그룹의 접근 방식은 일관됐다. 전시 공간은 기술 사양을 나열하는 대신 AI 로보틱스가 인간의 일상과 업무 환경을 어떻게 바꾸는지를 체험할 수 있도록 구성했다. AI 로보틱스 연구 환경을 재현한 체험존과 기술 개발의 진화 과정을 따라가는 콘텐츠가 마련됐고, 아틀라스와 스팟, 모베드(MobED)를 활용한 실시간 시연을 매 시간 진행했다. 관람객들은 로봇이 단독으로 움직이는 모습보다, 인간과 함께 일하며 역할을 분담하는 장면을 반복적으로 접했다.

CES 2026은 정의선 현대차그룹 회장이 그동안 강조해온 문제의식이 구체적인 실행 전략으로 드러난 무대이기도 하다. 정 회장은 자동차 산업의 경쟁이 하드웨어 중심에서 소프트웨어와 AI, 로보틱스로 이동하고 있다고 여러 차례 언급해왔다. CES 2026에서 현대차그룹은 그 인식을 AI 로보틱스 생태계, SDF, 인간-로봇 간 협업이라는 구조로 명확히 제시했다. 자동차는 더 이상 판매로 끝나는 제품이 아니라 지속적으로 진화하는 플랫폼이며, 이 플랫폼의 핵심에는 AI와 연산 능력이 자리한다는 메시지가 반복적으로 강조했다.

이 과정에서 고성능 연산 인프라와 반도체의 중요성도 자연스럽게 부각됐다. 업계가 CES 2026 현장에서 젠슨 황 엔비디아 최고경영자(CEO)를 비롯한 AI · 반도체 업계 리더들의 행보에 주목한 이유 역시 여기에 있다. AI 로보틱스와 자율주행, 소프트웨어 정의 공장은 모두 막대한 연산 능력을 전제로 작동하는 산업이다. 현대차그룹이 고성능 그래픽처리장치(GPU) 기반의 AI 전략을 강화하는 데는 단기 협업을 넘어 장기적인 생태계 구축을 염두에 둔 판단이 깔려 있다.

현대모비스가 그리는 미래 부품 로드맵

현대차그룹이 더 이상 '자동차를 만드는 회사'가 아니라는 선언은 핵심 부품사들의 행보를 통해서도 분명하게 전달됐다. 글로벌 완성차 업계에서 전장과 섀시 분야 핵심 공급사로 자리 잡은 현대모비스는 CES 2026에서 기술력을 과시하기 위한 목적보다는 앞으로 어떤 기술로, 어떤 고객과 사업을 이어갈 것인지를 구체화하는 데 초점을 맞췄다.

현대모비스가 CES 2026에서 사전 초청한 글로벌 완성차 고객 대상으로 프라이빗 전시를 운영하기로 한 것도 이러한 의도를 분명히 드러냈다. 불특정 다수에게 기술을 보여주는 방식 대신, 구매와 개발을 동시에 결정할 수 있는 고객들과 깊이 있는 논의를 진행하겠다는 판단이다.

현대모비스의 CES 2026 참가는 미래를 선언하는 이벤트라기보다 이미 진행 중인 사업 논의를 현장에서 구체화하는 과정에 가깝다. '완성차의 그림자에서 벗어나겠다'는 표현보다는, 글로벌 고객의 요구 한복판에서 기술 개발과 수주 전략을 함께 짜고 있다는 점이 현재의 현대모비스를 설명하는 데 더 어울린다.

실제로 CES 2026 현장에서 현대모비스는 화려한 전시 연출 대신, 글로벌 완성차 고객들이 장시간 머물며 기술을 검토하고 협업 가능성을 논의할 수 있는 별도의 프라이빗 전시 공간을 마련했다. CES를 기술 홍보의 장이 아닌, 실질적인 수주와 공동 개발을 논의하는 비즈니스 무대로 활용하겠다는 의도가 분명히 드러나는 대목이다. 북미와 유럽의 주요 완성차 구매 · 기술 총괄 임원들이 직접 발걸음을 옮기기로 한 것도 이 같은 전략의 연장선이다. 현대모비스가 더 이상 '현대차그룹 내부 공급사'가 아니라, 글로벌 완성차들이 기술을 검토하고 선택하는 대상으로 올라섰다는 의미다.

CES 2026에서 현대모비스가 내세운 키워드는 '진화의 층(Layer of Progress)'이다. 개별 부품이나 단일 기술의 성능 경쟁이 아니라, 전장 · 전동화 · 섀시 기술이 어떻게 유기적으로 연결돼 하나의 시스템을 이루는가에 초점을 맞췄다.

이는 현대차그룹이 강조해온 소프트웨어 중심차량(SDV) 전략과 정확히 맞닿아 있다. 차량은 더 이상 독립된 기계가 아니다. 수십 개의 전자제어장치(ECU), 센서, 디스플레이, 구동 시스템이 하나의 운영체제(OS)처럼 작동해야 한다. 이 과정에서 현대모비스는 차량 전체를 관통하는 '통합 설계자' 역할을 맡았다.

현대모비스가 CES 2026에서 전면에 내세운 기술은 콕핏 통합솔루션 'M.VICS 7.0'이다.

운전석은 더 이상 계기판과 버튼을 나열한 조작 공간이 아니다. 자율주행이 고도화될수록 콕핏은 정보를 전달하고 탑승자의 경험을 관리하는 인터페이스의 중심으로 진화하고 있다. M.VICS 7.0은 이러한 변화를 집약한 결과물이다.

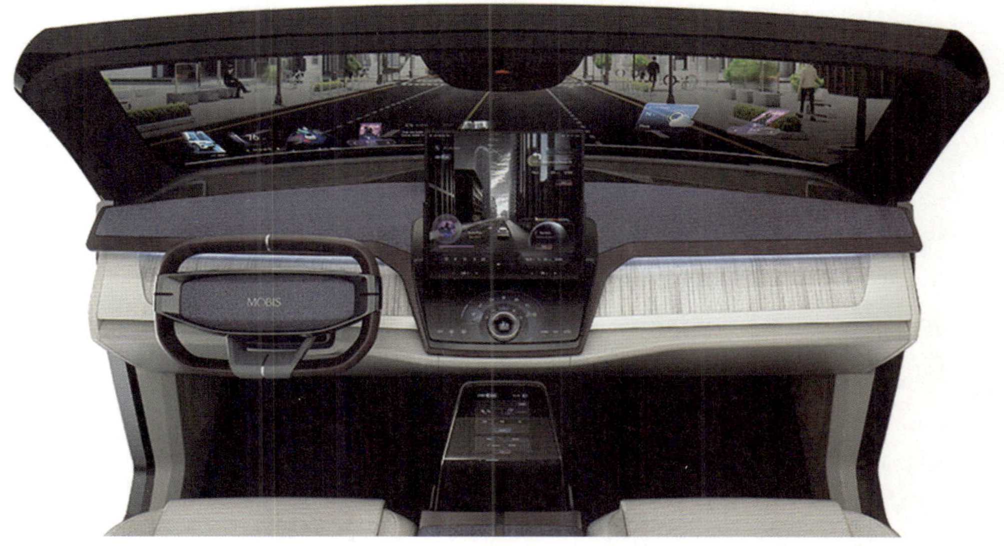

CES 혁신상을 수상한 '홀로그래픽 윈드실드 디스플레이'가 탑재돼 있는 '콕핏 통합솔루션 M.VICS 7.0'. ⓒ 현대모비스

대표 기술인 홀로그래픽 윈드실드 디스플레이(HWD)는 전면 유리 전체를 하나의 초대형 화면처럼 활용한다. 속도, 내비게이션, 주행 보조 정보가 운전자의 시선 위에 자연스럽게 떠오른다. 고개를 돌리거나 시선을 아래로 내릴 필요가 없어 안전성과 직관성을 동시에 확보했다. 동시에 동승석에는 별도의 화면이 제공된다. 운전자에게는 보이지 않도록 설계돼 주행 중에도 동승자는 영상이나 게임 같은 인포테인먼트를 즐길 수 있다. 하나의 유리창 위에서 안전과 엔터테인먼트가 공존하는 구조다. 이 기술은 독일 광학기업 자이스와의 협업을 통해 개발되고 있다. 단순한 화면 투사가 아니라 빛의 왜곡과 시인성, 안전 규제까지 고려한 차량용 광학 설계 역량이 핵심이다. 현대모비스는 2029년 양산을 목표로, 이미 글로벌 고객사들과 공동 개발에 착수한 상태다.

이 기술은 이미 글로벌 무대에서 경쟁력을 인정받았다. HWD는 CES 2026 혁신상을 수상했다. '차량용 디스플레이를 어디까지 확장할 수 있는가'라는 질문에, 현대모비스가 설계 차원의 해답을 제시했다는 평가다.

현대모비스의 또 다른 핵심 무기는 X-by-

Wire 통합 솔루션이다. 이는 조향과 제동을 기존의 기계식 연결이 아닌, 전기 신호로 제어하는 기술이다. 쉽게 말해 핸들과 바퀴 사이의 물리적 연결을 없애고 소프트웨어가 차량의 움직임을 결정하는 구조다. 이 기술의 가장 큰 장점은 자유도다. 조향비를 상황에 따라 바꾸거나, 자율주행 시스템과 완전히 연동하는 것이 가능하다. 특히 목적기반모빌리티(PBV)나 로보택시처럼 운전석 구조가 달라지는 차량에서 필수적인 기술로 꼽힌다. 현대모비스는 여기에 이중 안전 구조를 더했다. 조향 시스템에 문제가 발생하더라도, 제동 시스템이 차량을 안전하게 제어하도록 설계했다. 기계적 연결이 사라진 만큼, 전자제어의 신뢰성을 구조적으로 보완한 셈이다. X-by-Wire는 자동차를 '기계'에서 '소프트웨어 플랫폼'으로 전환하는 상징적인 분기점이다.

현대모비스는 AR-HUD, 저전력 디스플레이 등 차세대 전장 기술도 함께 공개했다. 디스플레이는 커질수록 전력 소모와 발열 문제가 커진다. 이를 해결하기 위한 저전력 설계는 전기차 시대의 필수 요건이다. 전동화 분야에서는 고성능 전기차뿐 아니라 보급형 전기차를 겨냥한 효율 중심 구동 시스템도 소개한다. 이는 글로벌 완성차들이 직면한 현실적인 과제인 '가격과 성능의 균형'에 대한 해답이기도 하다.

현대위아의 차세대 하드웨어 야심

그동안 엔진과 구동계 중심의 기계 부품사로 인식돼온 현대위아는 CES 2026을 통해 글로벌 무대 전면에 나서며, 그룹의 '미래 모빌리티 구상'을 실제 하드웨어로 구현하는 핵심 축임을 분명히 했다.

전동화와 자율주행이 본격화되면서 차량은 더 이상 운전만을 위한 기계가 아니다. 이동 중에도 휴식하고, 일하고, 머무는 생활 공간으로 진화하고 있다. 이 변화의 중심에는 '보이지 않는 기술', 즉 열 관리·구동·차체 제어 같은 기초 부품의 재설계가 자리하고 있다.

현대위아가 집중한 지점도 바로 이 부분이다. 현대위아는 화려한 디스플레이나 AI 서비스가 아니라 공간을 바꾸는 물리적 기술을 전면에 내세웠다. 특히 현대차의 미래차 전략의 정수인 SDV와 PBV 개발에서 부품은 단순히 기능을 구현하기 위한 수단이 아니라 소프트웨어 기술과 결합한 플랫폼으로서의 가능성을 보여주고 있다. 현대위아가 선보인 기술들은 이 흐름을 정확히 관통한다.

전기차 시대에 열 관리는 더 이상 부차적인 기술이 아니다. 내연기관차와 달리 전기차는 활용 가능한 폐열이 부족해 난방 효율이 곧 주행거리로 직결된다. 겨울철 주행거리 급감 문제 역시 열 관리 기술의 한계에서 비롯된다. 현대위아가 공개한 AI

CES 2026에 참가한 현대위아 기술 플랫폼 이미지. © 현대위아

기반 분산배치형 HVAC는 이 문제를 정면으로 겨냥했다. 공조 장치를 대시보드 한 곳에 몰아두는 기존 구조에서 벗어나, 차량 곳곳에 분산 배치하고 AI가 이를 통합 제어하는 방식이다.

차량은 탑승자의 위치와 상태를 인식하고, 필요한 곳에만 에너지를 쓰며 효율화를 꾀한다. 사람이 없는 좌석에는 공조를 최소화하고, 개인별로 체감 온도를 정밀하게 조정한다. 이는 전비 개선을 넘어 차량 내부를 '개인화된 공간'으로 바꾸는 기술이다. 특히 온돌 개념에서 착안한 복사열 난방은 현대위아 특유의 접근법으로 평가받는다. 현대위아의 강한 바람 대신 은은한 열을 전달하는 방식은 이동 중에도 집과 같은 체감 환경을 구현하겠다는 의지를 담고 있다.

자율주행이 고도화될수록 차량의 실내 활용도는 조향 기술과 직결된다. 바퀴가 얼마나 자유롭게 움직일 수 있는지가 곧 실내 설계의 자유도를 결정하기 때문이다.

현대위아가 선보인 듀얼 등속조인트(Dual C.V. Joint)는 이 한계를 허무는 핵심 기술이다. 두 개의 등속조인트를 직렬로 연결해 조향각을 대폭 확대했고, 이는 좁은 도심 환경이나 PBV에서 요구되는 고기동 주행의 기반이 된다. 이 기술은 단순한 주차 편의성을 넘어 향후 크랩 워킹, 제자리 회전, 특수 목적 이동체로까지 확장될 수 있는 잠재력을 갖는다. 즉, 차량의 '형태'를 바꾸는 기술이다.

로보틱스의 이식: 차체 제어의 진화

현대위아의 기술 전략에서 특히 눈에 띄는 부분은 로보틱스 기술과 자동차의 만남이다. 현대차그룹이 축적해온 로봇 기술이 자동차 부품으로 자연스럽게 이식되고 있었다. ARS(Active Roll Stabilizer)에 적용된 직렬-탄성 액추에이터(SEA)가 대표적이다. 로봇 관절에 쓰이던 이 기술은 미세한 힘 조절과 충격 흡수에 강점이 있다. 이를 차량에 적용함으로써 노면 변화에 즉각 대응하고 차체의 불필요한 흔들림을 억제한다. 결과적으로 승차감은 부드러워지고, 자율주행 환경에서도 탑승자의 안정감은 크게 높아진다. 차량이 단순히 '잘 달리는 기계'가 아니라, 사람을 배려하는 움직임을 구현하는 단계로 진입하고 있음을 보여준다.

전동화 시대를 관통하는 키워드는 누가 뭐래도 효율이다. 특히 4륜 구동 전기차는 성능은 뛰어나지만, 불필요한 구동 손실로 전비가 떨어진다. 현대위아의 휠 디스커넥트 시스템(WDS)은 이를 구조적으로 해결한다. 필요 없는 상황에서는 구동축과 바퀴를 완전히 분리해 저항 자체를 없앤다. 이는 소프트웨어 제어와 결합돼 상황에 따라 자동으로 작동한다. 눈에 보이지 않지만 주행거리·소음·진동까지 동시에 개선하는 전동화 시대형 구동 솔루션이다.

현대위아의 변화는 그룹 전략의 축소판이다. CES 2026에서 드러난 현대위아의 모습은 현대차그룹 전체 전략을 압축적으로 보여주는 하이라이트와 같다. 완성차를 중심으로 한 수직적 구조에서 벗어나 부품 하나하나를 지능화하고 이를 연결해 하나의 시스템으로 만드는 전략이다.

현대위아는 이 거대한 변화 속에서 보이지 않는 물밑에서 가장 중요한 역할을 맡고 있다. 보이지 않지만 공간을 바꾸는 기술로 전체 시스템을 움직이는 셈이다. 현대위아는 CES 2026 참가를 통해 '기계 부품사'라는 과거와 결별하고, '미래 모빌리티 솔루션 파트너'로 자리매김하겠다는 선언을 했다. 전동화, 자율주행, 로보틱스가 결합되는 지점에서 현대위아는 더 이상 보조적 존재가 아닌 주인공으로 산업의 주도권을 쥐어나갈 예정이다. 자동차가 생활 공간으로 진화하는 시대를 맞이해 그 공간의 물리적 토대를 설계하는 기업으로 현대위아는 무대 위에 올라서는 중이다.

'자동차 이후'를 준비하는 현대차그룹의 다음 10년

CES 2026에서 드러난 현대차그룹의 변화는 단일 기업의 전략 수정 차원을 넘어 자동차 산업 전체의 좌표 이동을 압축적으로 보여준다. 완성차를 중심으로 형성돼온 기존 가치사슬은 더 이상 충분하지 않다. 차량은 이동 수단을 넘어 데이터 플랫폼이 되고, 로봇은 산업 현장을 넘어 일상 공간으로 스며들며, 자율주행은 개별 기능을 넘어 도시 운영과 서비스의 기반 기술로 확장되고 있다.

이 변화의 중심에는 AI와 연산 능력이 있다. 글로벌 시장조사기관들은 이 흐름을 수치로 확인해주고 있다. 시장에서는 자율주행 및 차량용 AI 시장이 향후 10년간 연평균 두 자릿수 성장세를 이어갈 것으로 보고 있다. 차량 한 대당 탑재되는 반도체와 소프트웨어 가치 역시 빠르게 증가하고 있다. 전통적인 완성차 산업에서 원가 구조의 상당 부분을 차지하던 기계 부품의 비중은 점차 낮아지고, 대신 전장 · 소프트웨어 · AI 연산이 차량 경쟁력을 좌우하는 핵심 요소로 부상하고 있다.

이런 환경 변화 속에서 현대차그룹의 선택은 비교적 일관돼 있다. 자동차 회사에서 출발했지만, 도착지는 AI 기반 모빌리티 솔루션 기업이라는 점이다. 이를 위해 차량과 로봇, 공장과 도시가 하나의 지능형 시스템으로 연결돼야 한다. CES 2026에서 현대차그룹이 특정 신차나 단일 기술보다 전체 구조와 생태계를 강조한 이유도 여기에 있다.

완성차를 담당하는 현대차는 '움직이는 AI 플랫폼'이라는 개념을 통해 모빌리티의 외연을 확장하고 있다. 현대모비스는 전장 · 전동화 · 섀시 기술을 하나의 시스템으로 통합하며, 글로벌 완성차 고객과 기술 개발과 수주 전략을 동시에 논의하는 단계로 진입했다. 현대위아는 전동화와 자율주행 시대에 필수적인 열 관리 · 구동 · 차체 제어 기술을 중심으로, 보이지 않는 영역에서 공간과 경험을 바꾸는 역할을 맡고 있다. 세 회사의 역할은 다르지만 지향점은 하나다. 부품과 기술을 개별적으로 고도화하는 단계를 넘어 이를 유기적으로 결합해 하나의 지능형 모빌리티 시스템을 만드는 것이다.

이 같은 전략의 배경에는 정 회장의 문제의식이 자리하고 있다. 정 회장은 자동차 산업의 경쟁 축이 이미 하드웨어 성능에서 소프트웨어 · AI · 로보틱스로 이동했다고 보고 있다. 더 이상 엔진 출력이나 주행 성능만으로는 차별화가 어렵고, 누가 더 빠르게 데이터를 축적하고 이를 지능으로 전환하느냐가 미래를 가른다는 판단이다.

현대차그룹이 그리고 있는 미래는 단기간에 완성되는 그림이 아니다. 자율주행 역시 한 번에 도달하는 기술이 아니라, 단계적 축적과 반복 검증을 통해 진화하는 영역이다. 로보틱스와 도심 항공 모빌리티, 스마트 팩토리 역시 마찬가지다. 중요한

정의선 현대차그룹 회장. © 현대차그룹

것은 방향의 일관성이다. CES 2026은 현대차그룹이 이 방향성을 내부 전략 차원을 넘어 글로벌 무대에서 명확히 드러낸 자리였다.

자동차가 생활 공간으로 진화하고, 이동이 서비스와 운영의 문제로 확장되는 시대. 현대차그룹은 이 변화의 한가운데서 더 이상 '자동차를 만드는 회사'라는 정의에 스스로를 가두지 않는다. 대신 모빌리티와 로보틱스, AI를 결합한 종합 솔루션 기업으로의 전환을 선택했다. CES 2026은 그 전환이 선언을 넘어 실행 단계로 접어들었음을 보여주는 분기점이었다.

앞으로의 경쟁은 단순히 누가 더 많은 차를 파느냐의 문제가 아니다. 누가 더 많은 데이터를 연결하고, 더 지능적인 시스템을 구축하며, 이를 실제 산업과 도시, 일상으로 확장하느냐의 싸움이다. 현대차그룹은 그 긴 여정의 초입에서, 비교적 분명한 좌표를 찍어나가는 중이다.

AI와 모빌리티로 변신하는 LG

LG전자가 공개한 CES 2026 'LG 월드 프리미어' 초청장.
© LG전자

LG그룹은 2026년 미국 라스베이거스에서 개최된 세계 최대 가전·정보기술(IT) 전시회 'CES 2026'에서 인공지능(AI)을 기반으로 하는 개인화된 고객 경험과 혁신적인 디스플레이 기술을 통해 관련 시장을 선도하기 위한 미래 기술력을 제시했다.

LG전자는 1월 6~9일(현지시간) 나흘간 진행된 CES 2026에서 인공지능(AI) 기술이 대거 적용된 혁신 제품과 서비스를 선보였다. 먼저 CES 2026 개막 하루 전인 1월 5일에는 오전 8시부터 라스베이거스 만달레이베이호텔에서 '당신에게 맞춘 혁신(Innovation in tune with you)'이라는 주제로 글로벌 프레스 콘퍼런스인 'LG 월드 프리미어'를 개최했다.

LG 월드 프리미어는 매년 CES 개막에 앞서 LG전자의 혁신과 비전을 공개하는 행사로, 2026년에는 글로벌 미디어·파트너사 관계자 등 1000여 명을 초청했다. 대표 연사로 무대에 오른 류재철 LG전자 최고경영자(CEO)는 집 안에서부터 모빌리티, 상업용 공간 등 다양한 장소에서 제품과 솔루션이 서로 연결돼 고객의 생활 방식을 중심으로 일상을 조화롭게 조율하는 '공감지능'의 진화된 모습을 소개했다.

류 CEO는 공감 지능을 통해 변화할 고객들의 미래 경험을 보다 구체적으로 그려냈다. 앞서 LG전자는 자사 브랜드 핵심 가치 중 하나인 '인간 중심의 혁신(Human-Centered Innovation)'과 관련해 주로 기술적인 관점에서 논의되던 AI의 지향점을 'AI로 고객을 배려하고 공감하며 보다 차

어떤 공간에서도 최적화된 사운드를 구현하는 신개념 프리미엄 오디오 시스템 'LG 사운드 스위트'. © LG전자

별화된 경험을 제공한다'는 의미의 공감 지능으로 재정의한 바 있다.

LG전자는 CES 2026에서 고객에게 가장 친숙한 공간 중 하나인 집 내부를 시작으로 다양한 일상 속 공간에서 제품과 솔루션이 연결돼 고객의 삶과 조화를 이루는 AI 혁신을 선보였다. 우선 LG전자가 추구하는 'AI 홈'의 궁극적인 목표인 '제로 레이버 홈(Zero Labor Home)'을 구현하기 위한 다양한 솔루션을 소개했다. CES 관람객들은 AI 홈의 허브인 'LG 씽큐 온(LG ThinQ On)'을 비롯해 다양한 LG전자의 AI 기술이 적용된 전시 공간에서 고객별 생활 방식과 행동 패턴을 기반으로 AI가 스스로 고객의 상황을 인식해 능동적으로

대응하는 차세대 AI 가전과 솔루션들을 실제로 체험해보는 시간을 가졌다.

특히 LG전자는 이번 전시회에서 AI를 적용해 제품 본연의 성능을 높이고 사용 편의성을 업그레이드한 'LG 시그니처 라인업'을 공개했다. 해당 라인업을 통해 프리미엄 가전의 새로운 기준을 제시하고 글로벌 시장에서 LG전자의 프리미엄 브랜드 입지를 한층 더 공고히 하기 위한 전략의 일환이다.

글로벌 유기발광다이오드(OLED · 올레드) TV 시장의 리더인 LG전자는 2026년형 올레드 TV 라인업을 필두로 최신 마이크로 RGB 기술을 적용한 프리미엄 액정표시장치(LCD) TV 'LG 마이크로 RGB

LG전자 디스플레이 솔루션 체험존 모습. ⓒLG전자

에보' 등 프리미엄 TV 신제품을 대거 선보였다. 또 최신 돌비 음향 기술을 적용한 사운드바와 무선 서라운드 스피커, 서브우퍼 등 최대 13.1.7 채널로 구성된 신개념 홈 오디오 시스템 'LG 사운드 스위트'를 함께 공개하며 고객들이 한층 더 몰입할 수 있는 시청 경험을 제시했다.

CES 2026 관람객들은 최신 전장 기술에 AI를 적용해 운전석부터 조수석과 뒷좌석까지 차량 내부를 한층 더 안전하고 편리한 탑승자 맞춤형 공간으로 바꿔주는 'AI 기반 차량용 솔루션'을 체험해보는 시간도 가졌다. 투명 올레드가 적용된 전면 유리를 통해 운전자는 주행 중 신호등의 대기 시간을 확인하거나 차선 변경 안내를 받을

수 있다. 아울러 조수석에서는 주행 중 발견한 전광판에서 광고 중인 제품에 대한 정보를 받아 구매를 진행할 수 있는 서비스가 지원된다.

LG전자는 차량의 두뇌 역할을 하는 '차량용 고성능 컴퓨팅 장치(HPC)'에 적용되는 온디바이스 AI 솔루션인 'AI 캐빈 플랫폼'을 완성차 고객사를 대상으로 최초 공개했다. 차량 내외부 카메라를 통해 인식한 주변 환경과 탑승자의 상태 등을 AI가 분석한 뒤 상황에 맞는 가이드와 다양한 맞춤형 콘텐츠를 제공하는 솔루션으로, 운전자를 비롯한 탑승자들에게 새로운 차량 내 경험을 제공하는 데 초점을 맞춘 기술 혁신이다.

LG전자 웹OS 허브 3.0. © LG전자

LG전자가 CES 2026에서 선보인 다양한 제품과 서비스는 CES를 주최하는 미국 소비자기술협회(CTA)로부터 그 혁신성을 인정받고 있다. CES 개막을 앞두고 출품목 가운데 가장 혁신적인 제품과 서비스를 선정해 CES 혁신상을 수여하는 CTA는 LG전자의 TV, 모니터, 로봇청소기 등 하드웨어 영역을 넘어 웹OS(WebOS) 플랫폼과 같은 비하드웨어 분야에서도 최고혁신상 2개를 포함해 총 18개의 CES 혁신상을 수여했다.

특히 LG 올레드 TV와 모니터는 화질, 게이밍, 컴퓨터 하드웨어 등 부문에서 최고혁신상을 포함해 총 5개의 혁신상을 받으

며 '올레드는 LG'라는 공식을 입증했다는 평가를 받았다. LG 올레드 TV는 4년 연속 최고혁신상 수상 기록을 세우기도 했다.

LG전자 플랫폼 기반 서비스 사업의 핵심 사업으로 꼽히는 독자 스마트 TV 플랫폼 웹OS는 지난해에 이어 2년 연속 사이버보안 부문에서 혁신상을 받으며 기술력을 인정받았다. 웹OS는 전 세계 2억6000만대의 TV를 통해 검증된 안정성과 AI 기반의 다양한 고객 맞춤형 서비스가 최대 강점으로 꼽힌다. 이번에는 AI 부문에서도 혁신상을 받으며 2관왕에 올랐다.

로봇청소기 신제품인 '히든 스테이션'은 가전(HA) 부문에서 혁신상을 받으며 차별

화된 기술력을 인정받았다. 히든 스테이션
은 주방에 존재하는 문 뒤와 코너 등 활용
이 어려운 빈 공간(데드 스페이스) 중 하
나인 싱크대 걸레받이 부분에 설치할 수
있어 사용하지 않을 때는 로봇청소기를 외
부에서 보이지 않게 스테이션 안에 보관
가능하다. 또 세계 최초로 청소기 본체와
스테이션 모두에 스팀 기능을 적용해 성능
과 위생 관리를 위한 편의성을 한층 더 끌
어올렸다.

그 밖에도 프리미엄 LCD TV LG 마이크
로 RGB 에보와 이동식 스크린의 대표주
자 'LG 스탠바이미2', 세계 최초로 6K 해
상도와 선더볼트5를 동시 지원하는 전문
가용 모니터 'LG 울트라파인 에보 6K' 등
이 CTA로부터 혁신상을 받았다.

LG전자는 웹OS 플랫폼의 사업 역량을 강
화하기 위해 전 세계 4000개 이상 콘텐츠
파트너와 협업을 이어가고 있다. 동시에
웹OS 플랫폼을 기반으로 한 광고 데이터
분석 기업인 알폰소(alphonso)의 맞춤형
광고 솔루션 확대에도 속도를 내고 있다.
갈수록 치열해지는 광고 시장에서 LG 웹
OS의 사용성 데이터를 활용하고 신규 상
품을 개발해 광고 판매단가를 방어하고 주
요 시장에서 영업력을 강화할 방침이다.

LG 웹OS는 CTA가 선정하는 '2025 CES
혁신상' 사이버보안 부문과 영국 IT 전문
매처 AV포럼(AVForums)의 '베스트 스마
트 시스템상' 등을 잇달아 수상하며 차별
화된 고객 경험을 인정받고 있다.

LG디스플레이가 보여준 OLED 기술력

LG디스플레이는 올레드 글로벌 수요가
역대 최대치가 될 것이라는 전망과 함께
CES 복귀를 선언하며 올해 글로벌 고객
사 확보에 박차를 가했다. 2025년 11월 글
로벌 고객사들에 CES 2026 초청장을 보
낸 LG디스플레이는 CES 2026에서 고객
사 전용 부스를 마련하고 혁신 기술 소개
에 나섰다. CES 2026을 위한 LG디스플
레이의 슬로건은 'AI 시대를 여는 디스플
레이, 모두를 위한 기술(Display for AI,
Technology for All)'로, AI 시대에 최적화
된 디스플레이와 모두를 위한 혁신 기술을
선보인다는 메시지를 담았다.

LG디스플레이의 주요 부스는 미래 모빌
리티 경연장으로 불리는 CES 메인 전시장
인 라스베이거스컨벤션센터(LVCC) 웨스
트홀에 위치한 차량용 디스플레이 전시관
과 CES 메인 전시장 인근 콘래드호텔에
위치한 대형 올레드 고객 전용 전시관에
마련됐다. 각 전시관에서는 LG디스플레이
의 2026년형 대형 올레드 신기술을 포함
해 세계 최초·최고 타이틀을 거머쥔 올레
드 제품들이 중점적으로 소개됐다.

LG디스플레이가 1년 만에 CES 복귀를 결
정한 것은 TV, 모니터, 전장 등 모든 올레

드 패널 수요가 역대 최대를 기록할 것으로 전망되는 만큼 글로벌 무대에서 차별화된 기술력을 선보이고 신규 수요를 선제적으로 확보하기 위한 차원이다. 글로벌 시장 조사 기관 옴디아에 따르면 2026년 올레드 패널 수요는 전년 대비 6% 늘어난 11억625만7000대로 역대 최대를 기록할 것으로 예상된다.

특히 주요 애플리케이션 차량용 올레드 패널 출하량은 520만대로 전년 대비 63% 증가할 것으로 전망된다. 올레드 TV 패널 역시 872만대로 예상돼 코로나19 대유행 당시 특수를 봤던 2022년을 웃도는 출하량을 기록할 것이라는 기대가 커지고 있다. 신흥 시장인 올레드 모니터용 패널은 올해 지속적인 상승세를 이어가며 전년보다 13.9% 많은 양을 출하할 것으로 보인다. 불과 3년 전인 2022년에는 올레드 모니터를 출시하는 세트사가 약 6곳에 그쳤지만 2025년 에는 16곳이 올레드 모니터를 선보였다.

전 세계 160여 개 국가, 4500여 개 기업이 참여한 CES 2026에서 정철동 LG디스플레이 사장은 역대 최대 올레드 수요를 확보하기 위해 직접 현장을 뛰며 고객사들을 만났다. LG디스플레이의 턴어라운드를 이끌어내며 '구원 투수' 역할을 한 정 사장이 장기적인 흑자 흐름을 이어가기 위해 글로벌 톱티어 브랜드들과의 신뢰 쌓기에 나선 것이다.

2022년 말 부임한 정 사장은 품질, 수율 등 기초 체력을 다지는 동시에 차별화된 올레드 기술력을 적극 확보하며 점진적인 실적 개선을 실현해왔다. 2025년 3분기까지 누적 영업손익 3285억원을 달성하며 부임 약 2년 만에 턴어라운드를 확실시했다. 앞서 임직원들을 대상으로 진행한 '최고경영자(CEO) 온 에어'에서 "우리가 영속하기 위해서는 경쟁 우위를 갖고 모방하기 어려운 '우리만의 해자'가 필요하다"며 "시장을 압도하고 수익을 창출하기 위해서는 기술을 키워 '기술 1등 기업'이 돼야 한다"고 강조한 바 있다.

정 사장은 올해 CES 2026에서도 LG디스플레이의 주력 사업 중 하나인 대형 올레드의 고객을 비롯해 오토 부스에서도 글로

LG디스플레이 유기발광다이오드(OLED) 브랜드 로고. © LG디스플레이

벌 주요 완성차 업체들과 만나며 기술 우수성을 설명하고 상호 신뢰를 쌓는 고객 중심 행보를 이어갔다.

정 사장의 진두지휘에 힘입어 LG디스플레이는 신규 론칭한 올레드 기술 브랜드를 CES 2026에서 처음 공개했다. LG디스플레이의 올레드 기술 철학과 차별적 고객 가치를 적극 알리고 기술 선도 기업으로서의 입지를 강화하기 위한 차원으로, 브랜드명에 올레드 기술의 본질인 무한한 가능성과 확장성을 강조하는 의미를 담았다.

LG디스플레이는 올레드 소자의 적층 구조를 통해 장수명·고휘도·저전력 등 내구성과 성능을 높인 올레드 강점을 강조하기 위해 브랜드명을 '탠덤(Tandem)'으로 정했다. 또 대형 올레드 기술(TV·모니터)과 중소형 올레드 기술(차량·태블릿·노트북 등)을 분리해 특장점을 직관적으로 보여줄 수 있도록 각각의 기술 브랜드를 분류했다.

대형 올레드의 브랜드명은 '탠덤 WOLED', 중소형 올레드 브랜드는 '탠덤 OLED'다. 탠덤 WOLED의 경우 업계 최초로 빛의 삼원색인 레드(R), 그린(G), 블루(B) 소자를 각각 독립된 층으로 쌓은 적층 구조를 의미하는 탠덤에 LG디스플레이 올레드 기술의 고유 특성인 화이트(W) 광원을 의미하는 W를 더해 직관적인 브랜드명을 완성했다. 중소형 브랜드인 탠덤 OLED는

대형 유기발광다이오드(OLED) 기술 브랜드 '탠덤 WOLED'.
© LG디스플레이

RGB 소자층을 2개로 쌓은 기술적 특징을 반영했다.

LG디스플레이는 2013년 세계 최초로 대형 제품 양산에 성공한 데 이어 기술 선도 기업으로서 대형 올레드 시장에서의 입지를 더욱 강화해나갈 예정이다. 또 세계 최초로 탠덤 기술을 상용화한 선도 기업으로서 기술 리더십을 더욱 공고히 해 한층 더 선명하고 오래가는 강한 빛과 전력 소모를 최소화한 고효율 디자인을 차별화된 고객 가치로 제시할 계획이다.

이 같은 기술 브랜드는 CES 2026에서 처음 공개됐다. LG디스플레이는 CES 메인 전시장 인근의 콘래드호텔과 모빌리티 기술 전시관인 라스베이거스컨벤션센터(LVCC) 웨스트홀에 각각 대형 올레드 부스와 차량용 부스를 설치하고 고객들을 맞이했다.

LG디스플레이의 올레드 기술 브랜딩은

사업 시작 약 13년 만에 이번이 처음이다. 기술 단위 수준에 머물렀던 명칭들을 탠덤 WOLED와 탠덤 OLED 등 체계적으로 조직화함으로써 고객들에게 일관되고 신뢰도 높은 브랜드 가치를 전달하는 동시에 이를 통해 시장 공략에 박차를 가한다는 전략이다.

LG디스플레이 관계자는 "자사 올레드의 지향점은 뛰어난 화질과 자유로운 폼팩터를 통해 사람과 디바이스 간 소통을 더 자연스럽고 깊이 있게 만드는 것"이라며 "이번 기술 브랜드 체계 수립을 계기로 LG디스플레이 올레드만의 차별화된 고객 가치와 독보적 경쟁력을 널리 알리고 글로벌 시장의 브랜드 신뢰도를 높여나갈 것"이라고 전했다.

LG디스플레이는 CTA로부터 'CES 혁신상'을 받으며 2관왕을 달성했다. 세계 최초로 개발에 성공한 '차량용 듀얼뷰 올레드'와 '차량용 UDC-IR 올레드' 제품이 CES 2026 혁신상을 받았다. 이들 제품은 공간 활용도 극대화, 뛰어난 화질, 안전·신뢰·내구성 충족 등을 앞세워 '차량 엔터테인먼트' 분야에서 차별화된 고객 가치를 창출한 점 등을 인정받았다.

차량용 듀얼뷰 올레드는 하나의 디스플레이로 운전자가 내비게이션을 보는 동시에 조수석 동승자는 영화나 온라인동영상서비스(OTT)를 시청할 수 있는 세계 최초 차량용 올레드 솔루션이다. 뒷좌석 중앙에 설치하면 양쪽 탑승자 2명이 각각 서로 다른 영상을 볼 수 있고, 좁은 차량 내 공간 활용도를 극대화한 만큼 보다 자유로운 차량 실내 디자인을 구현할 수 있다.

아울러 탠덤 올레드 소자 구조가 적용돼 차량용 듀얼뷰 올레드는 뛰어난 화질을 지원한다. 영하 40도에서부터 영상 85도 등 극한 환경에서도 정상 작동될 만큼 높은 내구성을 갖췄으며 운전자가 내비게이션 화면을 터치하면서 조작해도 동승자의 화면에는 영향을 미치지 않아 탑승자 개별 맞춤형 인포테인먼트 구현이 가능하다.

차량용 UDC-IR 올레드는 LG이노텍과 협업한 제품으로 카메라가 보이지 않도록 디스플레이 안에 숨겨 세계 최초로 진정한 '풀 스크린'을 구현했다는 평가를 받았다. 최근 글로벌 차량용 디스플레이 시장 추세에 따르면 안전 운전을 위해 운전자를 모니터링하는 '운전자 모니터링용 카메라'

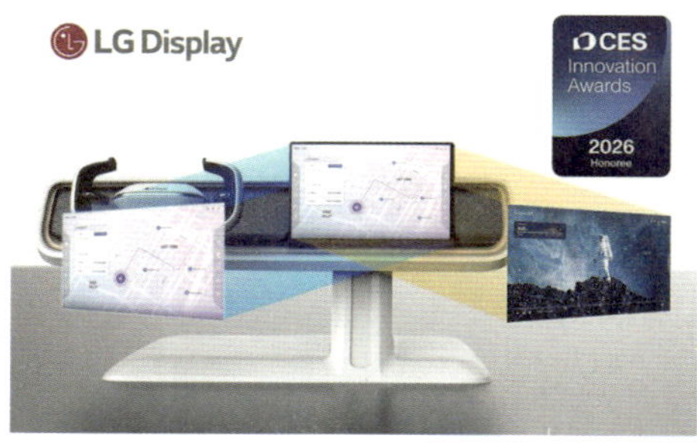

자동차 디스플레이 CES 2026 혁신상 수상. © LG디스플레이

세계 최초 240헤르츠(Hz) RGB 스트라이프 구조가 적용된 유기발광다이오드(OLED) 패널. © LG디스플레이

탑저가 법제화될 전망이다. LG디스플레이는 운전자 모니터링을 위한 카메라를 탑재하면서도 디스플레이의 기능과 심미성을 극대화해 글로벌 시장 변화에 선제적으로 대응해 나간다는 전략을 밝혔다.

LG디스플레이는 CES에 모빌리티 기술 전시관이 마련된 이후 전시에 참가할 때마다 혁신상을 받으며 관련 기술력을 입증해오고 있다. CES 2023에서는 패널에 부착할 수 있는 필름 형태의 스피커인 '차량용 사운드 솔루션'으로, CES 2024에서는 단일 패널로는 세계 최대 크기의 차량용 디스플레이인 '57인치 필러 투 필러 LCD'로 혁신상을 수상했다.

LG이노텍 미래 모빌리티 강자

CES 2026에 참가한 LG이노텍은 자율주행과 전기자동차 등 미래 모빌리티 관련 혁신 솔루션을 대거 선보이며 시장 확대에 나섰다. LG이노텍은 미국 라스베이거스컨벤션센터(LVCC) 웨스트홀 초입에 '미래 모빌리티' 단독 테마로 전시 부스를 마련하고 관련 제품 35종을 소개했다. LG이노텍은 이번 전시에서 부품 단위를 넘어 '고객 맞춤형 미래 모빌리티 솔루션' 기업으로 도약하기 위해 하드웨어는 물론 AI 등이 접목된 소프트웨어를 포함한 솔루션 형태로 전시 제품들을 선보였다.

특히 인공지능정의차량(ADV) 시대가 본격적으로 도래한 만큼 글로벌 완성차 기업들이 부품(하드웨어)과 연동된 소프트웨어가 결합된 '턴키(Turn Key)' 형태 솔루션을 선호한다는 점이 적극 반영됐다. LG이노텍은 부품 단위의 전시 제품을 나열하는 기존 방식 대신 자율주행차와 전기차 등 미래 모빌리티를 대표하는 2개의 테마를 앞세워 각 모크업(Mockup)에 핵심 융복합 솔루션을 탑재하는 방식을 새롭게 활용했다.

자율주행 콘셉트카 모크업에는 센싱·조명·통신 등 차량 내외부를 아우르는 자율주행(AD)과 첨단운전자보조시스템(ADAS)용 부품 20종이 탑재됐다. 이들 제품을 통해 미래 모빌리티 시대를 정의하는 새로운 패러다임으로 부상한 ADV 관련 핵심 경쟁력이 소개됐다. 특히 이번 모크

LG이노텍이 공개한 CES 2026 초청장. © LG이노텍

CES 2026 혁신상을 받은 초슬림 픽셀 라이팅 모듈.
© LG이노텍

업의 하이라이트는 완성차 고객의 숨은 니즈를 적극 반영해 개발한 차량 내부용 인-캐빈(In-Cabin) 센싱 솔루션 제품군으로, 신제품 '언더 디스플레이 카메라 모듈'이 처음 공개됐다.

이와 함께 LG이노텍은 안전한 자율주행을 위한 외부용 센싱 제품을 선보였다. LG이노텍이 자체 개발한 AX(AI 전환) 기반 소프트웨어를 통해 렌즈 세정 기능을 한층 고도화한 '액티브 클리닝 카메라 모듈'과 '주파수 변조 연속파(FMCW) 라이다(LiDAR)', 레이더(Radar) 등이 대표적으로 소개되며 관람객들에게 좋은 반응을 얻었다. 이 밖에 모크업 전후방에 장착된, CES 2026 혁신상을 수상한 차량용 '초슬림 픽셀 라이팅 모듈' 등도 각광받았다.

전기차 모크업에는 '무선배터리관리시스템(BMS)' '배터리정션박스(BJB)'와 BMS 기능을 하나로 결합한 '배터리-링크(B-Link)' 등 LG이노텍이 보유한 핵심 파워·모터 제품 15종이 전시됐다.

한편 LG이노텍이 새롭게 개발하고 이번 CES 2026에서 처음 선보인 차량용 '초슬림 픽셀 라이팅 모듈'은 CES 2026 혁신상을 수상했다. LG이노텍은 2년 연속 차량 라이팅 솔루션으로 CES 혁신상을 받는 쾌거를 거두며 세계 최고 수준의 차량 조명 기술력을 다시 한번 입증했다. 해당 모듈은 두께·크기·무게 모두 획기적으로 줄인 것이 특징으로, LG이노텍은 업계 최초로 플라스틱 대신 흰색 실리콘 소재를 사용한 반사용 광학 부품을 독자 개발했다.

SK하이닉스
메모리 벽을 허물다

CES 2025에서 SK그룹이 마련한 CES 전시 부스. ⓒSK

실용주의로 선회한 SK, '양적 팽창' 대신 '질적 응축'

CES 2026 무대에서 SK그룹이 던진 메시지는 그 어느 때보다 날카롭고 명확했다. 과거 광범위한 계열사를 동원해 대규모 전시콘을 꾸렸던 양적 공세에서 벗어나, 이번어 SK는 인공지능(AI)과 반도체라는 핵심 자산에 화력을 집중하는 '선택과 집중'

의 미학을 선보였다.

전시 규모는 축소됐으나 메시지의 밀도는 오히려 높아졌다. AI 혁신의 무게중심이 연산장치를 넘어 메모리 반도체로 완전히 이동했음을 선언한 것이다.

이번 전시에서 SK는 '혁신적 AI, 지속가능한 내일(Innovative AI, Sustainable Tomorrow)'이라는 비전하에 SK하이닉스 등 AI 벨류체인의 핵심 축을 중심으로 부스를 재편했다. 이는 최태원 SK그룹 회장이 강조해온 '내실 경영'과 'AI 생태계 선점'이라는 두 마리 토끼를 잡기 위한 전략적 행보로 풀이된다. 현장에서 목격된 SK 부스는 화려한 볼거리 대신, AI 데이터센터의 병목 현상을 해결할 구체적인 하드웨어와 솔루션의 결합을 증명하는 실무적인 공간으로 탈바꿈했다.

SK하이닉스 HBM4. © 연합뉴스

'솔루션 크리에이터' SK하이닉스, 메모리 벽을 허물다

이 응축된 담론의 중심에는 단연 SK하이닉스가 자리하고 있다. SK하이닉스는 앞선 CES에서 선포했던 '풀스택 AI 메모리 프로바이더(Full Stack AI Memory Provider)'로서의 정체성을 이번 무대에서 실물 경제 영역으로 확실히 끌어올렸다. 과거 메모리 반도체가 중앙처리장치(CPU)나 그래픽 처리장치(GPU)의 연산을 뒷받침하는 소모성 부품에 불과했다면, 이제는 메모리가 시스템 전체의 성능과 효율을 결정짓는 'AI 인프라스트럭처의 핵심 엔진'으로 격상됐음을 입증한 것이다.

현재 AI 산업은 프로세서의 연산 속도를 메모리 전송 속도가 따라가지 못해 병목 현상이 발생하는 이른바 '메모리 벽(Memory Wall)' 현상에 직면해 있다.

이는 거대언어모델(LLM)의 고도화와 데이터 처리량의 기하급수적 증가로 인해 AI 성능 향상의 최대 장애물로 부상했다. SK하이닉스는 이번 전시에서 6세대 고대역폭 메모리인 HBM4를 필두로 한 차세대 라인업을 통해 이 한계를 정면 돌파하는 기술적 실체를 공개했다. 특히 HBM4는 단순히 적층 단수를 높이는 것을 넘어, 베이스 다이(Base Die)에 로직 공정을 도입해 연산 효율을 극대화하는 파격적인 변화를 보여줬다.

이러한 기술적 도약은 단순한 부품 공급업체를 넘어, 파트너의 페인 포인트(Pain Point)를 선제적으로 해결하는 '솔루션 크리에이터(Solution Creator)'로의 완전한 진화를 의미한다. SK하이닉스가 선보인 '커스텀(Custom) HBM'은 고객사별로 최적화된 설계를 제공함으로써, 메모리를 시스템 설계의 종속 변수가 아닌 독립 변수로 격상시켰다. 이는 메모리 반도체 산업의 패러다임을 '규격화된 제품의 양산'에서 '고부가가치 맞춤형 솔루션'으로 완전히 뒤바꾼 전략적 승부수다.

전시 운영의 변화 역시 이러한 전략적 선택을 뒷받침한다. 일반 관람객을 위한 화려한 볼거리 위주의 대형 부스를 축소한 대신, 글로벌 빅테크들과의 실무 미팅을 위한 프라이빗 공간을 확충한 점이 눈길을

끈다. 이는 SK가 이제 대중적인 홍보 효과보다 실질적인 수주형 비즈니스와 기술 표준 주도에 사활을 걸고 있음을 보여주는 대목이다.

현장에서 만난 관계자들에 따르면, 글로벌 GPU 제조사 및 클라우드 서비스 사업자(CSP)들과의 밀도 높은 기술 협의가 전시장 뒤편에서 쉼 없이 이어졌다. 결국 이번 CES는 SK하이닉스가 메모리 시장의 공급자 우위 시대를 주도하며, 글로벌 AI 연합체(AI Alliance)의 설계자이자 신뢰받는 핵심 파트너로서 그 지위를 공고히 하는 상징적인 무대가 됐다.

차세대 HBM과 저전력 혁신:
AI 데이터센터의 생존 전략

CES 2026에서 확인된 SK하이닉스의 기술 로드맵은 속도만큼이나 '에너지 효율'에 방점이 찍혀 있었다. AI 데이터센터의 폭발적인 성장이 전력 소모와 발열이라는 경제적·환경적 임계점에 도달함에 따라, SK는 고성능과 저전력을 동시에 실현하는 기술력을 전면에 내세웠다.

특히 HBM4로 이어지는 메모리 혁신은 단순히 적층 단수를 높이는 경쟁을 넘어, 로직 공정과의 결합을 통해 데이터센터의 총소유비용(TCO)을 획기적으로 낮추는 방향으로 전개되고 있다. 저전력 기술의 혁신은 온디바이스(On-device) AI 영역으로 도 확장되어, 클라우드와 에지 기기를 잇는 통합 AI 인프라의 핵심 동력을 입증했다. 결국 메모리는 이제 보조 장치가 아니라, AI 인프라의 생존과 지속 가능성을 결정짓는 전략 자산으로 격상됐다.

리밸런싱의 결과물:
협력을 통한 기술 한계의 극복

이번 CES 2026 현장에서 목격된 SK의 가장 상징적인 변화는 과거의 '백화점식 나열'에서 탈피한 '개방형 협력 생태계'의 구체화다. SK그룹은 예년과 달리 계열사 전시 규모를 과감히 축소하는 결단을 내렸으나, 이는 후퇴가 아닌 전열 재정비를 의미했다. 전시 면적을 줄인 대신 그 공간을 세계 파트너들과의 공동 프로젝트 결과물로 채움으로써, 독자 생존이 아닌 '연합 전선'을 통한 시장 지배력 강화라는 실질적 전략을 과시한 것이다.

이러한 변화의 기저에는 그룹 전반에 걸쳐 진행된 고강도 '리밸런싱(Rebalancing)'이 자리하고 있다. 비핵심 사업을 과감히 정리하고 효율성을 극대화한 결과, SK는 자신들이 가장 잘하는 분야인 '반도체·통신·에너지'라는 삼각 편대의 결합에 모든 역량을 집중할 수 있게 됐다. 이번 전시에서 공개된 통합 솔루션은 단순히 계열사 간의 협업을 넘어, SK하이닉스의 하드웨어 경쟁력과 SK 주요 계열사의 AI 서비스

최태원 SK그룹 회장이 CES 2025에 참석해 자사 부스를 둘러보고 있다. ⓒ SK

운영 노하우가 글로벌 빅테크들의 소프트웨어 체계와 어떻게 유기적으로 맞물리는지를 가감 없이 보여줬다.

특히 주목할 점은 SK가 스스로를 '부품 공급자'의 위치에 가두지 않고, 글로벌 AI 인프라의 '통합 설계자(Architect)'로 정의하기 시작했다는 사실이다. AI 산업의 폭발적 성장은 개별 기업의 기술력만으로는 감당하기 어려운 전력 수모와 발열, 인프라 구축비용 등의 난제를 동반한다. SK는 이번 무대에서 글로벌 스타트업부터 실리콘밸리의 빅테크에 이르기까지 폭넓은 파트너십을 공개하며, 이러한 거시적 난제들을 생태계 차원에서 어떻게 분담하고 해결할 수 있는지를 제시했다. 기술적 한계를 개별 기업의 과제가 아닌 생태계 공동의 기회로 치환한 SK의 전략은, AI 시대에 기업이 추구해야 할 새로운 '상생 모델'의 정석을 보여줬다는 평가가 나온다.

AI 에너지 혁명을 이끄는
두산

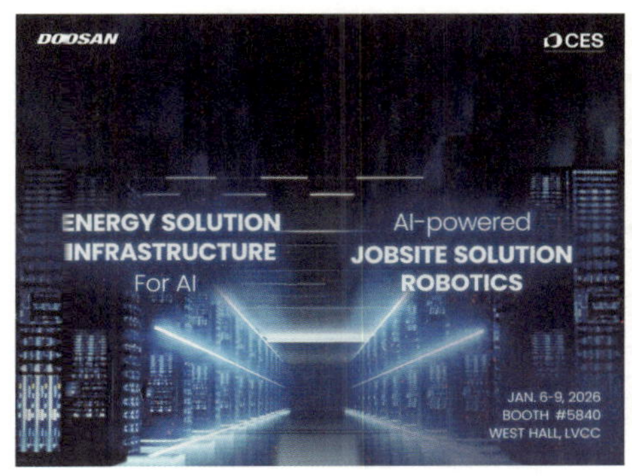

두산그룹은 2026년 1월 6일 개막한 CES 2026에서 AI 인프라와 AI 통합 자율 작업 현장 혁신에 필수적인 에너지 솔루션을 공개했다. ⓒ 두산그룹

두산그룹은 CES 2026에서 인공지능(AI) 시대를 이끌 청정에너지 기술을 비롯해 작업 현장 자동화 솔루션, 지능형 로봇 등 최신 기술을 전시하며 그룹사들의 기술력을 선보였다. 전시장은 라스베이거스컨벤션센터(LVCC) 웨스트홀 5840 부스에 갖췄다.

먼저 2025년 하반기에 미국 빅테크와 두 건의 가스터빈 공급계약을 체결하며 글로벌 에너지 시장 내 입지를 강화한 바 있는 두산에너빌리티는 AI 시대의 요구에 맞춘 에너지 솔루션을 강조했다. 특히 AI 데이터센터의 전력 수요를 충족할 수 있는 가스터빈과 소형모듈원전(SMR) 분야 최신 기술 개발 현황을 소개했다.

가스터빈은 액화천연가스(LNG) 등을 연소해 고온·고압의 가스를 만들고, 이 에너지로 터빈을 돌려 전기를 생산하는 장치다. '복합화력 발전의 심장'으로 불릴 만큼 발전 효율과 계통 안정성에 직접적인 영향을 준다. 두산에너빌리티는 대형 발전용 가스터빈 분야에서 로터·블레이드·연소기 등 핵심 부품을 제작하고 고온부 소재·가공과 정비(MRO) 역량을 강화해 국내 공급 기반을 넓혀왔다.

가스터빈은 1600도 이상 고온 환경에서 작동하기 때문에, 내열합금·코팅·정밀 주조 및 가공 기술이 성능과 수명을 좌우한다. 또한 발전소 운영 관점에선 계획 예방 정비와 부품 교체 주기, 긴급 정비 대응

두산에너빌리티가 2025년 미국 빅테크 기업에 수출한 발전용량 380MW급 가스터빈 제품. © 두산에너빌리티

속도가 가동률과 직결된다. 두산에너빌리티는 발전 설비 제작 경험을 바탕으로 정비·서비스 사업도 함께 확장하며 장기 운영 수요를 겨냥하고 있다.

두산에너빌리티는 지속해서 가스터빈 기술 고도화를 추진하고 있다. 최근 전력 시장에서 재생에너지 비중이 늘면서 출력 변동에 민첩하게 대응하는 유연 운전의 중요성이 커지고 있기 때문이다. 유연 운전은 전력 계통의 수요와 공급 상황에 따라 발전소의 출력을 조정하는 방식을 말한다.

SMR은 두산에너빌리티의 차세대 에너지 사업 분야 중 핵심 영역으로 평가받는다. SMR은 출력 규모를 줄여 모듈 형태로 제작·운송·설치가 가능하도록 설계한 원자로를 말한다. 대형 원전 대비 공기(工期)

단축, 초기 투자 부담 완화, 단계적 증설 같은 장점이 강조되며, 안전계통을 단순화하거나 피동안전 개념을 적용하는 설계가 많다.

두산에너빌리티는 원전 주기기 제작 경험(대형 단조, 용접, 품질보증 체계 등)을 기반으로 SMR 시장에서 원자로용기(RPV), 증기발생기, 원자로 내부 구조물, 펌프·열교환기 등 핵심 기기 제작과 공급망 역할을 수행하고 있다. SMR은 '설계 표준화→공장 제작→현장 모듈 조립'이 경쟁력의 핵심이어서, 대형 기기 제작뿐 아니라 모듈화 생산·검사 체계, 원자력 품질 인증, 공급망 안정성이 중요하다.

두산에너빌리티는 이러한 제조·품질 역량을 무기로 글로벌 SMR 개발사와 설계·조달·시공(EPC) 업체 등과의 협력 기회를 넓히고 있다. 또 SMR 전용 공장 신축과 기존 공장 최적화, 혁신제조 시설 구축 등에 8068억원을 투자하는 등 생산 역량 강화도 추진하고 있다. 투자가 마무리되면 두산에너빌리티는 연간 20기 수준의 SMR 제작 가능 시설을 구축한다. 현재는 창원 공장의 대형 원전 생산라인 5개 중 1개를 활용해 연간 SMR 12대 분량의 생산 역량을 확보했다.

연료전지 사업을 담당하는 두산퓨얼셀은 무탄소 발전 기술을 비롯해 AI 데이터센터와 분산 전원에 활용할 수 있는 모듈형 솔루션을 선보였다. 천연가스 기반 연료전지는 발전 단계에서 미세먼지나 황산화물(SOx) 배출이 거의 없고, 향후 그린수소를 연료로 쓰면 발전 시 이산화탄소를 배출하지 않는 무탄소 전력 생산이 가능하다. 또한 분산형 전원으로 도심·산단에 설치해 전력 손실을 줄이고, 열을 함께 활용하는 열병합으로 효율을 높일 수 있다.

또 두산퓨얼셀은 이번 전시에서 전기와 열을 생산할 수 있는 인산형연료전지(PAFC) 주력 제품과 함께 확장성이 뛰어난 파워 블록과 트레일러 장착형 애플리케이션을 선보였다. 회사는 세계 최대 규모의 수소 연료전지 발전소 운영 성과를 비롯해 미국 최초의 복층형 연료전지 설치 사례 등도 함께 소개했다.

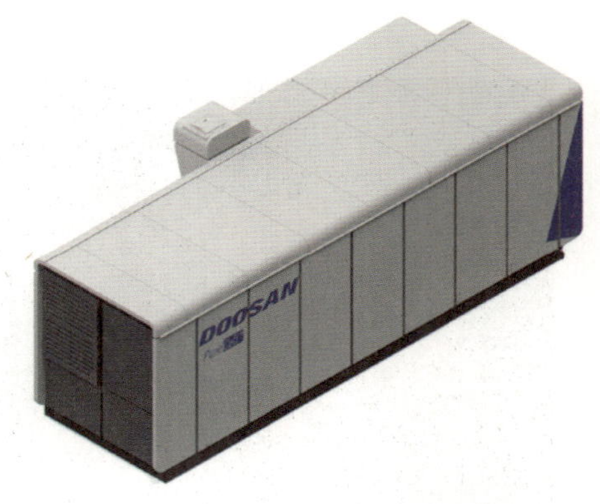

두산퓨얼셀이 판매하는 인산형연료전지(PAFC) 모델 중 하나인 'M400 NG' 제품. ⓒ 두산퓨얼셀

두산밥캣 건설업계 AI 도입 주도

두산밥캣은 AI를 활용해 초보 작업자가 장비를 쉽게 다루고, 숙련자는 생산성을 높일 수 있는 솔루션을 선보였다. CES 개막 하루 전인 1월 5일 만달레이베이 컨벤션센터에서 '미디어데이' 행사를 열고 미래 건설 현장 비전에 대해 발표했다.

이번 전시에서 두산밥캣은 건설 업계가 직면한 주요 과제에 대한 해답을 제시했다. 숙련 인력의 세대 교체와 장비 가동 중단으로 인한 효율 저하, 복잡해지는 작업 현장에 대한 대응력 강화 등이 대표적이다.

특히 미국 건설 산업에서 2031년까지 전체 인력의 약 40%가 은퇴할 것으로 전망되는 상황에서 작업자 누구나 손쉽게 장비를 조작할 수 있도록 지원하는 AI 기능을 선보였다. 이 기술은 초보 작업자에게는 실시간으로 조작법을 안내하면서 작업을 보조하고, 숙련자에게는 정밀도와 생산성 향상을 돕는 기능을 제공한다.

두산밥캣은 AI가 장비 데이터를 실시간으로 분석해 문제의 원인을 빠르게 진단하고, 과거 정비 이력과 기술 지원 정보를 바탕으로 최적의 해결책을 제시하는 AI 정비 지원 솔루션도 공개했다. 이 솔루션을 바탕으로 정비 시간 단축은 물론 장비 가동률 극대화 등의 효과를 얻을 수 있다는 설명이다.

복잡한 작업 현장에서 안전성을 높이는 기술도 선보였다. 두산밥캣은 레이더 기반

두산밥캣의 대표 제품 '스키드 스티어로더'. 건설 현장이나 농가에서 많이 사용하는 범용성이 큰 소형 건설장비로 두산밥캣이 세계 최초로 발명했다. ⓒ 두산밥캣

위험 인식 기술을 도입해 작업 중 주변의 위험 요소를 실시간으로 감지하고 충돌 경고와 개입을 통해 작업자의 안전을 한층 강화했다.

이 밖에 주요 작업 정보를 시야에 직접 표시하는 차세대 조작 디스플레이와 미래 지향적 콘셉트 제품, 적층형 배터리팩 등 다양한 혁신 기술을 공개했다. 적층형 배터리팩은 배터리 셀들을 쌓아 올리듯이 팩에 직접 조립해 공간 효율성과 에너지 밀도를 높인 배터리 시스템을 의미한다.

두산밥캣은 차세대 배터리팩 기술 개발을 위해 2025년 8월 연구소 '이포스 랩(eFORCE LAB)'을 공식 출범하고 전동화 건설장비용 표준화 배터리팩 개발 가속화에 나선 바 있다. eFORCE LAB은 전동화(electrification), 에너지(energy), 친환경(eco-friendly)의 앞 글자에 힘을 뜻하는

'Force'를 결합한 이름이다. '전동화 장비를 위한 최첨단의 친환경 에너지 기술을 개발하는 연구소'라는 의미를 담았다.

두산밥캣의 혁신 역량은 꾸준한 연구개발(R&D) 활동에서 비롯한다는 평가를 받는다. 두산밥캣이 영위하고 있는 건설기계와 농업·조경용 소형 장비, 산업차량 산업은 기계 산업 전반에 걸쳐 다양한 기술이 요구되는 첨단산업이다. 두산밥캣은 신제품 개발과 제품 개선, 기존 제품의 활용도 추가 발굴, 환경 규제 대응, 정보기술(IT) 응용, 안전성 향상, 연료 저감, 특정 수요에 대한 전략적 기술 등을 중심으로 R&D를 진행하고 있다.

두산밥캣의 R&D 인프라는 '북미-유럽-글로벌 디지털·협업 거점'으로 짜여 있다. 북미는 노스다코타를 중심으로 기업 본사 기능과 함께 전용 혁신 공간, 생산·엔지니어링 시설, 그리고 전 세계 제품 개발을 지원하는 연구·시험(테스트) 시설을 갖췄다. 또 신기술 개발을 '가속'하기 위한 복합 연구시설인 '액셀러레이션 센터(Acceleration Center)'는 아이디어 도출과 시제품 제작, 컴퓨터 시뮬레이션 테스트를 한 번에 수행할 수 있다.

유럽 권역에서는 체코 도브르지시의 '이노베이션 센터(Innovation Center)'가 R&D 허브 역할을 맡고 있다. 이곳은 제조·소싱·트레이닝 기능이 한 사이트에 통합된 형태로 운영되고 있으며 디지털 전환 관점에서는 미국 웨스트파고(West Fargo)의 '디지털 이노베이션 센터(Digital Innovation Center)'와 미니애폴리스의 '글로벌 컬래버레이션 센터(Global Collaboration Center)' 등의 협업·디지털 거점을 확보하고 있다.

이러한 인프라는 소형 건설장비 특성상 필요한 혹한·험지 운용과 반복 하중 조건에서의 내구·신뢰성 시험과 작업장치·유압·동력계 통합 검증, 전동화·자동화 같은 신기술 적용을 현장 테스트까지 포함해 빠르게 수행하는 데 초점을 맞추고 있다.

두산로보틱스는 올해 CES에서 AI 부문 최고혁신상과 로봇공학 부문 혁신상을 동시에 수상한 로봇 솔루션 '스캔앤고(Scan&Go)'를 전시했다. CES 혁신상은 미국 소비자기술협회(CTA)가 CES 개막을 앞두고 기술력과 혁신성이 뛰어난 제품에 수여한다. 그중 최고혁신상은 부문별 가장 뛰어난 혁신을 보여준 기업 1~2곳만 받을 수 있다.

'스캔앤고'는 로봇 팔과 자율이동로봇(AMR)이 결합된 플랫폼에 물리정보 기반(Physics-informed) AI와 첨단 3D 비전을 적용해 다양한 작업을 스스로 수행할 수 있다. 물리정보 기반 AI는 데이터와 물리 법칙을 결합한 AI다. 로봇의 물리적 특성(관절, 토크센서, 마찰 등)을 직접 학습 과

CES 2026 혁신상에서 AI 부문 최고혁신상과 로봇공학 부문 혁신상을 수상한 '스캔앤고'는 로봇 팔과 자율이동로봇(AMR)이 결합된 플랫폼에 물리정보 기반 AI와 첨단 3D 비전을 적용해 다양한 작업을 스스로 수행할 수 있는 제품이다. ⓒ 두산로보틱스

정에 반영해 신뢰성과 효율성을 높일 수 있다.

'스캔앤고'는 터빈 블레이드와 항공기 동체, 건물 외벽 등 대형 복합 구조물의 표면을 스캔해 최적의 작업 경로를 생성한 후 검사, 샌딩, 그라인딩 같은 작업을 수행할 수 있도록 활용성을 높였다. CES 2026 현장에서는 그래픽처리장치(GPU) 가속 기반의 실시간 장애물 회피와 경로 생성 기술이 적용된 AI 디팰리타이징(Depalletizing · 상품 분류) 솔루션도 시연했다.

'플러그&플레이(Plug&Play)' 방식으로 운영되는 '스캔앤고'의 솔루션은 복잡한 작업을 위해 별도 설계 도면을 제작할 필요가 없어 작업 시간을 절약할 수 있을 뿐만 아니라 0.1mm 수준의 작업 정밀도를 갖췄다. 로봇 팔 6개의 축에 장착된 토크센서는 작업 표면이 다르더라도 실시간 힘 조절이 가능해 업계 최고 수준의 안전성(PLe, Cat4)을 확보했다.

두산로보틱스는 과거 CES에서도 다수의

혁신상을 받았다. 두산로보틱스는 'CES 2024' 당시 인공지능 부문에서 재활용품 분류 솔루션 '오스카 더 소터(Oscar the Sorter)'를 선보이며 혁신상을 받았다. '오스카 더 소터'는 코딩 없이 협동로봇을 손쉽게 제어하는 소프트웨어 플랫폼 '다트 스위트(Dart Suite)'를 기반으로 AI 머신러닝 기술까지 적용했다.

'오스카 더 소터'는 종이컵과 플라스틱 용기, 캔 등을 분류하고 내용물을 제거한 뒤 지정된 휴지통으로 옮긴다. 보통 이런 작업에는 비전(Vision) 인식 기술이 활용되는데 당시에는 비전 센서와 관련한 구성품 가격이 로봇 가격에 육박할 만큼 비싸 현장에 적용하기 어려웠다. 두산로보틱스는 이에 비전 인식 기술 없이 협동로봇 손에 해당하는 '그리퍼(Gripper)'로 물체를 집을 수 있도록 했다.

2022년에는 로봇 공학이나 촬영 관련 경험이 없더라도 누구나 전문가 수준의 콘텐츠를 제작할 수 있는 '카메라 로봇'을 개발해 혁신상에 선정되는 등 참가 기업들의 이목을 모았다. 두산로보틱스는 당시 기존 산업용 로봇을 활용한 카메라 시스템과는 달리 콤팩트한 사이즈에 사람과 함께 작업할 수 있는 안전 기능을 갖춰 호평을 받았다.

마지막으로 (주)두산 전자BG(비즈니스그룹)는 AI 데이터센터의 AI 가속기에 적용되는 하이엔드 동박적층판(CCL)을 전시했다. CCL은 다층 인쇄회로기판(PCB)의 핵심 소재로 신호 무결성과 성능 안정성을 보장하는 역할을 맡는다. (주)두산은 뛰어난 절연 성능과 높은 신뢰성을 갖춘 CCL을 통해 차세대 컴퓨팅에 필수인 초고속 신호 전송을 지원하고 있다.

(주)두산 전자BG는 CCL을 중심으로 성장했다. 2023년 엔비디아에 납품하기 시작해 AI 가속기용 FC-BGA·서버 PCB에 쓰이는 하이엔드 CCL을 공급하는 것으로 알려져 있다. 또 폴리이미드(PI) 필름에 동박을 붙인 연성동박적층판(FCCL)으로 폴더블·웨어러블 등 FPCB 수요에 대응하며 미래차용 반도체와 센서, 배선 소재 및 5G 안테나 모듈·통신 신소재 등으로 포트폴리오를 넓히고 있다.

한국 기업이 이끈
테크 혁신

HL그룹은 2026년 1월 6일 개막한 CES 2026에 HL만도와 HL클레무브, HL로보틱스, HL디앤아이한라 등 4개 그룹사의 혁신 제품을 바탕으로 통합 부스를 구성했다. HL그룹 차원에서 CES에 참가한 것은 이번이 처음이다.　©HL그룹

HL그룹 '인텔리전스 인 액션'

HL그룹은 HL만도와 HL클레무브, HL로보틱스, HL디앤아이한라 등 4개 그룹사가 통합 부스를 구성해 CES 2026에 참여했다. HL그룹은 '인텔리전스 인 액션(Intelligence In Action)'이라는 슬로건을 내걸고 로봇과 인공지능(AI), 모빌리티를 비롯해 그룹의 미래 비전과 경쟁력을 선보

였다. HL그룹이 그룹 차원에서 CES에 참가한 것은 올해가 처음이다.

전시의 중심은 다양한 로봇이다. HL만도의 '로봇 관절 액추에이터(Actuator)'를 필두로 HL로보틱스의 '캐리(CARRIE)', HL디앤아이한라의 '디봇픽스(DivotFiX)' 등 휴머노이드를 포함해 산업 서비스 로봇이 전부 출동했다.

HL만도의 로봇 관절 액추에이터는 팔다리, 몸통과 머리, 손가락 관절 등 휴머노이드 구성에 있어 필수적인 요소를 세심하게 어느 한 군데 빠지지 않는 완성도로 제작했다. 모터와 감속기, 센서, 제어기 등은 요소 기술의 집약체라는 평가를 받는다.

HL만도는 CES 기간 중 국내외 고객사를 대상으로 로봇 신사업 비전을 발표했다. 지난 60여 년간 쌓아온 자동차 부품 기술과 소프트웨어 역량, 글로벌 공급망을 적극 활용해 로봇 시장을 선점하겠다는 포부와 구체적인 로드맵을 제시했다. 로봇 액

HL그룹은 CES 2026에서 총 5개 제품에 대해 혁신상을 수상했다. 왼쪽부터 HL로보틱스의 '캐리(CARRIE)', HL디앤아이한라의 '스마트홈 제어 시스템(AI House)', HL클레무브의 '시루(SEERU)', HL만도의 '마이코사 하이퍼프레딕션', HL디앤아이한라의 '디봇픽스(DivotFix)'. ⓒ HL그룹

추에이터 실물이 공개된 것은 이번이 처음이다.

HL로보틱스의 '캐리'도 CES 2026에서 처음 공개됐다. 캐리는 저상형 자율주행 물류 로봇이다. 가로, 세로, 높이가 각각 88cm, 145cm, 14cm로 택배 손수레만 한 제품이지만 최대 2t까지 적재할 수 있다. 또 360도 회전을 비롯해 화물 운반에 필수적인 기능을 모두 갖췄다. HL로보틱스는 물류 혁신 아이템으로서 회사가 개발한 자율주행 주차 로봇 '파키(PARKIE)'의 산업용 버전이라고 부연했다.

HL디앤아이한라의 '디봇픽스'는 골프장에 파인 잔디 자국을 의미하는 '디봇(divot)'을 수리하는 로봇이다. HL만도와 대동로보틱스가 제작 과정에 함께 참여했다. 건설 분야를 넘어 새로운 비즈니스 영역을 개척하겠다는 HL디앤아이한라의 의지를 담은 신제품이라는 설명이다.

HL그룹은 CES 2026에서 총 5개 제품에 대해 혁신상을 수상했다. HL만도의 차량용 소프트웨어 '마이코사 하이퍼프레딕션(MiCOSA HyperPrediction)'과 HL클레무브의 휴대용 안전 센서 '시루(SEERU)', HL로보틱스의 '캐리', HL디앤아이한라의 '스마트홈 제어 시스템(AI House)'과 '디봇픽스'가 각 분야 우수 제품으로 선정됐다.

'마이코사 하이퍼프레딕션'은 차량에 내장된 센서 데이터를 활용해 타이어·노면 상태를 실시간 모니터링하고, 그 정보를 바탕으로 주행 위험을 선제적으로 예측해 안전 주행을 보조하는 소프트웨어 기반 기능이다. 이는 개별 섀시 시스템을 통합해 동역학 성능을 높이는 MiCOSA(통합 제어 SW) 라인업의 데이터 기반 솔루션으로 평가받는다.

HL클레무브의 '시루'는 자전거, 전동휠체어 등 개인 모빌리티 이용자를 위한 휴대형 후방 안전장치다. 뒤에서 접근하는 차량·위험 요소를 레이더로 감지하고, 카메라·후미등 기능까지 한 기기에 통합해 후방 인지를 돕는다. 감지 결과는 소리·진동·시각 신호로 알려주며, 알림 방식은 사용자 취향에 맞게 조절할 수 있도록 설계됐다.

HL디앤아이한라의 스마트홈 제어 시스템은 주거용 AI 플랫폼이다. 대화형 AI 월패드 'AI 버틀러'를 중심으로 조명과 냉난방, 공기 질, 온수, 에너지 사용 등을 통합 제어한다. 사용자의 생활 패턴을 학습해 설정을 자동 최적화하고 상황별 자동화 시나리오를 예측·제안하는 것이 핵심이다.

웅진씽크빅 생성형 AI를 교육에 결합

웅진씽크빅은 CES 2026에서 인공지능(AI) 영어 스피킹 서비스 '링고시티(Lingocity)'와 AI 독서 플랫폼 '북스토리(Booxtory)'로 각각 CES 혁신상을 받았다. 링고시티는 AI 부문, 북스토리는 접근성(Accessibility) 부문에서 혁신상을 받았다. 이번 수상으로 웅진씽크빅은 국내 교육 업계 최초로 5년 연속 CES 수상을 기록했으며, 최고혁신상을 포함해 누적 7건의 수상 이력을 보유하게 됐다.

링고시티는 생성형 AI와 가상 환경을 결합한 영어 스피킹 학습 서비스다. 학습자는 세계 주요 도시를 여행하는 콘셉트의 가상 공간에서 AI 캐릭터와 자유롭게 대화하며 영어를 학습한다. 미션과 보상 등 게임 요소를 결합해 학습 몰입도를 높인 것이 특징이다. 현재 국내에서 서비스를 운영하며 일본 시장에도 진출해 있다.

북스토리는 책 속 텍스트와 이미지를 실시간으로 인식해 다양한 음성으로 책을 읽어주는 AI 기반 독서 플랫폼이다. 22개 언어와 부모 목소리 등 다양한 음성으로 책을 읽어주는 기능과 다양한 시청각 콘텐츠를 함께 제공한다. 기술력뿐만 아니라 시각 정보에 접근하기 어려운 이용자를 위한 감각 보완 도구 역할 등 사회적 가치 측면에서도 높은 평가를 받고 있다. 현재 도서관 등 공공 기관에서 활용되고 있다.

CES 2026에서 웅진씽크빅의 전시는 단일 제품 소개가 아니라 증강현실(AR), AI 기반 독서에서 출발해 언어 학습으로 확장돼 온 기술 흐름을 체험 중심으로 전달하는 데 초점을 맞췄다. '인터랙티브 리딩 존(Interactive Reading Zone)'에서는 AI 독서 플랫폼 '북스토리'와 AR 기반 독서 솔루션 'AR피디아'를 전시·시연했다. 관람객은 체험용 태블릿과 전용 교구재를 활용해 책과 AR을 활용한 인터랙티브 독서 방식을 경험했다.

'멀티링구얼 러닝 존(Multilingual Learning Zone)'에서는 '링고시티'와 AI 맞춤형 한국어 학습 서비스 '씽크빅 토픽(Thinkbig

웅진씽크빅은 CES 2026에서 AI 독서 플랫폼 '북스토리'와 메타버스 기반 AI 영어 스피킹 서비스 '링고시티'를 선보이며 CES 혁신상을 받았다. 이번 수상으로 웅진씽크빅은 국내 교육 업계 최초로 5년 연속 CES 수상을 기록했다. ⓒ웅진

TOPIK)'을 전시·시연했다. 관람객은 체험용 패드를 통해 AI NPC와의 자유 대화를 비롯해 학습자 수준에 맞는 학습 경로를 다르면서 피드백 기반의 한국어 학습 환경을 경험했다. 이는 영어와 한국어 학습을 하나의 흐름으로 구성하는 웅진씽크빅의 언어 학습 기술 로드맵을 직관적으로 보여줬다는 평가를 받는다.

(주)웅진은 CES 2026에서 렌탈·구독 비즈니스와 모빌리티 산업을 아우르는 정보기술(IT) 플랫폼을 중심으로 글로벌 시장 확대 전략을 소개했다. 웅진의 핵심 솔루션인 WRMS와 WDMS를 통해 산업별 운영 프로세스를 디지털로 연결하고 AI 기술을 적용한 비즈니스 운영 모델을 제시하는 데 초점을 맞췄다. CES 2024에서 처음 소개된 WRMS는 웅진이 자체 개발한 렌탈 시스템이다. CES 2025에서 글로벌 시장에 처음 소개된 WDMS는 웅진이 독자 개발한 디지털 모빌리티 솔루션이다.

웅진의 CES 참여는 최근 몇 년간 단계적인 진화 과정을 거쳐 왔다. 초기에는 개별 솔루션의 기능과 구조를 소개하는 데 초점을 맞췄다면 이후 실제 고객 적용 사례와 글로벌 확장 가능성을 중심으로 메시지를 확장해 왔다는 설명이다.

아모레퍼시픽 뷰티 테크 혁신

아모레퍼시픽이 개발한 '스킨사이트(Skinsight™)' 기술이 CES 2026 뷰티테크 분야 혁신상을 받았다. 아모레퍼시픽은 이번까지 7년 연속으로 CES 혁신상을 수상했다. 스킨사이트는 아모레퍼시픽과 미국 매사추세츠공대(MIT) 연구팀이 공동 개발했다. 피부 노화 원인을 실시간으로 분석하고 개인별 맞춤 솔루션을 제시하는 차세대 '전자피부(electronic skin)' 플랫폼이다.

'스킨사이트'는 피부에 부착하는 초박형 센서 패치와 초소형 블루투스 모듈, 인공지능(AI) 기반 모바일 애플리케이션으로 구성된다. 패치는 피부의 미세한 움직임을 μm(마이크로미터) 단위로 감지하는 초정밀 센서를 장착해 속 당김이나 자외선·블루라이트, 온도, 수분 등 4가지 노화 요인을 동시에 측정한다. 패치를 통해 측정한 피부 데이터는 블루투스 모듈을 통해 실시간 전송돼 24시간 동안의 생활 데이터를 종합해 복합 노화 인자를 모델링한다.

아모레퍼시픽은 미국 매사추세츠공대(MIT) 연구팀과 공동 개발한 '스킨사이트(Skinsight™)' 기술로 7년 연속 CES 혁신상을 수상했다. '스킨사이트'는 피부 노화 원인을 실시간으로 분석하고 개인별 맞춤 솔루션을 제시하는 차세대 '전자피부(electronic skin)' 플랫폼이다. © 아모레퍼시픽

사용자는 '스킨사이트'를 통해 개인별 피부 노화 가속 요인을 파악할 수 있다. 또한 향후 주름이나 탄력 저하가 나타날 위치와 정도를 예측해 맞춤형 스킨케어 루틴과 제품도 제안받게 된다.

아모레퍼시픽은 김지환 MIT 교수팀이 개발한 '리모트 에피택시(Remote Epitaxy)' 공정과 전자 수준의 감도를 지닌 '피에조트로닉(piezotronic) 센서' 구조를 스킨사이트에 적용해 서비스의 정밀도를 높였다. 관련 기술은 우수한 통기성을 구현해 땀이 나도 잘 떨어지지 않고 피부 곡면을 따라 밀착해 장기간 안정적으로 작동한다. 이를 통해 다양한 환경에서 피부 변화 추적 관찰을 통한 맞춤형 데이터를 확보할 수 있다.

아모레퍼시픽은 관련 연구 성과를 '사이언스(Science)', '사이언스 어드밴시스(Science Advances)'를 비롯한 저명 국제 학술지를 통해 발표했다. 또 4건의 특허를 PCT 국제 출원하고 미국·한국 등 여러 국가에 등록했다. 해당 기술은 설화수 윤조에센스 제품의 속 당김 개선 효과를 증명하는 데에도 활용했다.

아모레퍼시픽은 CES 2026 혁신상 수상으로 7년 연속 혁신 역량을 인정받았다. 업계에서는 이러한 혁신 능력의 배경으로 연구개발 조직인 '아모레퍼시픽 R&I(Research &Innovation)센터'를 꼽는다.

아모레퍼시픽 R&I센터는 1954년 국내 최초 화장품 연구실에서 출발했다. 식물, 원료 등 자연에 대한 깊은 이해를 첨단 과학기술과 결합해 스킨케어, 메이크업, 헤어·보디 전 영역에서 원료 발굴과 소재·제형 설계, 피부 노화·색소 등 효능 및 안전성 평가까지 제품 개발 전 과정을 수행한다. 화학·생물·의약학은 물론 기계공학·심리학·IT 등 다양한 전공 인력이 참여하는 융합 연구와 외부 기관·스타트업과의 오픈 이노베이션도 강조하고 있다. 아모레퍼시픽 R&I센터는 '최초와 최고'를 지향하며 혁신 기술로 고객에게 신뢰를 제공하겠다는 방향성을 강조하고 있다. 글로벌 측면에서는 중국 상하이 R&I센터가 현지 맞춤 연구개발과 인허가, 협업 업무를 수행하고 있다. 국내 R&I센터는 경기 용인시 기흥구에 위치해 있다.

세라젬 AI 웰니스 홈

세라젬은 CES 2026에서 인공지능(AI)과 건강을 결합한 기술력을 바탕으로 '나를 가장 잘 아는 살아 숨 쉬는 집'을 구현하는 'AI 웰니스 홈(AI Wellness Home)'을 선보였다. 2026년 헬스케어 업계 최다인 12개의 CES 혁신상을 수상한 세라젬은 2024년 첫 참가 이후 3년 동안 수상 규모를 4배로 확대했다. 단일 기기 중심의 헬스케어를 넘어 집 전체를 건강 관리 시스템으로 진화시

세라젬이 CES 2026에 AI와 건강을 결합한 기술력을 바탕으로 'AI 웰니스 홈'을 선보였다. 세라젬은 올해 헬스케어 업계 최다인 12개의 CES 혁신상을 수상했다. 사진은 3D로 구현한 세라젬의 'AI 웰니스 홈' 전시 부스 이미지. © 세라젬

키겠다는 의지를 담은 행보라는 해석이다. 세라젬은 집 안 곳곳의 스마트 헬스케어 제품들이 유기적으로 연결돼 집 전체가 하나의 건강 관리 플랫폼처럼 작동하는 개념을 선보였다. 3개의 '라이프스타일 존'을 통해 연령별 헬스케어 경험을 제시했다.

우선 어린이와 자녀를 위한 공간에서는 성장기 신체 리듬과 생활 패턴을 고려한 환경을 강조했다. 청장년층을 위한 공간에서는 일상 속 건강 관리와 회복을 자연스럽게 연결한 웰니스 솔루션을 선보였다. 실버 세대를 위한 공간에서는 중장년 이후의 건강 관리와 마음 돌봄을 아우르며 일상에 안정과 평온을 더하는 홈 헬스케어 경험을 구현했다.

세라젬은 이 같은 공간을 통해 집 곳곳에서 가족 구성원들의 하루를 읽고 최적화된 솔루션을 제안하는 미래형 주거 환경을 제

시하겠다는 전략이다. 실제 '마스터 AI 멀티 테라피 팟'과 '홈 테라피 부스 2.0 AI' '메디스파 프로 AI' '밸런스 메디워터 AI' 등은 거실이나 침실 등 일상 공간에 자연스럽게 녹아들어 집을 단순히 머무는 공간을 넘어 사용자의 상태를 이해하고 반응하는, 살아 있는 웰니스 공간으로 재탄생시켰다.

세라젬은 CES 2026에서 맞춤형 헬스케어 플랫폼 '세라체크'를 체험할 수 있는 '세라체크 존'도 마련했다. 측정부터 분석, 맞춤형 케어까지 고객의 건강 관리 전 과정을 하나로 연결하는 세라젬 헬스케어 플랫폼의 비전을 종합한 공간이다.

세라젬이 CES 2026에서 수상한 12개 혁신상은 AI와 가전, 뷰티테크, 푸드테크, 스마트홈, 디지털헬스 등 6개 분야에 걸쳐 있다. 이 가운데 알칼리 이온수 생성 의료기기에 AI 기술과 영양 카트리지 시스템을 결합한 '밸런스 메디 워터 AI'는 가전과 푸드테크 2개 부문에서 혁신성을 인정받았다. 또 '밸런스 AI 샤워시스템(BALANCE AI Rejuvenation Shower System)', '홈 테라피 부스 2.0(Home Therapy Booth 2.0 with AI Mental Coach)' 등도 2개 부문에서 수상했다.

'밸런스 AI 샤워 시스템'은 카메라 없이 작동하는 AI 기반 스킨케어 플랫폼이다. 근적외선과 스펙트럼 센서를 탑재한 스마트 미러가 사용자 얼굴을 스캔해 수분도와 유분, 탄력, 색소 침착 상태를 완전히 비접촉 방식으로 평가한다. '홈 테라피 부스 2.0'은 가정에서 사용할 수 있는 1인 전용 프라이빗 웰니스 부스다. AI 멘탈 코치와의 자연어 대화로 완전한 프라이버시 속에서 스트레스 완화 효과를 제공한다.

바디프랜드 10년 연속 참가

헬스케어 로봇 기업 바디프랜드는 2016년 CES에 처음 참가한 것을 시작으로 CES 2026까지 10년 연속 참가했다. 올해는 CES 2025에서 혁신상을 받은 웨어러블 헬스케어 로봇 '733'의 군무 퍼포먼스를 새로 진행하고 체험 행사를 강화해 해외 실적 개선의 기반을 다졌다. 또 '바디프랜드 미니(소형 마사지기 브랜드) 존'을 별도로 구성하고, 마사지 가구 브랜드 '파밀레'의 마사지 베드 신제품을 선보이는 등 글로벌 시장 공략에 매진했다.

헬스케어로봇 '733'은 바디프랜드의 로봇 기술이 집약된 제품이다. 안마 의자에 로보틱스와 인공지능(AI) 기술을 결합했다. 제품에 접근하면 사용자를 인식해 자동으로 기립해 착석을 보조해주는 '스탠딩 기술'을 비롯해 사용자의 사지를 독립적으로 움직일 수 있는 기술 등으로 차별화된 편의성을 제공한다. 또 CES 2026에서 선보인 733 모델은 발목 스트레칭 기술을 추가

CES 2026까지 10년 연속 CES에 참가한 헬스케어 로봇 기업 바디프랜드의 로봇 기술이 집약된 '733' 제품 이미지.
© 바디프랜드

적용했다.

바디프랜드 미니는 두피 마사지기와 목, 어깨 마사지기 등의 라인업을 갖췄다. 당초 바디프랜드 안마 의자를 구매하는 고객에게 사은품 형식으로 지급되는 제품이었지만 소형 마사지기 시장이 확대되고 있다는 점을 감안해 별도 브랜드로 육성하기 시작했으며 글로벌 판매도 본격화하고 있다. 현재 바디프랜드 미니 사업은 자회사 '에브리알'에서 맡고 있다.

바디프랜드는 지난 10년간 연구개발(R&D)에 약 2000억원을 투입하는 등 중견기업 평균을 상회하는 수준으로 기술 투자 전략을 관철했다. 이는 단기적인 제품 판매 확대보다는 기술 축적에 방점을 둔 정책이었다. 근골격 구조에 대한 이해, 신체 부위별 움직임의 메커니즘, 생체 신호 측정과 해석 등 비교적 긴 호흡이 필요한 연구 분야에 지속적으로 자원을 투입했다는 설명이다.

바디프랜드는 CES를 '기술의 진화'를 확인하는 무대로 삼았다. 매년 하나의 기술적 가설을 제시하고 다음 해 그 결과를 확인받는 방식이다. 또 수년 내에 해당 기술을 실제 제품으로 상용화해 국내 판매까지 이어가는 전략을 취해왔다. CES를 글로벌 쇼케이스이자 기술 테스트베드로 활용해온 셈이다. 바디프랜드의 '733'이 이러한 경우에 해당하는 대표 사례다.

바디프랜드의 R&D 기반으로는 부설 연구소인 '헬스케어메디컬 R&D센터'가 꼽힌다. 이곳은 '건강수명 10년 연장'이라는 비전 아래 마사지의 건강 증진 효과를 검증하고 팔다리 독립 구동 등 로보틱스 테크놀로지와 전신 스트레칭·마사지 알고리즘, 심전도 등 생체 신호 기반 AI 서비스를 개발하고 있다. 바디프랜드는 이러한 R&D의 결실로 2000건 규모의 국내외 특허·실용신안·디자인을 출원했다.

'CHAEVI MCS'는 대형 상용 전기차도 10분 이내 충전이 가능한 차세대 초고속 충전 플랫폼이다. 그림은 'CHAEVI MCS' 조감도.
© 채비

채비 전기차 인프라 혁신

급속 충전 인프라 운영 사업자(CPO) 분야에서 두각을 나타내고 있는 기업 '채비'는 CES 2026에서 '차량용 기술과 첨단 모빌리티(Vehicle Tech&Advanced Mobility)' 부문과 '인공지능(AI)' 부문에서 혁신상을 받으며 2관왕을 달성했다. 해당 분야에 이름을 올린 전기차 충전 업체는 글로벌 업계에서 채비가 유일하다. 채비는 이번 수상을 통해 2023년과 2024년에 이어 세 번째로 CES 혁신상을 받는 기록을 세웠다.

채비가 혁신상을 수상한 두 부문은 전기차 인프라 기술의 진화를 대표하는 핵심 영역으로 꼽힌다. 채비가 이번에 선보인 기술은 5분 이내 완전 충전 경험을 제공하기 위해 개발된 'CHAEVI MCS'다. 이는 대형 상용 전기차도 10분 이내 충전이 가능한 차세대 초고속 충전 플랫폼이다.

'CHAEVI MCS'는 충전 사업자들의 운영 부담을 최소화하기 위해 캐비닛 형태로 구성해 가동률을 향상시켰다. 캐비닛을 자유롭게 확장할 수 있는 '모듈형 스택 구조'를 통해 전기차 수요에 대응하고 가동률을 최적화할 수 있는 기술을 완성했다. 이는 미래 첨단 모빌리티 산업의 방향성을 제시했다는 점에서 기술 혁신성을 인정받았고 '차량용 기술과 첨단 모빌리티' 부문 혁신상 수상의 근거가 됐다.

채비는 또 차량의 상태, 충전 순서, 온도 조건 등을 실시간으로 분석해 최적의 충전 효율을 제공하는 AI 기반 '스마트 순차 충전 알고리즘'과 배터리 상태를 예측·관리하는 AI 진단 기술을 통해 'AI' 부문 수상을 이뤘다. 이는 2023년 사전 예약 기능에 기반한 전기차(EV) 충전 솔루션인 '스마트 웨이(Smart-Way) EV 차저(Charger)', 2024년 번호판 인식(LPR) 기반 요금 자동화 및 불법 주차 대응 기능과 함께 회사의 AI 기술력을 입증한 사례다.

2016년 설립한 채비는 전기차 충전기 개발부터 제조, 설치, 운영, 사후관리까지 전 과정을 아우르는 원스톱 솔루션을 제공하는 전기차 충전 인프라 기업이다. 2025년 기준 국내에 약 1만면 규모의 급속 충전시설을 운영·관리하고 있다. 유지 보수 역량에서도 채비는 업계를 선도하고 있다. 또 다양한 고객군을 대상으로 한 제품 라인업과 맞춤형 솔루션을 통해 시장 내 차별화를 실현하고 있다.

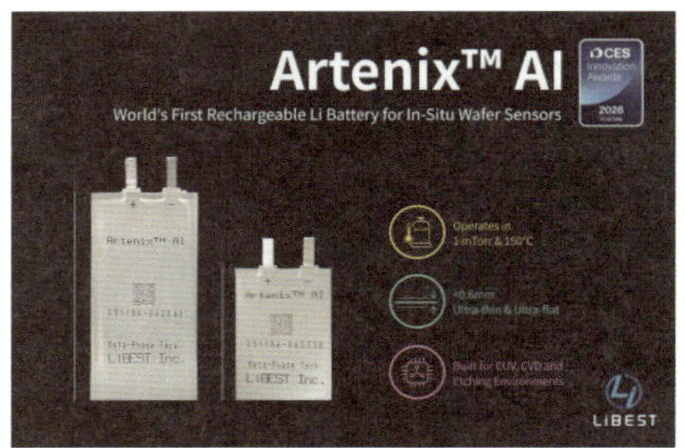

고에너지·고출력 배터리 솔루션을 개발하는 리베스트는 CES 2026에서 극한의 환경에서도 최적의 성능을 보이는 차세대 리튬 배터리 '아르테닉스(Artenix) AI'를 선보이며 혁신상을 받았다. ⓒ 리베스트

리베스트 항공우주 특화 배터리

고에너지·고출력 배터리 솔루션을 개발하는 한국 스타트업 리베스트는 CES 2026에서 인공지능(AI) 반도체와 항공우주 분야에서 요구되는 극한 환경에 최적화된 최신 차세대 리튬 배터리인 '아르테닉스(Artenix) AI'를 선보여 CES 혁신상을 받았다. 리베스트는 세계 최초로 유연한 리튬 배터리를 상용화한 기업이다. 고내구·고안전성 배터리 기술을 기반으로 모빌리티와 항공·우주 분야까지 사업을 확장하고 있다.

리베스트의 '아르테닉스 AI'는 AI 반도체 제조에 쓰이는 웨이퍼 레벨 센서(공정 모니터링용 센서 웨이퍼)에 전력을 공급하기 위해 설계된 차세대 배터리다. 무가스·무분진·고온내성 소재 설계를 통해 반도체 클린룸 환경에 대응하며 고온·고

진공·EMI(전자파 간섭)·정밀 진동 조건에서도 안정적 전력 공급이 가능하다. 기존 배터리와 달리 반도체 공정의 물리·화학·전자 환경을 고려해 설계된 것이 핵심 차별점이다.

리베스트의 '아르테닉스 AI'는 반도체 산업이 고도화할수록 중요성을 더할 전망이다. AI 반도체 생산라인은 최근 고대역폭메모리(HBM)와 그래픽처리장치(GPU) 수요 확대에 따라 공정 미세화와 패키징 기술 고도화가 이뤄지고 있다. 이 과정에서 공정 안정성을 관리하기 위해 웨이퍼형 무선 센서를 통해 생산라인 곳곳의 데이터를 실시간 수집하는 경우가 늘고 있다. 하지만 센서 전원 기술은 수십 년간 변화가 거의 없었다. '아르테닉스 AI'는 이에 선택권을 넓힐 수 있다는 설명이다.

리베스트의 기술력은 이전부터 두각을 드러냈다. CES 2020에서는 웨어러블 디바이스가 전 세계적으로 급증하는 추세에 맞춰 플렉시블 배터리 기술을 선보이며 혁신상을 수상했다. CES 2023에서는 화재 위험과 저온에서의 방전 이슈를 해결하는 난연성·부동성 배터리 기술로 혁신상을 받았다. 불에 타지 않고 극저온에서도 얼지 않는 기술력으로 배터리의 안전성을 극대화한 것이다.

리베스트는 또 세계 최초로 개발한 고전압 수소화물 고체 전해질을 바탕으로 안전성

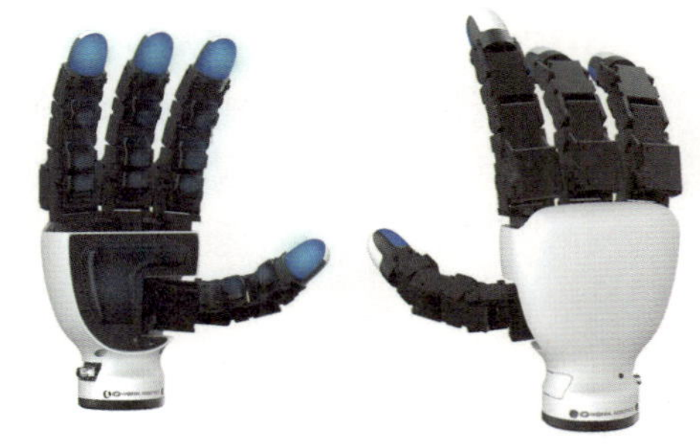

CES 2026을 통해 CES에 처음 참가한 원익로보틱스는 회사가 자체 개발한 '알레그로 핸드(Allegro Hand)'를 중심으로 로봇 손 조작 기술을 선보였다. ⓒ 원익로보틱스

과 높은 에너지 밀도를 갖춰 소형 IT 디바이스부터 EV, 도심항공교통(UAM), 항공우주 분야까지 적용 가능한 혁신적인 전고체 배터리 기술을 개발하고 있다.

원익로보틱스 알레그로 핸드 공개

CES 2026을 통해 CES에 정식으로 데뷔한 원익로보틱스는 '알레그로 핸드(Allegro Hand)'를 중심으로 로봇 손 조작 기술을 선보였다. 원익로보틱스는 전시 기간 동안 '알레그로 핸드' 제품 라인업을 소개하고 인지·학습·제어 기술을 바탕으로 정밀한 조작을 수행하는 다양한 기술 데모를 시연했다.

'알레그로 핸드'는 우선 협동 로봇과 함께 무작위로 배치된 블록을 인식하고 정밀하게 재배치하는 과제를 시연하면서 정밀성을 입증했다. 다자유도 구조와 재파지 기

술을 포함한 통합 조작 시스템을 기반으로 인지·판단·조작이 유기적으로 연결된 모습으로 물체의 자세나 위치가 불확실한 환경에서도 정밀한 작업 수행이 가능하다는 것을 보여줬다.

로봇 손의 다양한 활용성을 보여주는 퍼포먼스도 뒤따랐다. '알레그로 핸드'는 원익로보틱스의 소프트웨어 패키지를 활용한 양손 텔레오퍼레이션 데모를 통해 책 정리와 달걀 정리 같은 섬세한 양손 조작 동작을 시연했다. 또 카메라 영상 정보를 인식하고 스스로 물체를 분류·정리하는 VLA(영상 언어 액션 모델) 기반의 비전 '픽앤플레이스(Pick&Place)' 데모를 수행했다.

원익로보틱스는 '알레그로 핸드'의 연구용 모델부터 산업용 모델까지 다양한 제품을 공개했다. '알레그로 핸드'의 AI 기반 자율이동조작로봇(AMMR), 자율이동로봇(AMR) 플랫폼이 주요 제품이다. 이들은 내장 센서나 카메라로 주변을 인지해 경로를 찾고 리프트·컨베이어·협동로봇 암 등 상부 모듈을 맞춤 탑재해 공정 자동화와 물류 이동 작업에 투입되고 있다.

2004년 심랩으로 출발한 원익로보틱스는 2016년 원익그룹에 편입하면서 한국 로봇 산업의 토양을 갈았다. 로봇 자동화 설계와 엔지니어링을 핵심 역량으로 CNC 선반 머신텐딩, 디지털 트윈 기술을 이용한

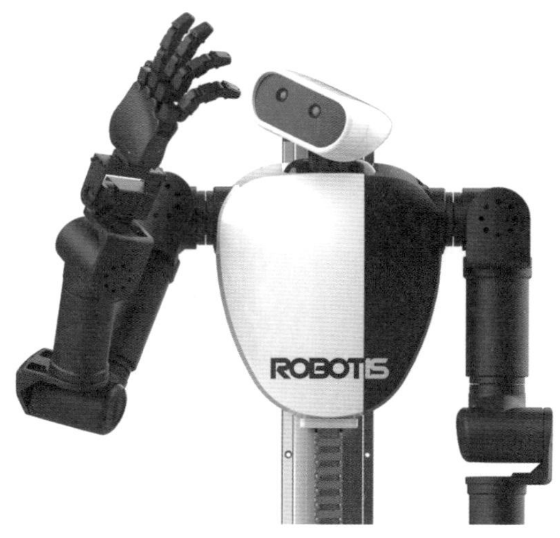

로보티즈는 CES 2026에 작업형 휴머노이드 'AI 워커 (Worker)'와 로봇 핸드 'HX5-D20'을 내세우며 참석했다. 이미지는 'HX5-D20'을 장착한 'AI 워커' 모습. © 로보티즈

공정 시뮬레이션 등 제조 현장에 필요한 다양한 로봇 자동화 솔루션을 제공하고 있다. 또 기구 설계, 제어 소프트웨어(SW), 자율주행 알고리즘 등 분야별 전문 인력을 기반으로 로봇 자동화 기술 전반에 대한 연구개발을 수행하고 있다.

로보티즈 AI 워커에 로봇 팔 탑재

국내 물리 인공지능(피지컬 AI) 기반 로봇 시장을 선도하고 있는 로보티즈는 CES 2026에 작업형 휴머노이드 'AI 워커(Worker)'와 로봇 핸드 'HX5-D20'을 앞세워 참석했다.

'AI 워커'는 피지컬 AI 기술을 바탕으로 로

보티즈가 개발한 양팔 작업형 휴머노이드 로봇이다. 이 로봇은 사람의 숙련된 작업 능력을 모방하고 최적화해 난도가 높은 작업을 낮은 비용으로 수행할 수 있다. 작업자가 '리더 암(Leader Arm)'을 통해 특정 동작을 시연하면 로봇이 그 동작을 모방하면서 행동 데이터를 실시간으로 수집한다. 이렇게 수집된 데이터를 시뮬레이션을 통해 강화 학습하면서 로봇 스스로 작업을 최적화하고 완성도를 높이는 것이다.

'AI 워커'는 같은 방식으로 복잡한 상황에 대한 추론 능력도 확보한다. 또 로봇 조작 경험이 없는 사용자도 직관적인 조작만으로 쉽게 로봇을 운용할 수 있도록 만들었다. 'AI 워커'를 활용해 파운데이션 모델을 개발할 수 있으며, 개발된 결과물이 제품화돼 보급되면 실생활에도 적용할 수 있다.

'HX5-D20'은 휴머노이드·로봇팔용으로 개발된 로봇 핸드다. 'AI 워커'에도 반영돼 있다. 20자유도(DoF) 구조를 갖춰 사람 손처럼 정교한 동작을 지향한다. 손끝에는 촉각 센서를 넣어 접촉이나 충돌을 감지한다. 물체를 잡을 때 힘을 제어하는 데 초점을 맞추면서 완성도를 높였다. 시연에서도 악수할 때 힘을 자동으로 낮추는 모습으로 안전성을 강조했다.

로보티즈는 로봇의 구동과 제어, 자율성에 이르는 전 과정을 국산 원천 기술로 구현하고 있다. 'AI 워커'의 경우 로보티즈가 개발한 액추에이터(DYNAMIXEL)와 감속기(DYD)를 활용해 만들었다. 해당 기술은 불규칙한 물체의 모양이나 위치가 매번 달라지는 상황에서도 사람처럼 판단하고 동작을 수행할 수 있는 기반이다.

로보티즈는 'AI 워커'를 통해 취득하는 고품질의 액션 데이터를 수집·가공·판매하는 '데이터 팩토리' 사업 진출도 본격화하고 있다. 데이터 팩토리 사업을 통해 로보티즈의 하드웨어에 최적화된 액션 데이터를 지속적으로 축적·순환시키는 '액션 데이터 허브' 역할을 구축할 수 있다는 판단에서다. 이는 로봇 성능의 고도화와 데이터 사업 경쟁력 강화를 추진하는 데에도 기여할 전망이다.

유레카파크 달군
K스타트업

지금까지 주요 기업들이 그리는 2026년의 거대한 숲을 봤다면, 이제는 숲을 이루고 있는 작은 나무들을 볼 차례다. 대기업들과 함께 혁신의 중요한 한 축을 담당하고 있는 구성원들이 바로 스타트업들이기 때문이다. 미래의 유니콘을 꿈꾸는 많은 한국 스타트업이 올해도 삼성전자, 네이버, 카카오 등과 동반으로 CES 2026 현장을 찾았다.

임직원 아이디어·외부 육성에 집중
삼성전자 C랩

삼성전자의 지원을 받는 C랩 15개사가 이번 CES를 찾았다. C랩은 삼성전자가 창의적인 아이디어를 가진 스타트업을 발굴하고 육성해 사업화까지 지원하는 스타트업 육성 프로그램이다. 삼성전자는 국내 스타트업 생태계 활성화를 위해 2012년부터 C랩을 운영하고 있다.

삼성전자는 라스베이거스 베네시안 엑스포 내 스타트업 전시관인 유레카 파크(Eureka Park)에 별도의 'C랩 전시관'을 마련하고 15개 스타트업이 글로벌 시장에 진출할 수 있도록 지원에 나섰다. C랩 스타트업들은 이곳에서 인공지능(AI)·로봇·디지털헬스 등 다양한 분야에서 혁신 기술과 서비스를 선보였다.

C랩 스타트업 15개는 삼성전자가 직접 외부 스타트업을 육성하는 'C랩 아웃사이드' 8개, 삼성전자와 대구창조경제혁신센터가 함께 육성한 스타트업 1개, 임직원 사내벤처 프로그램인 C랩 인사이드 2개, 삼성금융네트웍스의 스타트업 육성 프로그램인 '삼성금융 C랩 아웃사이드' 4개로 구성됐다. 올해는 특히 참여한 15개 스타트업 중 7개가 대구·광주 등 지역 'C랩' 거점에서 출발한 업체여서 주목받았다.

이병철 삼성전자 창의개발센터장은 "삼성전자는 C랩 스타트업이 글로벌 시장에서 혁신적인 기술력을 검증받고 성장의 발판을 마련할 수 있도록 CES 전시를 지원하고 있다"며 "올해는 대구·광주 등 지역 스타트업의 참여가 확대되면서 C랩 생태계가 한층 더 확장된 모습을 보여줄 것으로 기대한다"고 설명했다.

이번 CES 2026에는 대구·경북·광주의 스타트업 7개가 전시에 참여하며, C랩 전시 중 역대 가장 많은 수의 지역 스타트업이 글로벌 무대에 올랐다. 앞서 지난해에는 대구와 광주의 4개 스타트업이 참여한 바 있다. 삼성전자는 2023년부터 'C랩 아웃사이드'를 대구, 광주, 경북으로 순차 확대하며 지역의 창업 생태계 구축을 위해 유망 스타트업을 발굴하고 지원해왔다.

지역 내 창업 기업이 서울로 가지 않아도 성장 기회를 얻을 수 있도록 업무 공간, 성장 단계별 맞춤 컨설팅, 삼성전자 및 관계사와의 연결 기회 등을 지원하고, 지역의 우수 인재와 기술이 지역 안에서 자생력을 갖추는 선순환 구조를 만드는 데 목표를 두고 운영 중이다. 현재까지 40개의 지역 스타트업이 발굴·육성돼 지역 창업 생태계 활성화에 기여하고 있으며, 장기적으로는 글로벌 유니콘 기업도 나올 것으로 기대하고 있다.

지역 C랩 스타트업의 기술 경쟁력 성과도 지속 확대되고 있다. 'C랩 아웃사이드 경북'의 플라스틱 재활용 기술 스타트업 '리플라'는 플라스틱 구성 비율 산출기 퓨리

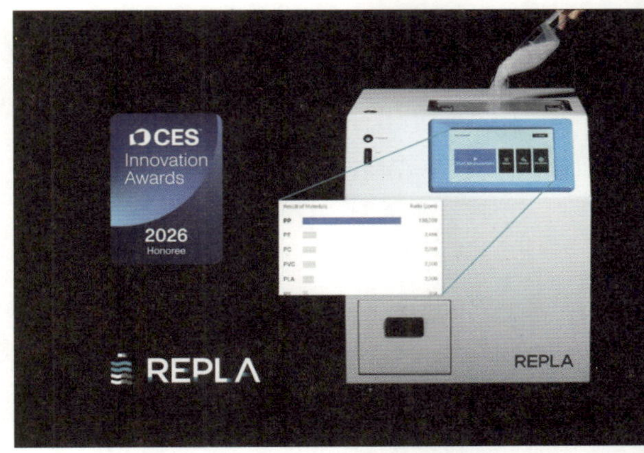

리플라의 플라스틱 구성 비율 산출기 퓨리체커. © 삼성전자

체커(Puri-Checker)를 개발해 CES 2026 혁신상을 받았다. 서동은 리플라 대표는 "지역 스타트업 입장에서 삼성전자와 같은 글로벌 기업의 지원과 협력을 받은 것은 큰 행운이자 기회였다"며 "플라스틱 재활용은 국경을 넘는 과제인 만큼, 이번 CES를 통해 해외 시장 진출 가능성을 적극적으로 찾고 싶다"고 밝혔다.

리플라와 함께 CES에 참여한 지역 기반 스타트업으로는 AI 기반 개인 맞춤형 멘탈케어 사운드 생성 솔루션을 선보인 '스트레스솔루션'(경북), AI 기반 공간 맞춤형 디지털 향기 솔루션 '딥센트'(광주), AI 기반 반려동물 진행성 질환 분석 서비스 '십일리터'(대구), AI 기반 자동화 온라인 다국어 자막·더빙 솔루션 '오니온에이아이'(광주), 온디바이스 멀티모달 언어 모델 솔루션 '유니바'(대구), AI 기반 엔터프

라이즈 영상 생성·편집 서비스 '일만백만'(대구창조경제혁신센터) 등이 있다.

또한 삼성전자는 임직원들이 아이디어를 제안하고 개발하는 사내 벤처 육성 프로그램 'C랩 인사이드'의 혁신 과제들을 2016년부터 매년 CES에서 선보이며 글로벌 시장 반응을 점검하고 사업성을 검증하고 있다. 올해는 혁신성, 글로벌 시장성, 완성도 등에서 높은 평가를 받은 AI 기반의 영상 편집 솔루션 및 전문가 지식 기반 AI 전자제품 추천 서비스 과제 2건이 CES 참관객들을 만났다. 크로노믹스는 영상 속 개체별로 재생 속도가 달라지도록 시간 제어 효과를 적용하는 AI 영상 솔루션이다. 전문가 지식 기반으로 생성형 AI가 전자제품을 추천해주는 서비스 '이지레코'도 주목받았다.

삼성전자의 C랩 노하우가 관계사로 확대되며 금융 스타트업도 처음으로 참여했다. 삼성금융네트웍스가 운영하는 '삼성금융 C랩 아웃사이드' 4개 스타트업이 그 주인공이다. 삼성전자가 C랩을 통해 쌓아온 개방형 혁신 모델의 경험과 노하우가 관계사로 확산되며, 다양한 산업의 스타트업들이 글로벌 무대에서 새로운 협력 기회를 모색하게 된 것이다.

AI 학습 데이터 구축을 통한 판매와 검증 솔루션을 개발한 '셀렉트스타'(삼성생명), AI 기반 사이버 보험 리스크 평가 솔루션을 선보인 '사이버라이트'(삼성화재), 스마트폰을 활용한 비접촉 생체 인식 솔루션을 공개한 '위닝아이'(삼성카드), AI 기반 악성 URL 차단·보안 솔루션을 개발한 '필상'(삼성증권)이 CES에서 각자의 혁신 기술들을 선보였다.

삼성전자의 C랩 스타트업들은 미국 소비자기술협회(CTA)가 발표한 'CES 2026 혁신상'에서 2개의 최고혁신상과 15개의 혁신상을 수상하며 글로벌 무대에서 기술력을 인정받았다. 최고혁신상을 받은 '망고슬래브'와 '스튜디오랩' 모두 C랩 인사이드에서 출발해 스핀오프한 스타트업으로, 삼성전자 사내 벤처가 보유한 기술력과 성장 잠재력을 글로벌 시장에서 다시 한번 확인받게 됐다.

2016년 C랩 인사이드를 통해 스핀오프한 망고슬래브는 잉크 토너 없는 접착 메모 프린터를 개발한 스타트업이다. 이번에 선보인 '네모닉 닷(Nemonic Dot)'은 음성 명령이나 텍스트 입력만으로 점자 라벨을 즉

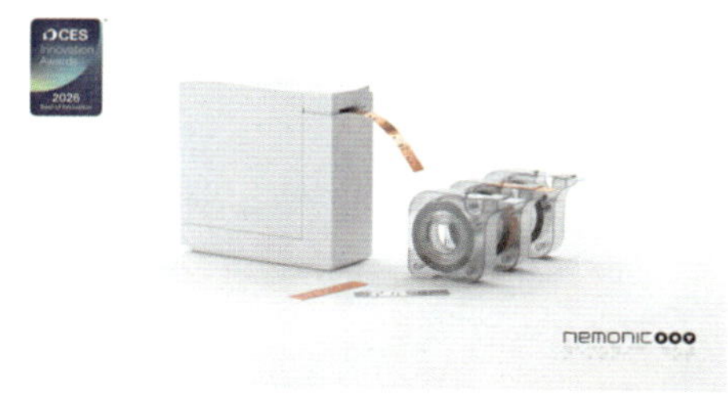

망고슬래브의 네모닉 닷 점자프린터.

시 출력할 수 있는 세계 최초 AI 기반 점자 프린터로 망고슬래브는 모바일기기, 액세서리 및 앱 부문에서 최고 혁신상을 수상했다.

역시 C랩 인사이드를 통해 2021년 스핀오프한 스튜디오랩은 AI 기반의 커머스 콘텐츠 제작 솔루션을 개발하는 기업이다. AI 로보틱스 기반 촬영 시스템과 콘텐츠 생성 기술을 결합한 'GENCY PB'로 XR&공간 컴퓨팅(Spatial Computing) 부문 최고혁신상을 받았다.

네이버 D2SF도 투자한 스튜디오랩은 패션 디자이너를 위한 AI 마케팅 에이전트를 개발했다. 핵심 제품은 셀러캔버스다. 기존에 쇼핑몰 상세 페이지 하나를 만들려면 사진 촬영, 보정, 카피라이팅, 디자인 배치까지 꼬박 하루가 걸리는 문제가 있었다. 셀러캔버스는 의류 사진을 업로드하면, 비전 AI가 옷의 특징(색상, 소재, 스타일)을 분석하고, 생성형 AI가 그에 맞는 '팔리는 문구'와 '감각적인 디자인'을 1분 만에 뽑아낸다. 스튜디오랩은 인간의 감각에 의존하던 패션 마케팅의 영역을 AI의 영역으로 끌고 왔다. 디자이너가 옷을 만들기만 하

스튜디오랩의 GENCY PB. © 삼성전자

면 파는 것은 AI가 알아서 해주는 시대를 여는 것이다.

이 같은 성과는 스타트업에 대한 삼성의 꾸준한 지원 덕분이다. 삼성전자는 임직원들이 자유롭게 아이디어를 제안하고 도전할 수 있는 창의적 조직 문화를 조성하기 위해 2012년 12월 사내 벤처 육성 프로그램인 'C랩 인사이드'를 도입했다.

2015년부터는 우수 사내 벤처 과제가 스타트업으로 분사할 수 있도록 스핀오프 제도도 운영하고 있다. 2018년에는 사내벤처 육성 경험과 노하우를 외부로 확장해, 혁신적인 아이디어를 가진 스타트업을 발굴하고 성장을 지원하는 개방형 혁신 프로그램 'C랩 아웃사이드'를 신설했다.

삼성전자는 C랩 아웃사이드를 통해 국내 창업 생태계 활성화와 양질의 청년 일자리 창출에 기여하고 있다. 2023년에는 'C랩 아웃사이드'를 대구, 광주, 경북 지역으로 확대하며 지역 기반 스타트업 생태계 활성화에 기여하고 있다. 수도권 중심의 창업 인프라스트럭처 문제를 해결하고 지역 내 우수한 스타트업을 발굴하며 육성하는 것이 목표다. 삼성전자는 스타트업들이 'C랩 아웃사이드' 졸업 후에도 지속 성장할 수 있도록 'C랩 패밀리' 제도를 운영하며, 투자와 사업 협력 기회를 이어가고 있다. 현재까지 삼성전자는 총 959개(사내 423개, 사외 536개)의 사내벤처와 스타트업을 육성했으며, 그 숫자는 올해 1000개를 넘어설 예정이다.

몰입형 기술·AI 최적화 네이버 D2SF

네이버 D2SF가 투자한 기업들도 CES 2026 현장을 찾았다. 네이버가 투자한 기업들은 기술적 깊이가 남다른데, 특히 개발자들이 인정하는 기술을 보유한 팀들이 많다. 화려한 포장보단 기술의 핵심(core)을 꽉 잡고 있는 기업들이다.

최고의 스포트라이트를 받는 기업은 역시 혁신상을 수상한 기업들이다. 기술적 완성도뿐 아니라 시장성까지 검증받은 스타트업이다.

가우디오랩은 소리로 공간을 창조하는 오디오테크의 마법사 같은 기업이다. 핵심 기술은 공간 음향과 AI 오디오 생성이다. 넷플릭스, 디즈니 등 글로벌 기업들이 주목하는 기술이기도 하다. 이어폰을 끼고 고개를 돌리면 소리 방향도 같이 바뀌며 마치 사용자가 현장에 있는 것 같은 생생한 느낌을 주는 것이 특징이다. 최근엔 텍스트를 입력하면 효과음을 만들어주는 생성형 AI 기술(FALL-E)로 메타버스나 게임 제작자들의 필수 도구로도 주목받고 있다. 보이는 것이 현실의 절반이라면 나머지 절반은 들리는 것이다. 가우디오랩은 메타버스와 가상현실(VR)이라는 가상공간에 '현실감'이란 숨결을 불어넣는 역할

웨어러블에이아이의 실내 자율주행 셔틀 링크. © 웨이러블에이아이

을 하고 있다.

리빌더에이아이와 웨어러블에이아이는 혁신왕 2관왕을 차지하며 주목받고 있다.

스마트폰 하나로 세상을 3D로 복제하는 기술. 리빌더에이아이의 기술은 이렇게 정의할 수 있다. 핵심 제품은 '브린'으로 전문가용 스캐너 없이 스마트폰 카메라로 물건을 360도 찍기만 하면, 즉시 고품질 3D 모델로 변환해준다. 빛 반사나 재질감까지 완벽하게 구현해 이커머스 상품 이미지나 메타버스 아이템으로 바로 사용할 수 있다. 3D 콘텐츠를 누구나 쉽고 편리하게 제작할 수 있는 시대가 열리는 것이다.

'어디든 갈 수 있다(Where-able)'는 의미를 담은 웨어러블에이아이는 실내 자율주행 셔틀 '링크'를 선보였다. GPS가 터지지 않는 복잡한 실내에서도 비싼 고정밀(HD) 지도를 미리 구축할 필요 없이, 로봇이 스스로 공간을 탐색하고 지도를 그리며 주행한다. 링크는 자동차 바퀴 4개가 각각 따로 움직이는데 좁은 공항 복도에서 게처럼 옆으로 이동하거나(Crab walking), 제자리에서 360도 회전이 가능해 기동성이 탁월하다는 평가를 받는다. 웨어러블에이아이는 이미 인천국제공항 제2여객터미널에서 교통약자를 위한 자율주행 셔틀을 운행하며 실증을 마쳤다.

디지털 헬스케어 분야 기업인 세븐포인트

원은 '알츠원'과 '샐리'를 선보였다. "오늘 아침 뭐 드셨나요?"와 같은 간단한 질문에 답하는 1~2분 분량의 음성을 분석해 치매 고위험군을 조기에 발견한다. 부모님의 말소리에서 뇌 건강을 읽어내는 기술로, 병원에 가는 것을 두려워하는 어르신들도 스마트폰으로 편하게 치매 진단이 가능하다. 기술이 인간의 존엄성을 지켜주는 것이다. 이번 CES에서는 미국 주요 기관과 협력해 시니어케어가 절실한 북미 시장을 타깃으로 AI 건강관리 앱 '샐리'를 공개했다.

'젠젠센스'를 공개한 젠젠에이아이는 AI와 데이터 분야 스타트업이다. AI 학습에 필요한 데이터가 부족할 때 가상의 데이터를 진짜처럼 만들어내는 기술을 보유하고 있다. 기존에는 이미지·영상 위주였다면, 이번엔 라이다(LiDAR), 레이더 등 자율주행과 방산 분야에 필요한 복합 센서 데이터까지 생성하는 기술을 선보인다. AI를 가르치는 AI인 셈인데, 자율주행이나 국방처럼 실제 데이터를 구하기 어렵고 위험한 분야에서 젠젠에이아이가 만든 합성 데이터는 AI의 성능을 높여주는 가장 안전하고 효율적인 교과서가 되고 있다.

네이버는 글로벌 무대에서 활동하는 한인 창업가와 스타트업의 성장을 지원하기 위해 북미를 중심으로 투자·네트워크 활동을 확대하고 있다. 지난해 6월 현지 유망 스타트업 발굴과 한국 스타트업의 글로벌 확장을 본격적으로 추진하기 위해 네이버 벤처스를 출범했다. 이어 같은 해 12월에는 실리콘밸리에서 한국투자공사(KIC)와 함께 북미 시장 공략을 준비 중인 한인 창업가들을 위한 네트워킹 행사를 열고 미국 현지 벤처캐피털(VC)과 투자 유치 전략, 사업 확장 노하우를 공유했다.

양상환 네이버 D2SF 센터장은 "네이버 D2SF 전체 포트폴리오 80% 이상이 글로벌 비즈니스를 공략하고 준비 중인 만큼, 스타트업에 실질적으로 기여가 될 수 있는 전방위적 지원의 역할이 더욱 중요해지고 있다"며 "네이버는 앞으로도 현지 네트워크, 투자, 사업화 연계를 유기적으로 강화하며 한국 스타트업의 해외 진출을 다각도로 지원해나갈 계획"이라고 밝혔다.

사용자 경험을 바꾸는 기술 카카오벤처스

카카오벤처스가 투자한 패밀리사(스타트업) 7곳도 CES 2026의 문을 두드린다. 카카오벤처스 패밀리사(피투자사)는 AI, 디지털 헬스, 확장현실(XR), 제조 AX 등 각 산업 분야를 선도하는 핵심 기술과 제품을 선보이며, 글로벌 파트너십을 확장하고 해외 시장 진출을 본격 모색했다.

뉴로티엑스는 수면 질을 '해킹'하는 기술을 개발하고 있다. 현대인의 불면증과 우울증은 뇌의 '자율신경계 불균형'에서 온다. 기존에는 수면제(화학적 약물)를 먹었

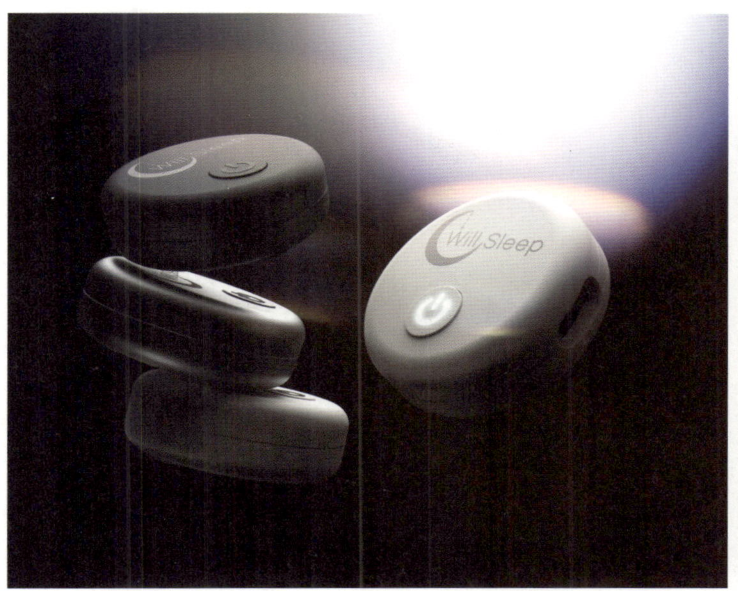

뉴로티엑스의 윌슬립. ⓒ 윌슬립

지만, 이는 부작용과 내성 문제가 심각했다. 뉴로티엑스는 이에 착안해 '약 없이 뇌를 고칠 수 없을까?'란 질문에 대한 답을 찾고 있다.

뉴로티엑스의 핵심 기술은 비침습 전자약이다. 수술이나 약물 없이, 미세한 전기 자극으로 미주신경(Vagus Nerve)을 자극해 뇌 기능을 조절한다. 사람마다 다른 생체 임피던스(저항값)와 신경 반응을 AI가 실시간으로 분석해 단순히 정해진 전기를 쏘는 게 아니라, 내 몸 상태에 딱 맞는 '전기 처방전'을 실시간으로 내려준다. CES 2026 혁신상을 수상한 뉴로티엑스의 윌슬립은 베개나 침대 옆에 두고 자면 되는 웨어러블·거치형 기기다. 수면 단계(렘·비렘수면)를 파악하고 적절한 자극을 통해 '꿀잠'을 유도한다. 지금까지의 슬립테크가 '당신은 어제 5시간을 잤다'고 알려주는 모니터링에 그쳤다면 뉴로티엑스는 '지금 바로 잠들게 도와드립니다'라는 해결책을 제시해주는 셈이다.

안경의 물성을 바꾼 광학의 마법사 레티널은 글로벌 빅테크들이 출시할 AR 글라스에 들어가는 핵심 부품 공급사로서 입지를 다지고 있다. 구글 글라스부터 애플 비전 프로까지, AR 기기의 최대 난제는 '크기'

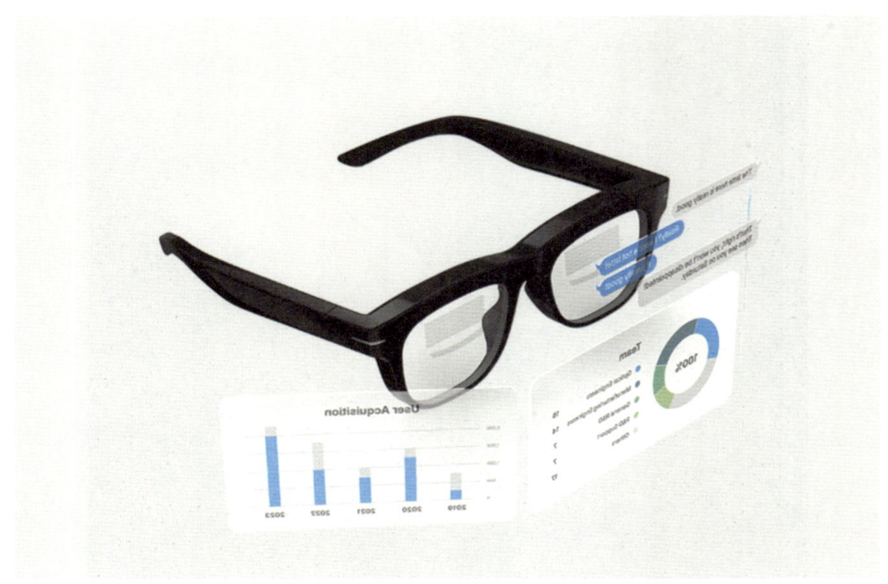

레티널의 핀미러 렌즈. © 레티널

와 '무게'다. 선명한 화면을 보여주려면 렌즈가 두꺼워져야 했고, 가볍게 만들면 화질이 떨어졌다. 레티널의 핵심 기술은 핀미러(Pin Mirror) 렌즈와 초경량화다. 레티널은 바늘구멍 사진기 원리를 응용했다. 안경 렌즈 안에 아주 작은 거울을 심어, 이미지를 눈으로 반사시키는 방식으로 문제를 해결했다. 또한 복잡한 프리즘이나 도파관(Waveguide) 없이도 선명한 화질을 구현해, 일반 안경과 거의 똑같은 무게와 디자인을 가능하게 만들었다. 모두가 어떤 콘텐츠를 보여줄까를 고민할 때 레티널은 '어떻게 보여줄까'라는 본질적인 하드웨어

의 한계에 대해 고민했고 그 해결책을 제시했다.

3D 창작의 민주화를 앞당기고 있는 리콘랩스의 핵심 기술은 '젠프레소'다. 노드(Node) 기반 툴로 전문가들이 세밀하게 수정할 수 있는 워크플로를 제공해, 단순히 '신기한 장난감'이 아니라 '프로의 작업도구'로 인정받았다. 메타버스와 게임 산업 규모가 커지고 있는데 3D 아이템 하나를 만드는 데 전문 디자이너가 꼬박 며칠을 매달려야 하는 상황, 즉 비용과 시간이 크게 드는 문제를 해결하기 위한 솔루션이다.

AI는 육아의 영역으로도 빠르게 들어오고 있다. AI를 접목한 스마트한 육아를 지향하는 루먼랩 역시 마찬가지다. "우리 아이의 발달이 늦는 것은 아닐까?" 부모라면 한번쯤 해봤을 막연한 고민에 대해 루먼랩은 AI로 똑 부러진 답을 제시하고 있다. 막연한 불안감에 사로잡힌 양육자들이 인터넷의 부정확한 정보에 의존하는 것을 막고 '데이터'에 근거한 정확한 답을 제시하는 것이 루먼랩이 하는 일이다.

루먼랩의 위닛.

루먼랩은 아이가 노는 영상이나 사진을 올리면, AI가 대근육·소근육 발달 상태를 국제 표준 데이터와 비교 분석한다. 또한 육아 기록을 귀찮은 숙제가 아니라 즐거운 추억(숏폼 영상 등)으로 자동 가공해줘 부모가 앱을 계속 쓰게 만드는 '록인(Lock-in) 효과'를 구축했다. 꾸준한 기록을 통한 비교 데이터 확보가 중요하기 때문이다. 가장 아날로그적인 영역인 '육아'와 가장 차가운 기술인 'AI'가 만났을 때, 부모는 비로소 데이터에 기반해 안심할 수 있다. 루먼랩은 단순한 육아 일기 앱이 아니라, 아이의 성장을 함께 지켜보는 AI 주치의이자 양육 파트너로 활약하고 있다.

물류 현장의 알파고가 되고 있는 오플렛도 CES에서 주목받는 스타트업 중 하나다. 오플렛은 배달 기사 한 명이 100개의 택배를 배송할 때, 어떤 순서로 가는 게 가장 빠를 것인가에 대한 고민을 해결하고 있다. 이 '외판원 문제(TSP)'는 변수가 너무 많아 슈퍼컴퓨터로도 계산이 어려운데, 산업 현장은 이 같은 비효율로 인해 매년 천문학적인 돈을 낭비하고 있다. 오플렛의 핵심 기술은 생성형 최적화 AI다. 오플렛은 이 복잡한 수학 문제(조합 최적화)를 딥러닝 AI로 풀어내고 있다. 사람이 몇 시간 걸려 짤 배차표를 단 몇 초 만에, 그것도 비용을 20% 이상 줄이는 경로를 제안해준다. 오플렛의 오아시스는 물류뿐 아니라 로봇의 동선, 공장의 작업 순서 등 '순서'가 중요한 모든 곳에 적용되는 범용 솔루션이다.

눈에 보이지 않는 의사결정의 비효율을 걷어내고 있는 기업인 오플렛의 AI는 물류 센터와 도로 위의 시간을 최적화해 기업의 비용을 크게 줄여주는 핵심 역할을 하고 있다. 산업 현장의 운영체제가 되겠다는 포부가 허황되지 않은 이유다.

낡은 공장을 스마트하게, 공장에 지능을 심고 있는 컨포트랩은 제조 AX 분야 스타트업이다. 대기업은 수백억 원을 들여 스

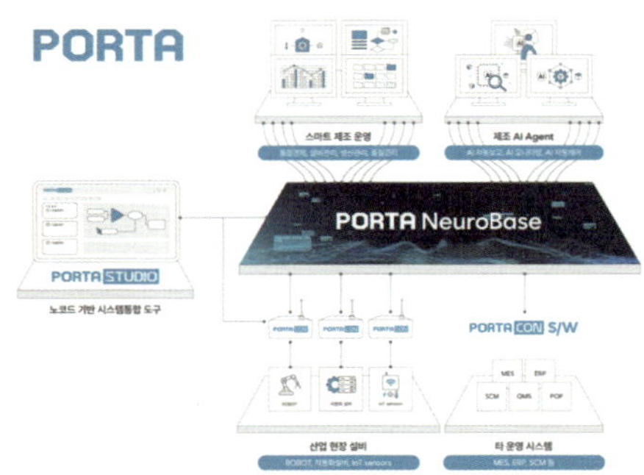

컨포트랩의 공정관리 솔루션 포타.

마트팩토리를 짓지만, 99%의 중소 공장은 여전히 수기 장부를 쓰고 있다. 멋지고 뛰어난 기술이 중소기업엔 비싸고 접근하기 어렵기 때문이다. 컨포트랩의 핵심 기술은 초경량·노코드 솔루션이다. 복잡한 코딩이나 대공사 없이, 작은 센서(IoT)를 기계에 붙이기만 하면 바로 데이터를 수집할 수 있다. 컨포트랩의 포타는 구독형 소프트웨어(SaaS) 형태로 제공돼 영세한 공장도 넷플릭스를 보듯 저렴하게 AI 공정 관리를 도입할 수 있도록 돕고 있다.

컨포트랩은 첨단 기술의 사각지대였던 '뿌리 산업'의 구원투수로 등판했다. 컨포트랩은 디지털 전환(DX)에서 소외됐던 중소기업들에 가장 현실적이고 저렴한 AI 도입의 길을 열어주고 있다. 진정한 산업 혁명은 가장 낮은 곳까지 기술이 스며들 때 완성되기 때문이다.

카카오벤처스 관계자는 "참가 기업들은 일상부터 산업 현장까지, 우리 삶에 활용 가능한 본질적인 기술 경쟁력을 쌓아온 팀들"이라며 "CES 2026이 글로벌 시장에서 기업들의 혁신 가치를 검증하고, 유의미한 비즈니스 기회를 발굴하는 계기가 되기를 기대한다"고 전했다.

미라클레터가 뽑은 딥테크 어벤져스

미라클레터가 CES에 참여한 유망 스타트업을 선정했다. 모빌리티와 제조, 바이오 분야에서 가장 어려운 문제들을 해결하고 있는 딥테크 어벤져스 3인방이다.

먼저 뷰런테크놀로지(뷰런)는 '라이다(LiDAR)' 하나로 자율주행을 완성하겠다는 야심 찬 목표를 내걸고 있다. 자율주행의 눈인 라이다는 1초에 수백만 개의 점 데이터를 쏘는데, 이걸 실시간으로 분석하려면 고사양 그래픽처리장치(GPU)가 필요하기 때문이다. 문제는 전력을 너무 많이 소비한다는 데 있다. 뷰런은 '자율주행이 가능하도록 하기 위해 무거운 컴퓨터를 들어낼 수는 없을까'라는 문제의식에서 출발했다.

뷰런은 하드웨어가 아닌 소프트웨어 기업이다. 핵심 기술인 뷰원은 라이다 센서가 보낸 데이터를 분석해 사람, 차, 오토바이를 구분한다. 놀라운 점은 이 모든 과정이 저전력 차량용 반도체(CPU) 하나만으로 가능하다는 것이다. 경쟁사들이 고성능

뷰런 테크놀로지의 라이다기술. © 뷰런 테크놀로지

GPU를 돌릴 때, 뷰런은 가벼운 칩 하나로 똑같은 혹은 더 정확한 인지 능력을 보여준다. 이미 라이다 센서 단 하나만 달고 서울에서 부산까지 자율주행에 성공했다. 이 가벼운 기술은 자동차를 넘어 도시로도 확장되고 있다. 스마트시티 솔루션 '뷰투'는 CCTV 대신 라이다를 활용해 인파 밀집도나 교통량을 분석한다. 얼굴이 찍히지 않아 프라이버시 침해가 없으면서도, 밤낮없이 정확하다는 강점이 있다.

모두가 하드웨어(센서) 스펙 경쟁을 할 때, 뷰런은 그 데이터를 해석하는 두뇌(소프트웨어)의 효율성에 집중했다. '가장 가볍지만 가장 똑똑한 눈'. 글로벌 자동차 제조사들이 뷰런의 기술을 탐내는 이유는 명확하다. 자율주행 상용화의 필수 조건인 '비용 절감'과 '에너지 효율'을 동시에 해결했기 때문이다.

나이키도 1년 걸리던 신발을 클릭 한 번에 한 달 만에 뚝딱. 크리스틴컴퍼니는 제조 난이도가 높은 신발을 쉽게 만들어보자는 아이디어에서 출발했다. 패션 아이템 중에서도 신발은 제조 난도가 가장 높다. 옷은 원단을 자르고 꿰매면 되지만, 신발은 갑피, 밑창, 안창 등 소재가 다른 부품이 수십 개 들어가고 공정만 100단계가 넘는다. 이 때문에 거대한 에이전시(벤더)를 통하지 않으면 공장은 주문조차 받아주지 않았다. 신생 브랜드가 오늘 유행하는 디자인을 기획해도, 실제 제품이 나오기까진 최소 10개월에서 1년이 걸렸다. 역설적이게도 '신상'이 매장에 공급될 즈음엔 이미 한물간 제품이 돼버리는 것이다.

크리스틴컴퍼니는 전국의 영세한 신발 공장들을 하나의 빅데이터 플랫폼 '신플'로 연결했다. A공장은 가죽 재단, B공장은 밑창 접착 등 공장별 특성을 데이터화했다. 브랜드가 디자인을 올리면, AI가 이를 실현해 줄 최적의 공장 조합을 찾아 자동 매칭해준다. 그 결과 10개월 이상 걸리던 신발 제조 기간을 단 1~2개월로 줄였다. 소규모 브랜드도 다품종 소량 생산이 가능해진 것이다. '신플'에는 텍스트나 이미지를 입력하면 신발 디자인을 자동으로 생성해 주는 AI 기능도 탑재돼 있다. 디자이너가 없는 브랜드도 "봄에 어울리는 파스텔톤 어글리 슈즈"라고 입력하면 디자인 시안을 얻고, 이를 바로 생산으로 연결할 수 있다. 크리스틴컴퍼니는 가장 아날로그적인 굴뚝 산업에 데이터를 연결해 제조 공정을 스마트하게 바꾸고 있다. 누구나 상상 속 신발을 현실로 만들 수 있게 도와주는 제조업의 서비스화(MaaS)에 앞장서고

있는 것이다.

암은 여전히 인류의 정복 대상이다. 포트래이는 암세포의 번지수를 찾는 지도 제작자 역할을 하고 있다. 기존의 유전자 분석 방식은 암 조직을 떼어내 믹서기처럼 갈아서 분석했다. 암을 정복하려면 정확한 위치 파악이 필수지만 이 같은 분석 방식으론 해당 유전자가 어디에 어떤 세포 옆에 숨었는지는 알 길이 없다. 포트래이는 흉부외과 전문의와 핵의학과 교수 등 임상 의사들이 직접 창업한 기업이다. 이들은 바이오 분야의 최신 기술인 '공간전사체'에 AI(컴퓨터 비전)를 결합해 이 문제를 풀었다.

포트래이는 세포 지도를 시각화했다. 즉 조직을 갈지 않고 그대로 들여다보는 것이다. 현미경 이미지(형태) 위에 유전자 정보(분자)를 겹쳐 시각화하는 방식을 활용했다. "암세포가 혈관 근처 1mm 지점에 진을 치고 있구나"를 구글어스 보듯 눈으로 확인할 수 있다. 이는 또한 개발 중인 신약이 표적(암세포)에 정확히 도달하는지, 주변 세포에는 어떤 영향을 미치는지 시각적으로 검증하는 데 도움이 된다. 이는 수조 원이 드는 신약 개발의 실패 확률을 획기적으로 낮춰줄 수 있다. 암세포의 유무에서 한발 더 나아가 암세포가 숨어 있는 공간을 정확히 파악해 인류는 암 정복이라는 목적지에 한발 더 가까워지게 됐다.

4부

차이나테크의 공습

중국 가전
CES 중심을 차지하다

2026년 1월 6~9일(현지시간) 개최된 세계 최대 정보기술(IT)·가전 전시회 'CES 2026'의 주인공이 바뀌었다. 매년 1월 미국 라스베이거스에서 개최되는 CES는 원래 '새로운 기술을 먼저 선보이는 자리'였다. 그러나 이제는 단순 기술 공개를 넘어 업계의 '새로운 질서를 짜는 자리'로 변하고 있다. 2026년 그 변화의 중심에는 중국이 있다. 특히 중국 가전 기업들은 TV와 프로젝터, 세탁기, 로봇청소기 등과 같은 완제품부터 충전기, 소형 가전, 웨어러블 등 모든 가전 분야에서 인공지능(AI)으로 무장한 첨단 제품들을 꺼내들었다.

중국 기업들은 제품을 넘어 AI 생태계로 전시 부스를 채웠다. 자연스럽게 관람객들의 동선과 '전시장의 중심'은 중국 기업들에 넘어갔다. 이 같은 변화는 국내 한 기업의 부재도 방아쇠를 당겼다. 삼성전자는 이전과 달리 2026년에는 라스베이거스컨벤션센터(LVCC)의 중심인 센트럴홀에 전

시 부스를 마련하지 않았다. 대신 라스베이거스 윈 호텔에 독립 전시관을 꾸렸다. 삼성전자는 이를 '전시 패러다임의 전환'이라고 소개했다. 관람객들이 제품을 '나열 형태'로 보는 대신 갤러리나 뮤지엄처럼 첨단 제품을 음미하고 경험할 수 있는 구조로 설계했다는 것이다. 그러나 일각에서는 중국 기업들의 '기술 카피'를 우려한 삼성전자가 자사의 기술력을 철저히 감추기 위해 경쟁 기업들이 함께하는 CES의 메인 전시장을 떠나 독립 전시관을 만들기 시작했다는 분석이 나왔다.

여기서부터 변화가 시작됐다. 삼성전자가 떠난 중심 무대는 금세 다른 기업의 차지가 됐다. CES의 '상징적 중심'으로 여겨지던 센트럴홀이 2026년에는 중국 기업들의 대형 부스로 빠르게 재편됐다. 올해 CES에서는 중국 가전 기업 TCL이 차지했다. "삼성전자가 LVCC에서 철수하자 TCL이 곧바로 그 자리를 채갔다"는 말이 나왔다.

삼성전자가 오랜 기간 독점했던 핵심 전시관은 중국 TCL의 거대한 테마존으로 탈바꿈했다. 말 그대로 '중국 가전의 공습'이 시작됐다.

TCL, AI 로봇과 대형 패널로 공세

중국 기업 TCL은 이제 'TV 회사'라는 수식어만으로는 부족하다. 여전히 TV 중심으로 사업을 하고 있지만 무게추가 점점 인공지능(AI)과 로봇, 스마트홈으로 움직이고 있다. 특히 TCL은 CES 2026에서 상징적인 승부수를 던졌다. 삼성전자가 떠난 라스베이거스컨벤션센터(LVCC) 센트럴홀의 3368m²(약 1019평) 규모 중심 부스

CES 2026 전시관에 마련된 TCL 전시 부스. © AP

관람객이 TCL 전시 부스에 놓인 로봇 '에이미(AiME)' 앞을 지나가고 있다. © AP

를 차지한 것이다. 센트럴홀 최대 규모의 전시 부스를 꾸린 TCL은 AI 공감 로봇 '에이미(AiMe)'를 전면에 내세우며 관람객들의 시선을 사로잡았다.

TCL이 삼성전자 대신 꾸린 이번 전시 부스 위치는 단순히 상징적인 의미만을 지니고 있지 않다. 해당 부스는 LVCC 센트럴홀의 입구 근처에서 관람객들의 시선을 가장 먼저 끌 수 있는 전시 공간 중 하나다. 관람객들의 시야가 먼저 닿는 공간은 곧 권력의 위치를 뜻한다. 단순히 규모를 넘어 'CES 2026에서 가전 사업을 누가 주도하는가'를 보여줄 수 있는 자리다.

삼성전자는 라스베이거스 윈 호텔로 옮기며 '몰입형 전시' 노선을 택했지만 LVCC 센트럴홀의 중심은 중국 기업 TCL로 넘어갔다. TCL 전시 부스는 중국의 기술력을 직접 두 눈에 담으려는 관람객들이 몰리며 인산인해를 이뤘다. 차세대 디스플레이 기술과 AI 기반 스마트 제품 라인업을 선보인 TCL은 자체 개발한 'SQD-미니 LED 디스플레이'를 비롯해 모바일, 웨어러블, 증강현실(AR) 글라스 등 다양한 분야의 제품들을 공개했다.

특히 관람객들의 시선을 사로잡은 것은 TCL이 지난해 처음 공개했던 AI 동반자 로봇 에이미다. TCL은 전시 공간에 '에이미 랜드'를 조성하고 아이들과 여성 관람객들을 본격 겨냥했다. 바퀴형 휠로 이동하는 에이미는 커다란 눈을 가진 귀여운 아기 인형 모습을 갖추고 있다. 단순 로봇을 넘어 귀엽고 친근감 있는 외모와 목소리로 사용자와 정서적으로 연결될 수 있는 '반려' 가치를 극대화한 것이다.

에이미는 주인과 대화하며 다양한 작업을 수행할 수 있다. CES 2026에서 진행된 시연 행사에 등장한 각기 다른 이름을 가진 에이미 3대는 머리에 탑재된 카메라로 사용자를 인식한 뒤 따라다니면서 입력되는 업무를 수행했고, 이를 지켜본 관람객들은 에이미의 교감 능력에 감탄하며 박수와 찬사를 보냈다. 'TV를 잘 만드는 회사'로 알려졌던 TCL이 에이미를 통해 관람객들의 기억을 점유하며 스펙 경쟁에 머물렀던 과거에서 탈피해 전시 부스에 세계관을 깔기 시작했다는 평가가 나왔다.

하이센스, LCD의 '마지막 왕좌'를 노리는 RGB 혁명

중국 기업 하이센스(Hisense)는 액정표시장치(LCD) TV가 가진 마지막 확장 가능성을 끝까지 파고드는 회사 중 하나다. 국내 기업들이 강점을 가진 유기발광다이오드(OLED)가 '검은색'과 '얇은 두께'를 무기로 프리미엄 시장을 점령하는 동안 하이센스(Hisense)는 LCD의 진화를 '더 크게, 더 밝게, 더 선명하게'로 밀어붙였다. CES 2026에서는 RGB(레드·그린·블루) 미니 발광다이오드(LED)와 함께 '더 밝은 삶을 위한 혁신(Innovating A Brighter Life)'을 주제로 내세웠다.

하이센스는 전시 부스 전면에 '116형 RGB 미니 발광다이오드(LED) TV'를 배치했다. 동시에 인공지능(AI) 가전 연결을 강조한 스마트홈 생태계를 선보였다. 전시관 한쪽 벽면에는 RGB 미니 발광다이오드의 기술력을 소개하는 설명 자료가 부착됐다. 전시관을 찾은 한 일본 소니 직원은 연신 스마트폰으로 제품 사진과 자료를 찍으며 하이센스의 기술력을 공부했다. 다른 한쪽에서는 빨간색, 초록색, 파란색의 휴머노이드 로봇이 스피커를 통해 나오는 음악에 맞춰 춤을 추는 공연이 진행됐다.

하이센스가 올해 전면에 내세운 대표 제품은 116UXS RGB 미니 발광다이오드 TV다. 미국 정보기술(IT) 매체 톰스가이드는

하이센스가 선보인 116형 RGB(레드·그린·블루) 미니 발광다이오드(LED) TV. © 하이센스

해당 제품을 두고 "CES 2026에서 가장 보기 좋은 LCD TV 후보"로 표현했다. 핵심은 RGB의 진화다. 하이센스는 지난해 소비자용 RGB 미니 발광다이오드를 먼저 내놨고 올해는 2세대 개념을 116UXS로 확장했다는 평가를 받는다.

하이센스가 공개한 기술 설명의 핵심은 '다중 원색'이다. 116UXS에 RGB 미니 발광다이오드 에보와 같은 표현을 붙이며 색 재현과 시청 경험을 개선하는 전략을 강조했다. 동시에 레이저 홈시네마 전시 부스에서는 XR10과 같은 모델을 앞세워 초대형

스크린(최대 300in급) 기술력을 홍보했다. 하이센스는 'TV · 가전의 격전지'로 불리는 라스베이거스컨벤션센터(LVCC) 센트럴홀의 중심에서 'LCD는 아직 끝나지 않았다'는 메시지를 던졌다. 하이센스가 보여준 것은 단지 한 대의 TV가 아니라 '색의 규칙을 다시 쓰겠다'는 선언이자 '초대형 스크린을 둘러싼 다음 전장의 한복판'이다.

창훙, AI 가전 생태계를 통째로 들고 오다

중국 기업 창훙은 한국 소비자들에게 TCL과 하이센스에 비해 생소할 수 있다. 창훙은 중국의 3대 TV 브랜드 중 하나다. 중국 내에서는 오래된 가전 제조 기반 위에 최근에는 TV 브랜드 CHiQ와 같이 해외 확장을 시도하고 있다. CES 2026에 창훙이 들고 온 메시지에는 전통과 최첨단이 결합돼 있다. TV · 냉장고 · 에어컨 · 세탁기 등 생활가전 4종 세트를 인공지능(AI)이라는 접착제를 사용해 한데 묶겠다는 전략이다. CES 2026에서 하이센스 옆에 대형 부스를 차린 창훙은 AI가 탑재된 TV, 냉장고, 에어컨, 세탁기 등을 포함한 '스마트홈 솔루션'을 선보였다. 창훙은 제품 하나하나의 특징을 내세우기보다는 이들이 연결돼 조성하는 하나의 시스템 환경을 강조했다. TV가 가정 내 눈, 냉장고가 데이터 저장고, 에어컨이 환경 제어 장치, 세탁기가 물

CES 2026 전시 공간에 마련된 창홍 부스. ⓒ창홍

과 전력의 최적화 엔진 역할을 한다는 것이다.

전시장에서 창홍의 존재감은 '한 방'이 아니라 '연결'과 '면적'으로 이해해야 한다는 평가가 나왔다. TCL이 전시 부스와 세계관, 하이센스가 색으로 말한다면 창홍은 가전 생태계의 연결로 말한다. 이렇게 중국 가전의 공습은 가정 내 '모든 방을 다 채우는 방식'으로 진행되고 있다.

정리도 스마트하게, 로봇청소기 전쟁

집 안 정리를 하는 방식도 기술 발전과 함께 새로운 형태로 거듭나고 있다. 과거에 빗자루와 걸레로 쓸고 닦기 시작해 진공청소기, 무선청소기가 등장하면서 편의성이 강조됐다. 이제는 스마트 청소기다. 로봇청소기의 등장은 사람이 직접 청소를 해야 하는 필요성을 줄여주고 있다. 반면 편의성은 눈에 띄게 늘었다.

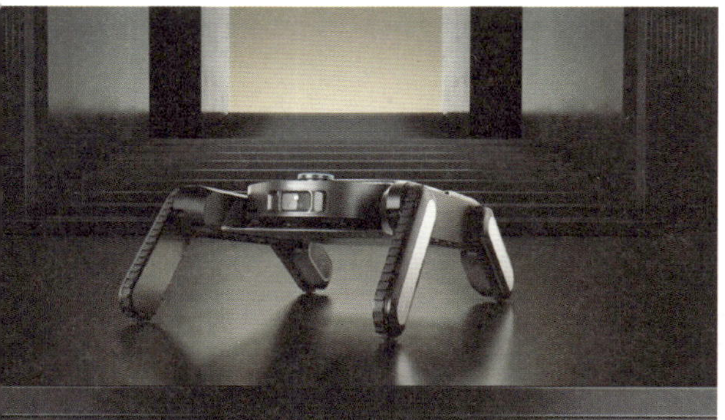
드리미가 전시한 계단 오르는 로봇청소기 '사이버 X'.

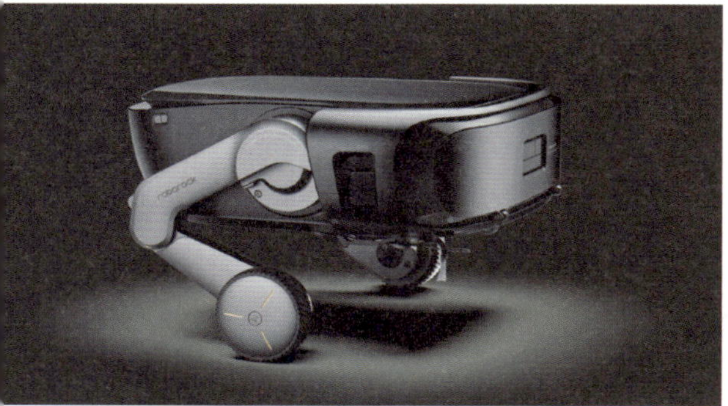
로보락이 공개한 계단 오르는 로봇청소기 '사로스 로버'.
© 로보락

글로벌 로봇청소기 시장은 중국 기업들이 선도하고 있다. 미국 시장조사기업 IDC에 따르면 2025년 2분기 기준 중국 로보락이 21.8%로 시장점유율 1위를 차지했다. 에코벡스, 드리미, 샤오미 등 다른 중국 기업들이 그 뒤를 이었다.

중국 기업 드리미는 로봇청소기 시장에서 '프리미엄 경쟁'을 주도하는 브랜드 중 하나다. 라스베이거스컨벤션센터(LVCC) 센트럴홀 등 다양한 전시관에 부스를 꾸린 드리미는 로봇청소기 단일 품목을 넘어 스마트홈·로보틱스 등과 함께 확장하는 '청소 가전'을 보여줬다.

전시장 한쪽에 마련된 부스에서는 로봇청소기 X60 맥스 울트라 컴플리트 모델이 스스로 바닥에 놓인 물컵과 휴지통, 인형 등 장애물을 피해 다니며 분주히 바닥의 먼지를 쓸어 담았다. 배터리가 다 되면 혼자 충전 스테이션으로 돌아가 연결한 뒤 충전 모드에 들어갔다. 반대편에서는 드리미 전시 부스에서 가장 많은 관람객들을 끌어모은 로봇청소기 사이버X의 작동 시연이 이어졌다.

스스로 계단을 올라가는 로봇청소기로 널리 알려진 사이버 X는 톱니 모양의 긴 타원 바퀴형 네 다리가 달린 로봇청소기다. 기존에 출시된 로봇청소기가 사이버 X 안에 들어가 합체하면 함께 톱니바퀴 다리를 이용해 계단을 오르내리는 방식이다. 사이버 X가 가파른 계단을 스스로 올라가는 모습을 보면서 주변의 외국인 관광객들은 "어메이징!"을 연발했다.

드리미는 이외에도 스스로 문턱을 넘는 로봇청소기, 바닥에 굴러다니는 물건을 빠르게 피하는 로봇청소기, 바닥에 놓인 공을 집게손으로 집어 정리하는 로봇청소기 등을 소개했다.

또 다른 중국 로봇청소기 기업 로보락 역

시 CES 2026에서 계단을 청소하는 로봇청소기를 공개하며 깊은 인상을 남겼다. '평면 최적화'라는 프레임에 갇혀 있던 로봇청소기가 드디어 '집'이라는 3차원 지형 정복을 위한 신호탄을 쏜 것이다. 라스베이거스 베네시안 엑스포에 마련된 전시관에서 로보락은 한계를 뛰어넘은 로봇청소기 사로스 로버를 선보였다.

바쿠 달린 다리가 탑재된 로봇청소기 사로스 로버는 본체에 접혀 있던 다리가 펼쳐지면서 스스로 계단을 올라가는 형태로 작동된다. 바퀴와 다리가 독립적으로 움직일 수 있도록 설계됐으며 혼자 계단을 한 칸씩 오르면서 청소하는 모습을 보여줘 관람객들의 큰 호응을 얻었다. 바퀴와 결합돼 본체를 지탱하는 두 개의 다리는 계단이 나타나자 스스로 본체를 들어 올리고 다리를 접는 방식을 반복하며 계단을 올라갔다.

사로스 20의 경우 최대 3cm 두께의 카펫도 청소할 수 있고 8.5cm의 문턱을 넘을 수 있어 집 안 어느 공간으로도 자유롭게 이동할 수 있다. 로봇청소기는 지금까지 장애물은 피할 수 있었지만 계단은 오르지 못했다. 사실상 계단이 로봇청소기의 마지막 관문이었던 셈이다. 로보락은 이 같은 한계에 새로운 질문을 던졌다. '그래서 로봇청소기는 이제 집 전체를 관리할 수 있는가?'

전시 현장에서는 로보락의 제품을 두고 기대와 우려가 공존했다. 한쪽은 감탄하는 반면 일부는 불안을 표했다. 로봇청소기가 계단을 정복하는 순간 편리함과 함께 '사생활 침해'에 대한 우려가 찾아온다. 드론과 로봇청소기를 해킹해 이에 탑재된 카메라를 통해 사생활을 감시할 수 있다는 문제는 꾸준히 지적돼왔고 실제로 사생활이 유출된 전례도 있다. 집이라는 사적 공간의 지형을 학습하는 기계가 늘어날수록 플랫폼과 데이터를 누가 관리하는지가 더 중요해진다.

피지컬 AI 맹주 선언한 중국

라스베이거스컨벤션센터 노스홀에 있는 유니트리 부스에서 관람객과 유니트리 G1 로봇이 복싱 경기를 하고 있다.
© 이덕주 기자

"로봇과 겨뤄보실 분 계신가요?"
1월 6일(현지시간) CES 2026이 열린 미국 라스베이거스컨벤션센터(LVCC) 노스홀. 중국 휴머노이드 로봇 기업 유니트리 부스에 관람객이 몰리기 시작했다. 곧이어 복싱을 하는 휴머노이드 로봇 '유니트리 G1'이 등장했다. 빨간색 글러브를 착용한 G1은 사람과 실제 권투를 하듯 민첩하게 움직이며 상대의 주먹을 피했고, 그때마다 현장에서는 환호가 터져 나왔다. 주먹을 맞고도 균형을 유지하던 G1은 연속된 타격에 '쿵' 소리를 내며 넘어지기도 했지만, 이내 아무 일 없다는 듯 몸을 일으켜 다시 권투 자세를 취했다. 유니트리는 이날 부스에 소형 권투장을 마련해 참관객이 직접 로봇과 대결할 수 있는 체험 행사를 진행했다. 로봇을 낯선 기술이 아닌 체험 가능한 제품으로 제시하며 상용화 단계에 접어들었음을 상징적으로 보여준 장면이었다. 이외에도 중국 기업 샤르파는 바람개비를 접는 로봇, 블랙잭 딜러 역할을 하는 로봇을 시연했다. 중국의 센스타임은 함께 체스를 둘 수 있는 센스로봇을 공개하며 다양한 분야에 로봇이 활용될 수 있음을 보여줬다. 모빌리티 전시장으로 잘 알려진 라스베이거스컨벤션센터 웨스트홀에서도 중국의 존재감은 뚜렷했다. 현대차그룹 전시장 바로 옆에는 '만리장성'이라는 의미를 가진 중국 완성차 업체 장성자동차가 대규모 부스를 마련하고, 자체 개발한 엔진과 양산 차량을 대거 전시하며 인지도 확대에 나섰다.

CES 2026에서 첨단 기술을 앞세운 중국 기업들이 글로벌 무대에서 존재감을 한층 키웠다. 과거 CES에서 중국 기업들이 가전과 액세서리, 저가 하드웨어 중심의 전시어 머물렀다면, 2026년에는 전기차와 자율주행, 로봇 등 첨단 기술 분야에서 전면에 나서며 전시장 구도를 바꿨다. 단순히 개념 제시에 그쳤던 과거와 달리 상용화를 전제로 한 전기차 플랫폼과 자율주행 시스템, 휴머노이드 로봇 시연이 이어지면서 첨단 기술 분야에서 중국이 결코 뒤처지지 않았음을 과시했다는 평가다.

휴머노이드는 우리가 최고, 유니트리

유니트리는 4족 보행 로봇, 이른바 로봇개로 출발해 초저가·양산형 휴머노이드로까지 영역을 넓힌 중국 항저우 기반 레그드 로봇 전문 기업이다. 전기 모터와 감속기, 관절 제어 기술을 자체 개발해 가격을 낮추고 생산 규모를 키운 것이 특징으로, 연구용 시제품 중심이던 로봇 시장에서 실제 판매와 출하량을 앞세운 드문 사례로 꼽힌다. 로봇을 '보여주는 기술'이 아니라 '구매해 쓰는 제품'으로 만들겠다는 전략이 회사의 출발점이다.

유니트리는 CES 2026에서 저가형 휴머노이드 G1을 전면에 내세우며 존재감을 키웠다. G1은 1만6000달러 수준의 가격으로 소개된 상용 휴머노이드로, 대화형 인공지능(AI)을 탑재해 음성 기반 상호작용이 가능하다는 점을 강조했다. 특히 복싱과 킥동작을 시연하는 퍼포먼스를 통해 격투 대회 우승 이력을 가진 '움직이는 로봇'이자 실제 구매 가능한 플랫폼이라는 이미지를 부각했다. 고가 연구 장비가 아닌, 교육·엔터테인먼트·서비스 분야에서 바로 활용할 수 있는 휴머노이드라는 점을 분명히 한 것이다.

차세대 휴머노이드 H2는 유니트리의 기술적 정점을 보여주는 모델로 소개됐다. 고출력 관절과 다자유도 구조를 바탕으로 백플립, 회전 킥, 연속 동작 등 고난도 다이내믹 모션을 구현하는 영상과 시연을 통해 성능을 과시했다. 유니트리는 H2를 단순한 시연용 로봇이 아니라 산업 환경에서 반복 작업과 복합 동작을 수행할 수 있는 차세대 휴머노이드로 설명했다. 여기에 엔트리급 휴머노이드 R2까지 포함해, 고가 플래그십부터 저가 양산형까지 이어지는 휴머노이드 풀 라인업을 한꺼번에 공개했다.

유니트리의 전략은 휴머노이드에만 머물지 않는다. 회사는 CES 현장에서 기존 4족 보행 로봇 라인업도 함께 전시하며, 다리 달린 로봇 전반을 아우르는 '레그드 로봇 회사'임을 강조했다. 바퀴 대신 다리를 선택한 이유로는 계단과 울퉁불퉁한 지형, 실·내외가 섞인 환경에서의 기동성과 균형 제어를 꼽았다. 실제로 유니트리는 수천 대 단위의 로봇개를 전 세계 연구기관과 기업에 출하하며, 현장 사용 데이터를 빠르게 제품 개선에 반영하는 구조를 갖췄다는 평가를 받는다.

업계에서는 유니트리를 '가장 싸지만 가장 많이 깔리는 로봇'을 만드는 회사로 본다. 보스턴다이내믹스나 테슬라, 미국 휴머노

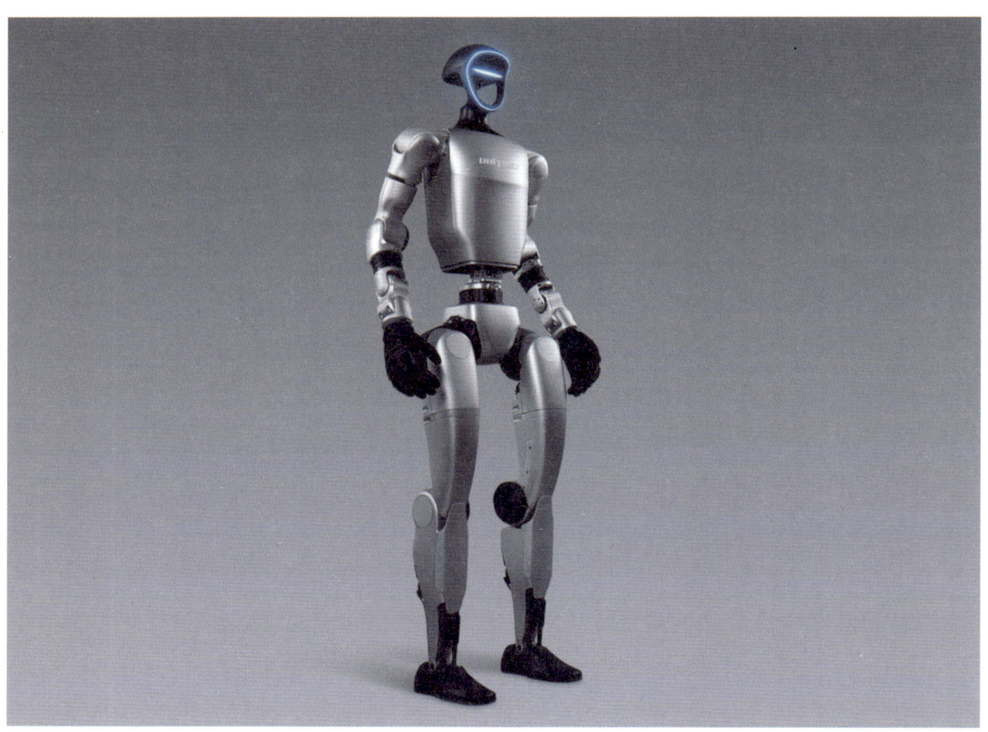

유니트리의 휴머노이드 로봇 G1. 약 1만6000달러의 '저가형 상용 휴머노이드'다. © 유니트리

이드 스타트업들이 고성능 · 고가 전략을
택한 것과 달리, 유니트리는 저비용 · 대
량생산 · 소비자 판매를 전면에 내세웠다.
CES 2026 무대에서의 풀 라인업 공개는
유니트리가 중국 휴머노이드 진영을 대표
하는 기업으로서 상용화 경쟁의 중심에 들
어섰음을 보여주는 장면으로 해석된다.

로보테라, CES 2026에서
'현장형 휴머노이드' 공개

로브테라는 CES 2026에서 휴머노이드와
서비스 로봇, 로봇 핸드를 아우르는 핵심
3종 라인업을 '헥사 코어(Hexa-Core)'라
는 하나의 개념으로 묶어 공개했다. 힘과
민첩성, 정밀도, 안정성, 내구성, 적응성
등 여섯 가지 핵심 역량을 모두 갖춘 로봇
포트폴리오라는 설명이다. 회사 측은 이번
전시가 개념 발표가 아니라, 이미 현장에
서 활용 중인 하드웨어를 보여주는 자리라
고 강조했다.

전면에 내세운 모델은 풀사이즈 휴머노이
드 L7이다. 사람 키에 가까운 이족 보행 로
봇으로, 달리기와 방향 전환 같은 큰 동작
과 손을 이용한 정밀 조작을 동시에 수행
하는 모습을 시연했다. CES 현장에서는
초저지연 원격 조작 기술을 활용해 전신을
실시간으로 제어하는 데모를 선보였는데,
무거운 물체를 들고 이동하거나 자세를 비
트는 동작이 끊김 없이 이어지며 관람객의

로보테라의 휴머노이드 L7. 무거운 물체를 들고 이동하거나 달
릴 수 있다. ⓒ로보테라

관심을 끌었다.

함께 공개된 Q5는 다리 대신 바퀴를 사용
하는 휠형 휴머노이드 서비스 로봇이다.
상체와 팔, 손의 자유도를 높여 사람과 유
사한 제스처를 구현하는 데 초점을 맞췄
다. 로보테라는 Q5를 리셉션과 안내, 매장

보조 인력 같은 서비스 환경에 투입할 수 있는 로봇으로 소개했다. 현장에서는 관람객에게 선물을 건네고, 쪼그려 앉아 물건을 집은 뒤 다시 일어나는 동작을 자연스럽게 시연했다.

정밀 조작 기술을 보여주는 제품으로는 XHAND1 로봇 핸드가 전시됐다. 다섯 손가락을 각각 제어하는 구조로, 힘과 각도를 미세하게 조절해 다양한 형태의 물체를 잡고 다루는 데모가 진행됐다. 로보테라는 이 로봇 핸드가 이미 해외 대학과 로봇 기업, 연구기관에 공급되고 있으며, 휴머노이드 로봇의 작업 능력을 끌어올리는 핵심 부품이라고 설명했다.

로보테라는 하드웨어와 소프트웨어를 함께 개발하는 풀 스택 전략을 앞세운다. 관절과 액추에이터, 제어기뿐 아니라 전신 동작을 통합적으로 다루는 임베디드 AI 모델을 자체적으로 구축해, 로봇이 환경을 인식하고 행동을 생성하는 과정을 하나의 구조로 묶겠다는 구상이다. 회사 측에 따르면 이미 수백 대 규모의 로봇이 전시와 물류, 상업 공간에서 실제 운영되고 있다.

매직랩, 공장에서 바로 쓰는 휴머노이드

중국 우시에 기반을 둔 휴머노이드 로봇 스타트업 매직랩은 CES 2026에서 산업 현장에 즉시 투입할 수 있는 협업형 휴머노이드 로봇을 전면에 내세우며 존재감을 드러냈다. 매직랩은 연구용 시연이나 콘셉트 모델이 아니라 공장과 물류 현장에서 실제로 일하는 로봇을 목표로 한다는 점을 분명히 했다.

이번 전시의 중심은 산업용 휴머노이드 '매직아톰(MagicAtom)', 일명 매직봇 (MagicBot) 계열이다. 매직봇은 전기 구동 방식의 휴머노이드로, 다수의 관절 자유도와 고출력 모터를 바탕으로 검사와 자재 운반, 정밀 조립, 바코드 스캔, 재고 관리 등 공장 작업을 수행하도록 설계됐다. CES 현장에서는 여러 대의 로봇이 동시에 움직이며 한 작업 라인을 나눠 맡는 협업 시연이 진행돼 관람객의 시선을 끌었다.

매직랩이 강조한 차별점은 '다중 로봇 협업'이다. 한 대의 고성능 로봇이 모든 작업을 맡는 방식이 아니라, 여러 대의 휴머노이드가 역할을 분담해 유연하게 공정을 구성하는 구조다. 생산 품목이 바뀌더라도 하드웨어 교체 없이 소프트웨어 재설정만으로 공정을 바꿀 수 있다는 점에서 기존 산업용 로봇 대비 활용 범위를 넓혔다는 설명이다.

기술적으로는 완전 전기식 구동과 고집적 액추에이터가 핵심이다. 유압 방식 대신 고토크 전기 모터와 감속기를 모듈화해 에너지 효율과 유지 보수성을 높였고, 섬세한 조립 작업과 비교적 무거운 적재 작업을 한 로봇이 모두 수행하는 것을 목표로

매직랩의 로봇이 공장에서 작업을 하고 있는 상상도. © 로봇랩

하고 있다. 전시장에서는 공장 작업 외에도 균형과 민첩성을 보여주는 동작 시연이 함께 이뤄졌다.

매직랩은 CES 2026에서 '임베디드 인텔리전스', 즉 몸을 가진 AI를 전면에 내세웠다. 로봇이 환경을 인식하고 판단해 움직이는 전 과정을 하나의 구조로 통합해 제어한다는 개념으로, 휴머노이드를 단순 자동화 장비가 아닌 범용 작업자로 발전시키겠다는 전략이다. 회사 측은 이미 중국 내 공장에 로봇을 배치해 실증을 진행 중이며, 대량성산과 주문 확대를 동시에 추진하고 있다고 밝혔다.

파시니, 촉감까지 느끼는 로봇

파시니는 중국 선전에 본사를 둔 로봇·센서 기업으로, 사람의 '촉감'을 로봇에 구현하는 기술에 특화돼 있다. 로봇이 물체를 보고 잡는 데서 그치지 않고 힘의 세기와 질감, 미끄러짐까지 느끼도록 만드는 것이 이 회사의 핵심 경쟁력이다.

파시니는 단순히 센서만 만드는 회사가 아니다. 손끝에 들어가는 촉각 센서, 이를 활용한 섬세한 로봇 손, 나아가 촉각을 전신에 적용한 휴머노이드 로봇까지 한 번에 개발한다. 로봇이 물리 세계를 제대로 이해하려면 '눈'인 카메라뿐 아니라 '피부' 역할을 하는 촉각이 필요하다는 판단에서다. CES 2026에서 파시니는 '촉각 기반 체현 AI 인프라'를 주제로 풀 라인업을 공개했다. 전시의 중심에는 6축 힘과 토크를 감지하는 고정밀 촉각 센서가 있었다. 이 센서는 아주 약한 힘의 변화까지 감지할 수 있어 로봇이 물체를 세게 쥐었는지, 미끄러지고 있는지를 실시간으로 판단 가능하다. 회사는 이 촉각 센서를 비교적 낮은 가격으로 공급해 고급 촉각 기술을 대중화하겠다는 목표를 내세웠다.

이 촉각 센서를 적용한 제품이 로봇 손이다. 파시니의 로봇 손은 다섯 손가락을 각각 제어해 시험관이나 공, 작은 부품 같은 물체를 안정적으로 집고 다룰 수 있다. CES 현장에서는 깨지기 쉬운 물건을 부드럽게 집는 시연이 이어지며 관람객의 관심을 끌었다.

휴머노이드 로봇 TORA 시리즈도 함께 전시됐다. TORA는 전신 곳곳에 촉각 센서를 적용해 물건을 집고 조립하거나 물류 작업을 수행할 때 힘을 세밀하게 조절하는 것이 특징이다. 단순히 '움직이는 로봇'이 아니라, 손과 몸으로 작업을 수행하는 범용 로봇을 지향한다는 설명이다.

파시니가 강조하는 또 하나의 축은 데이터다. 로봇이 촉각과 시각을 동시에 사용하며 얻는 방대한 데이터를 모아 로봇 학습용 데이터베이스를 구축하고 있다고 밝혔다. 센서와 로봇, 데이터까지 한꺼번에 제공하는 구조로 로봇 산업의 기반 기술을 맡겠다는 전략이다.

'입는 로봇'의 대중화… 하이퍼셸

하이퍼셸은 중국 상하이에서 출발한 웨어러블 로봇 스타트업으로, 외골격을 '특수 장비'가 아닌 일반 소비자가 쓰는 제품으로 만든 회사로 평가받는다. 군이나 의료, 재활 분야에 머물던 외골격을 하이킹과 러닝, 야외 작업 등 일상 활동으로 끌어내린 것이 하이퍼셸의 출발점이다.

하이퍼셸의 핵심 제품은 허리와 엉덩이, 허벅지에 착용하는 다리 보조 외골격 '하이퍼셸 × 시리즈'다. 배터리로 구동되는 이 장비는 걷거나 뛸 때 다리 관절에 힘을 보태주는 방식으로, 회사 측은 다리 근력을 최대 40%까지 보조하고 체감 피로를 약 30% 줄여준다고 설명한다. 등산이나 장거리 보행, 무거운 짐을 들고 이동하는 작업에서 효과를 발휘하도록 설계됐다.

기술적으로는 가볍고 착용하기 쉬운 구조가 강점이다. 무게는 2kg 안팎으로, 접으면 배낭처럼 들고 다닐 수 있을 정도다. 여러 개의 자세·관성 센서가 사용자의 걸음 속도와 보폭, 오르막과 내리막 같은 지형 변

하이퍼셸이 개발한 X울트라를 착용하고 산을 달리고 있는 모습. © 하이퍼셸

화를 실시간으로 감지하고, 인공지능 기반 제어 시스템이 순간순간 필요한 만큼의 힘을 보태 준다. 사용자는 장비를 착용한 상태에서도 자연스럽게 걷거나 계단을 오를 수 있다.

하이퍼셸은 외골격을 소비자 전자제품에 가까운 가격대로 내놓았다는 점에서도 주목받았다. 수천 달러에 달하던 기존 외골격과 달리, 일반 하이커나 작업자도 구매를 고려할 수 있는 수준으로 가격을 낮췄다. 크라우드펀딩과 벤처투자를 통해 빠르게 자금을 확보하며 글로벌 시장으로 판매를 확대해 왔다.

CES 2026에서 하이퍼셸은 최신 모델 'X울트라'를 중심으로 체험형 전시를 운영했다. 관람객이 외골격을 직접 착용하고 전시장을 걸어볼 수 있도록 한 것이 특징이다. 실제 착용한 상태에서 걷기와 계단 오르내리기를 경험하게 하며, 외골격이 주는 체감 변화를 강조했다. 단순한 시연이 아

니라 사용 경험을 전면에 내세운 방식이
었다.

지리오토, '풀도메인 AI 2.0' 공개

지리오토그룹은 중국 저장성 항저우에 본
사를 둔 민영 자동차그룹 지리홀딩 산하의
핵심 승용차 사업 부문이다. 중국 내에서
는 대중차부터 전기차까지 폭넓은 라인업
을 갖춘 주력 브랜드이며, 그룹 차원에서
는 볼보와 폴스타, 로터스, 스마트 등 글로
벌 완성차 브랜드까지 거느리고 있다. 중
국 민영 완성차 기업 가운데 가장 국제화
가 잘된 기업으로 평가받는 이유다.

지리오토는 내연기관과 하이브리드, 전기
차를 모두 생산하는 구조를 유지하면서 최
근에는 신에너지차(전기차·플러그인 하
이브리드)를 성장 축으로 삼고 있다. 2025
년 판매량은 약 300만대로 급증했고, 이
가운데 절반 이상이 전동화 모델이었다.
중국 시장에서는 비야디에 이어 민영 완성
차그룹 가운데 두 번째 축으로 자리 잡았
다는 평가가 나온다.

기술 전략의 핵심은 '차량 지능화'다. 지리
오토는 자동차를 단순한 이동 수단이 아니
라 소프트웨어와 AI로 움직이는 플랫폼으
로 재정의하고 있다. 이를 위해 최근 수년
간 막대한 연구개발 투자를 이어왔고, 중
국과 유럽을 포함한 글로벌 연구 거점을
통해 플랫폼과 전동화 기술을 그룹 차원에

서 공유하는 구조를 구축했다.

CES 2026에서 지리오토는 이런 전략을
전면에 내세웠다. 가장 주목받은 발표는
차량 전체를 하나의 AI로 통합하는 '풀도
메인 AI 2.0'이다. 기존처럼 주행 보조, 실
내 화면, 섀시 제어가 각각 따로 움직이는
방식이 아니라 하나의 중앙 AI가 차량 전
영역을 동시에 판단하고 제어하는 구조다.
지리는 이를 '슈퍼 AI 브레인'에 비유했다.
자율주행 전략도 보다 구체적으로 제시했
다. 지리오토는 G-ASD라는 차세대 지능
형 주행 시스템 브랜드를 공개하며, 단계
별 제품군을 소개했다. 완전 자율주행을
한 번에 선언하기보다 고속도로와 저속 도
심 환경에서 점진적으로 자동화 수준을 끌
어올리는 현실적인 접근이다. 회사 측은
2026년 이후 고속도로 레벨3, 제한적 환경
의 레벨4 상용화를 목표로 하고 있다고 밝
혔다.

CES 현장에는 이런 기술이 적용된 전동
화 모델들도 함께 전시됐다. 지리 산하 전
기차 브랜드와 신에너지차 라인업을 통해
'AI 아키텍처 - 자율주행 - 전동화 - 실차'
가 하나의 생태계로 연결된다는 점을 강조
했다. 기술 발표에 그치지 않고, 실제 판매
모델에 적용하겠다는 메시지였다.

업계에서는 지리오토를 '절대적 기술 선
두'라기보다는 가장 빠르게 따라잡고 있는
종합형 플레이어로 평가한다. 테슬라나 일

부 중국 신생 전기차 업체처럼 한 분야에서 압도적 이미지를 갖고 있지는 않지만, 대규모 생산 능력과 브랜드 포트폴리오, 현실적인 기술 전략을 결합해 빠르게 격차를 좁히고 있다는 분석이다.

장성자동차, 내연·하이브리드·전동화 총출동

장성자동차(Great Wall Motor)는 중국 허베이성 바오딩에 본사를 둔 민영 완성차 업체로, 중국에서 스포츠유틸리티차량(SUV)과 픽업트럭을 가장 많이 만드는 회사로 알려져 있다. 이름 그대로 '만리장성'

만리장성'이라는 의미를 가진 장성자동차는 CES 2026에서 웨스트홀 한가운데에 대규모 부스를 차리고 브랜드 인식 개선에 나섰다.
© 원호섭 기자

에서 따온 브랜드로, 내수 시장에서 탄탄하게 기반을 쌓은 뒤 해외 시장으로 사업을 넓혀 왔다.

장성자동차는 차종을 넓히기보다 잘하는 분야에 집중해왔다. 초창기부터 픽업트럭과 SUV에 집중했고, 이 분야에서 중국 내 1위 자리를 오래 유지했다. 하발(HAVAL)은 대중형 SUV 브랜드로, 중국 도로에서 가장 흔히 볼 수 있는 SUV 가운데 하나다. 탱크(TANK)는 험로 주행에 특화된 오프로더 브랜드로, 최근 중국과 중동 시장에서 존재감을 키우고 있다. 웨이(Wey)는 고급 SUV를 겨냥한 프리미엄 브랜드다.

CES 2026에서 장성자동차는 '전기차 회사'라는 이미지를 앞세우기보다 여러 에너지원을 동시에 가져가는 자동차 회사라는 점을 강조했다. 전시의 중심에는 자체 개발한 4.0리터 V8 엔진이 있었다. 미국에서 처음 공개된 이 엔진은 고급 SUV와 오프로더용으로, 장성자동차가 여전히 내연기관 기술을 중요하게 보고 있다는 신호로 해석됐다.

동시에 하이브리드와 전동화 기술도 함께 내놓았다. 장성자동차는 Hi4-Z 하이브리드 플랫폼을 통해 대형 SUV에서도 연비와 출력, 주행 성능을 동시에 잡겠다는 전략을 설명했다. 여기에 반고체 배터리와 수소연료전지 기술까지 전시하며, 전기차 하나에 올인하기보다는 상황에 맞는 여러 파워트레인을 병행하겠다는 방향을 분명히 했다.

소프트웨어와 AI 분야에서도 발걸음을 넓히고 있다. CES 현장에서는 차량용 AI 플랫폼과 지능형 주행 보조 기술을 소개하며, 단순히 '힘 좋은 차'가 아니라 똑똑한 SUV · 오프로더로 진화하겠다는 메시지를 던졌다. 완전 자율주행보다는 실제 도로에서 도움이 되는 운전자 보조 기술을 차근차근 쌓겠다는 접근이다.

허사이 테크놀로지, 라이다 표준 노린다

허사이 테크놀로지(Hesai Technology)는 중국 상하이에 본사를 둔 라이다(LiDAR) 전문 기업으로, 자율주행차와 첨단운전자보조시스템(ADAS), 로봇용 센서를 대량으로 생산하는 글로벌 1위급 업체다. 2014년 실리콘밸리에서 출발해 중국으로 본사를 옮겼으며, 현재는 나스닥과 홍콩 증시에 상장된 대표적인 중국 자율주행 인프라 기업으로 꼽힌다.

허사이의 가장 큰 특징은 기술력보다 '양산 능력'을 앞세운 라이다 회사라는 점이다. 연구용이나 시범용 센서에 머물렀던 경쟁사들과 달리 허사이는 자동차 회사가 실제로 차량에 장착해 판매할 수 있는 수준의 라이다를 대량 공급하는 데 집중해 왔다. 2025년 기준 누적 출하량은 200만대를 넘어섰고, 이는 전 세계 자동차용 라이다 업체 가운데 처음 기록한 것이다.

CES 2026에서 허사이는 이런 강점을 전면에 내세웠다. 회사는 전시 현장에서 연간 라이다 생산 능력을 400만대 이상으로 두 배 확대하겠다는 계획을 공식 발표했다. 완전 자동화 생산라인을 통해 라이다 1대를 약 10초 만에 생산할 수 있다는 점을 강조하며, 자율주행이 본격 확산될 경우에도 공급에 문제가 없다는 메시지를 던졌다.

기술 측면에서는 레벨3 · 레벨4 자율주행을 겨냥한 차세대 라이다 제품군을 공개했다. 전방 장거리 인지를 담당하는 장거리 라이다와 근거리 · 사각지대를 커버하는 소형 라이다를 조합해 하나의 '표준 패키지'를 구성하는 전략이다. 허사이는 앞으로 레벨3 차량 한 대에 최소 3~6개의 라이다가 들어가는 시대가 올 것이라고 보고 있다.

로보택시와 물류 차량을 위한 고성능 360도 라이다도 함께 전시됐다. 이미 중국과 미국의 주요 로보택시 업체들이 허사이 제품을 채택하고 있으며, 차량 한 대에 여러 개의 라이다를 장착하는 사례도 소개됐다. 이는 허사이가 실험 단계가 아닌 실제 도로에서 검증된 센서를 공급하고 있다는 점을 부각하기 위한 것이다.

허사이는 자동차뿐 아니라 로봇 시장도 중요한 성장 축으로 보고 있다. CES 부스에서는 서비스 로봇과 물류 로봇, 휴머노이드 로봇에 적용된 소형 라이다가 함께 전시됐다. 회사는 이를 '피지컬 AI 시대의 눈'으로 표현하며, 로봇이 주변 공간을 정확히 인식하는 데 필수적인 센서라는 점을 강조했다.

5부

미라클레터 in CES

미라클레터는 매일경제가 발행하는 국내 대표 테크 뉴스레터다. 언론사 뉴스레터 중 처음으로 구독자 10만명을 넘었으며 2026년 1월 현재 약 12만명의 구독자를 가지고 있다. 실리콘밸리 특파원발 테크 소식부터 글로벌 경제, 비즈니스 인사이트, 커리어 개발 등 직장인은 물론 대학생·취업준비생에게도 유용한 소식을 담았다. 2025년 말 발간된 미라클레터 중 CES와 함께 읽으면 도움이 되는 뉴스레터를 골라 담았다.

'마법이 아닌 과학'···
검증 가능한 양자컴 시대가 왔다

지금으로부터 100여 년 전인 1925년 7월, 물리학자 베르너 하이젠베르크가 눈에 보이지 않는 원자나 분자 같은 작은 입자의 움직임을 설명하기 위한 '행렬역학'을 발표합니다. 곧이어 에르빈 슈뢰딩거가 그 유명한 '슈뢰딩거 방정식'을 내놓으며 양자역학이 정립되기 시작합니다. 이로써 세상을 지배하던 뉴턴역학에는 '고전'이라는 수식어가 붙었고요.

유엔(UN)은 이를 기념하기 위해 2025년을 '양자의 해'로 지정했습니다. 양자의 해가 끝나기 전, 샌타클래라 컨벤션 센터에서 양자컴퓨터 콘퍼런스 'Q2B 실리콘밸리'가 열렸습니다. 평소 개인적으로 좋아하던 스콧 애런슨 UT 오스틴 교수와 꼭 한 번 만나고 싶던 존 프레스킬 칼텍 교수가 기조강연을 한다는 소식에 이틀간 행사장을 지켰는데요.

운 좋게도 애런슨 교수와는 1시간 가까이 인터뷰할 기회도 얻었습니다. 또 IBM의 양자컴퓨터 담당 디렉터인 제이미 가르시아와도 30분가량 인터뷰를 진행했는데요. 학계와 산업계의 전문가들을 두루 만날 수 있었던 좋은 기회였습니다. 양자역학은 어렵습니다. 도통 무슨 소린지 모르겠고요. 하지만 '양자컴퓨터'라고 하면 달라집니다. 인공지능(AI)처럼 세상이 바뀔 것 같고, 엔비디아처럼 관련주에 투자하면 금방 돈을 벌 것 같습니다. 그래서 물어봤습니다. 양자컴퓨터, 대체 언제 나오나요? 개발되긴 하는 건가요?

애런슨 교수는 양자컴퓨팅 이론 분야에서 세계 최고 수준의 권위자로 꼽힙니다. '전설'이라는 말을 들을 정도로요. 특히 그가 운영하는 블로그가 상당히 유명해요. 저 역시 그 블로그 글을 읽으면서 팬이 됐고요. 어려운 양자역학, 양자컴퓨터와 관련된 이야기를 유머와 해학을 잔뜩 섞어 표현하거든요. 애런슨 교수가 유명한 가장 큰 이유 중 하나는 바로 이 블로그에 있습니다. 기

스콧 애런슨 UT 오스틴 교수. © 매일경제

업들이 '양자'라는 단어를 앞세워 홍보할 때면 이를 유머러스하게, 때로는 준엄하게 꾸짖습니다.

그러다 보니 미국 언론에도 자주 등장합니다. 저 역시 과거 양자와 관련된 기업들의 새로운 발표가 있을 때 그의 블로그를 '새로 고침'하며 기다린 적이 꽤 있었습니다. 그가 비판한다면, 기업들이 보도자료에 써 준 휘황찬란한 표현들이 무색해지는 효과가 있다고 해야 할까요. 아무튼, 그런 그를 독대할 수 있었습니다.

Q2B에서 만난 애런슨 교수의 메시지는 명확했습니다. "양자컴퓨터는 이론이 말한 대로 되긴 된다"는 거예요. 1990년대부터 제시된 이론적 예측이 실제 실험에서 그대로 재현되고 있으며, 만약 근본적인 물리적 장애물이 있었다면 이미 지금쯤은 드러났어야 한다는 게 애런슨 교수의 말입

니다.

심지어 그는 한 달 전 자신의 블로그에 남긴 농담을 언급했습니다. "다음 미 대선을 전후해 '결함 허용(fault-tolerant)' 양자컴퓨터가 '쇼어 알고리즘'을 돌릴 가능성도 있다"는 말을 남겼는데요. 이는 지금 쓰는 암호 시스템을 깨는 수준의 양자컴퓨터가 나올 수 있다는 의미입니다.

이를 두고 "애런슨이 태도를 바꿨다" "2028년이 확정이다" "아이온큐 주식을 사라(그는 아이온큐를 비판한 적이 있었거든요)"와 같은 해석이 쏟아졌습니다. 애런슨 교수는 이에 대해 이렇게 말했어요. "난 원래 가능하다고 봤어요. 다만 언제인지 몰라요. 알면 교수 말고 투자를 했겠죠."

그가 요즘 '달라졌다'고 느끼는 지점은 가능과 불가능이 아닙니다. 이제 핵심 요인들이 '문턱값' 근처까지 온 것 같다고 했습니다. 특히 양자의 해인 2025년 발표된 여러 성과를 언급했는데요. 양자컴퓨터가 이제 연산 품질과 규모, 두 가지 부문에서 동시에 최소 기준선을 넘기기 시작했다고 보고 있었습니다. 즉 "양자컴퓨터의 스케일링(규모 확장)이 원리적으로 불가능하다"는 식의 회의론이 설 자리가 줄었다는 거예요. 만약 근본적인 장애물이 있었다면, 지난 몇 년간의 실험에서 징후가 나왔어야 하는데 아직 안 보인다는 논리입니다.

양자컴퓨터는 온다, 단 만능은 아니다

다만 여기서 브레이크를 밟습니다. "양자컴퓨터가 작동한다"와 "당신의 산업에 이득이 된다"는 완전히 다른 말이라는 겁니다. 양자컴퓨터는 분명한 장점을 가지고 있습니다. 특히 공개 키 암호 깨기와 물리·화학 시뮬레이션에 말이에요.

그런데 그 외의 분야에서 양자컴퓨터를 활용하는 것은 여전히 쉽지 않다고 했습니다. 양자컴퓨터가 상용화되면 여기저기 쓸 수 있다는 말을 하지만, 저 두 분야를 제외한 영역에서는 양자컴퓨터가 고전 컴퓨터를 능가하는 모습을 아직 못 보여주고 있다고 해요. 그래서 언론에 주의를 당부했습니다. '양자'라는 말이 들어가면 멋있기는 한데, 여전히 한계가 너무 많다는 거죠.

2025년 그가 특히 강조한 단어는 '검증 가능한(verifiable)'이었습니다. 과거의 양자 우위 실험은 "샘플링 결과라서 진짜로 맞는지 검증이 어렵다"는 공격을 늘 받았습니다. 양자컴퓨터의 답이 진짜인지 거짓인지 고전 컴퓨터로는 확인이 어려웠다는 비판이에요. 그런데 최근에는 '특정 숫자(관측값)를 추정'하는 형태로 가면서, 작은 구간에서는 고전 컴퓨터와 답이 맞는 걸 확인하고, 그다음 구간으로 넘어가 고전이 따라오기 힘든 영역을 보여주려는 시도가 늘었다는 겁니다.

교수는 이런 흐름을 "이제 공이 고전 진영 코트로 넘어갔다"고 표현했습니다. 양자가 "이 정도는 못 따라오지?"라고 내놓으면 고전 알고리즘이 "따라잡아 보겠다"며 검증하는 싸움이 이어질 것이라는 얘기예요. 인터뷰에서 가장 실용적인 조언은 '보안'이었습니다. "양자가 비트코인을 깨나요?"라는 질문에 교수는 조건부로 고개를 끄덕이면서도, 결론은 한 문장이었습니다. "그래서 지금 당장 양자내성암호(PQC)로 옮겨야 한다"는 거죠.

이미 미국 NIST(표준기술연구소)가 2017년부터 표준화를 시작해 2022년에 표준을 선정했으며, 지금은 이행(마이그레이션)이 시작된 상태라는 시간표도 짚었습니다. 즉 "될지 안 될지 기다리지 말고, 된다고 가정하고 미리 바꾸라"는 겁니다.

여전히 회의적인 시각이 묻어났지만 "젠슨 황이 20년 뒤에도 양자컴퓨터 상용화가 어렵다고 말했었는데"라고 묻자 "지금 발전 속도를 보면 그것보다는 빠를 것"이라고 단언했습니다. 그의 결론을 한 문장으로 정리하면 이렇습니다. "양자컴퓨터는 '될 것인가'에서 '언제, 얼마나 크게, 무엇에 쓸 것인가'로 질문이 옮겨갔다. 하지만 그럼에도 해결해야 할 과제는 많다. 양자를 가지고 장난치는 사람을 조심해라."

상용화 앞당긴 IBM

개인적으로 제가 IBM의 양자컴퓨터 전략

제이미 가르시아 IBM 디렉터 ⓒ 매일경제

에서 느낀 점은 '신중함'이었습니다. 상당히 오래전부터 양자컴퓨터 연구를 시작했고, 또 로드맵에 맞춰 자신들의 성과를 차근차근 발표해왔으니까요. 그래서 저는 IBM이 AI '왓슨'으로 고배를 마실 때도 이들의 양자컴퓨터 전략만큼은 믿었던 기억이 납니다. 다만 최근 구글에 '한 방'을 얻어맞으며 뒤처지는 게 아닌가 하는 우려도 있었고요.

그래서 Q2B에서 만난 IBM 양자컴퓨터 디렉터 가르시아에게 던진 첫 질문은 이것이었습니다. 2025년 11월, IBM은 새로운 양자 칩을 발표하면서 양자컴퓨터 상용화를 2030년 이후가 아닌 2029년으로 앞당겼습니다. 지금까지의 신중한 행보와는 다른 느낌을 받았는데, 그 배경이 무엇인지 물었습니다.

가르시아는 "2029년은 오류 없이 돌아가는 '결함 허용' 양자컴퓨터가 나오는 해"라고 답했습니다. 결함 허용이란 '실수를 스스로 고치면서 계산을 마칠 수 있는 능력'을 뜻하는데요. 지금 있는 양자컴퓨터가 혼자 계산하다가 틀리면 "아 몰랑"이라며 뻗어버린다면, 2029년에 나올 양자컴퓨터는 연필 뒤에 달린 지우개를 이용해 스스로 오류를 정정해가며 계산한다는 의미입니다.

이는 곧 양자컴퓨터가 실험 도구에서 산업용 기계가 될 수 있다는 뜻으로 받아들일 수 있습니다. 2029년, IBM은 '스털링'이라 불리는 초기 단계의 결함 허용 양자컴퓨터를, 그리고 2033년에는 확장 단계인 '블루제이'를 출시할 계획입니다.

흥미로운 건 IBM의 '어벤져스' 전략입니다. 양자컴퓨터 혼자서는 세상을 바꿀 수 없다는 걸 인정하고 손잡은 파트너가 바로

AMD입니다. 가르시아는 이를 '양자 중심 슈퍼컴퓨팅'이라고 불렀습니다. 기존의 고성능 컴퓨터(HPC)와 양자컴퓨터가 한 몸처럼 움직여야 한다는 거죠. AI나 일반 연산은 기존 컴퓨터가 하고, 도저히 답이 안 나오는 복잡한 문제만 양자컴퓨터에 넘기는 식입니다.

여기에 시스코와는 양자컴퓨터끼리 연결하는 네트워크를 준비하고 있고요. 그에게 다시 물었습니다. "양자컴퓨터가 정말 세상을 바꿀까"라고 말이죠. 그는 양자컴퓨터와 관련된 잘못된 오해 두 가지를 언급했습니다. '양자컴퓨터는 먼 미래의 일'이라는 생각, 그리고 'AI처럼 모든 문제를 단번에 해결할 것'이라는 기대. 이 두 가지가 정확하지 않다고 지적했습니다.

양자컴퓨터는 거대한 AI가 아닙니다. AI의 상위 호환이 아니라, AI가 풀지 못하는 '특정 영역'(신소재, 화학, 금융 최적화 등)을 해결하는 전혀 다른 도구라는 거죠. 젠슨 황의 '20년 뒤 양자컴퓨터 상용화' 의견에 대해서는 "언제가 될지 시기를 맞히는 게 임은 그만하고, 지금 당장 준비해야 한다"고 강조했습니다.

즉, 2029년에 양자컴퓨터 상용화에 성공했다고 해서 그때부터 "자, 양자 시대입니다"라며 세상이 확 바뀌는 게 아니라는 거죠. 불완전한 양자컴퓨터로도 과학적 발견은 이미 일어나고 있고, 기업들은 지금부터 이 도구에 익숙해져야 한다는 겁니다.

인터뷰를 마치며 그가 남긴 조언은 이것이었습니다. "양자컴퓨터는 먼 미래의 공상과학이 아닙니다. 이미 과학적으로 유용한 일을 하고 있습니다."

양자 우월성 개념 만든 존 프레스킬

"다음 세대에선 무슨 일이!"

솔직히 프레스킬 교수에게 인터뷰 요청 이메일을 보내면서도 그가 "하자"라고 할까 봐 걱정을 하기도 했습니다. 애런슨 교수는 미국 언론에 자주 등장하고 유머 가득한 글을 자주 봤던 만큼 걱정이 덜했는데 프레스킬 교수는 달랐어요.

'양자 우월성(Quantum Supremacy)'이라는 말을 처음 만들어낸 그는 양자컴퓨터 분야에서 가장 권위 있고 영향력 있는 과학자로 꼽힙니다. 이 분야의 '구루'나 '아버지' 격으로 불릴 정도로요.

그는 스티븐 호킹과 영화 '인터스텔라'의 자문역이자 노벨상 수상자인 킵 손과 내기를 한 것으로도 유명합니다. "만약 우리가 블랙홀 속에 백과사전을 던져 넣는다면, 그 안에 담긴 정보는 영원히 사라지는 걸까, 아니면 어딘가에 남아 있을까?" 귀신 씻나락 까먹는 소리 같지만 말이에요.

호킹과 손은 "블랙홀의 강력한 중력이 정보를 파괴할 것"이라며 '정보 소멸'에 베팅했고 프레스킬은 반대편에 섰습니다. 그는

존 프레스킬 칼텍 교수가 양자컴퓨터 콘퍼런스 'Q2B 실리콘밸리'에서 발표를 하고 있다. © 매일경제

"우주에서 정보는 절대 사라질 수 없다"고 믿었거든요. 2대1의 싸움이었습니다. 내기를 하고 7년이 지난 2004년, 호킹이 한 학회에 참석해 발표합니다. "내가 틀렸습니다. 블랙홀에서 정보는 파괴되지 않아요." 호킹이 자신의 기존 이론을 수정하고, 프레스킬의 승리를 공식적으로 인정한 순간이었는데요. 패배했기에 약속대로 호킹은 프리스킬에게 '메이저리그 야구 백과사전'을 선물했다고 합니다. 이처럼 프레스킬은 당대 최고의 물리학자들과 어깨를 나란히 하는 존재입니다. 다행히(?) 그는 제 인터뷰 메일에 답을 하지 않았습니다. 이날 저는 멀리서나마 그의 기조 강연을 들을 수 있었어요.

프레스킬 교수는 2025년 양자의 해를 맞이해 인류가 '두 번째 양자 세기'의 문턱에 와 있다고 설명했습니다. 1990년대 그가 양자컴퓨터 연구에 뛰어들었을 때만 해도 '이론가'들의 놀이터였는데 지금은 다르다고 강조합니다. 수천 개의 연산을 수행할 수 있는 하드웨어를 가지고 있다고 말이에요. 아직 상업적으로 쓰기에는 어렵지만요.

흥미로운 변화는 하드웨어 진영에서 일어나고 있습니다. 초전도 방식은 100큐비트를 넘어서며 안정화되고 있고, 중성 원자나 이온 트랩 방식은 '비국소적 연결성'(떨어진 큐비트끼리 연결하는 능력)을 무기로 빠르게 추격하고 있습니다. 마치 육상 경기처럼 서로 다른 방식들이 치열하게 경쟁하며 기술을 끌어올리고 있는 상황입니다.

그는 AI 시대에 다음과 같은 질문을 많이 받는다고 합니다. "AI가 양자컴퓨터의 밥그릇을 빼앗을까요?" AI 기술이 빠르게 발전하고 있으니까요. 이에 프레스킬 교수는 "AI는 훌륭하지만, 학습할 데이터가 필요합니다. 자연계의 복잡한 화학 반응이나 고도로 얽힌 양자 시스템에 대한 데이터는 턱없이 부족하죠. 바로 여기서 양자컴퓨터가 활약할 겁니다. 양자컴퓨터가 만들어낸 데이터를 AI가 학습하는, 서로 돕는 공생 관계가 될 것입니다"라고 이야기합니다. 가르시아, 애런슨 교수의 말과 통하는 부분이라는 생각이 들었어요.

프레스킬 교수 역시 현재 양자컴퓨터가 '검증 가능한 시대'가 됐다고 강조합니다. 애런슨 교수가 말한 것과 역시나 정확히 일치했습니다. 이전까지 양자컴퓨터가 어떠한 답을 내놨을 때는 큰 의미가 없었지만 이제는 다르다는 거죠.

그는 강조합니다. "첫 번째 양자 세기가 반도체와 레이저를 만들어 인류를 바꿨다면, 지금부터 시작될 두 번째 세기는 우리가 감히 상상하지 못했던 '복잡하게 얽힌 시스템'을 이해하고 활용하는 시대가 될 것입니다. 우리의 상상력은 제한적이지만 미래는 그 한계를 넘어설 것입니다. 새로운 세기의 양자 탐험가들에게 행운을 빕니다."

그리고 이 얘기를 했습니다. "더 놀라운 소식은 암호 해독에 관한 것입니다. 불과 몇 년 전만 해도 현재의 암호 체계를 뚫으려면 2000만큐비트가 필요하다고 봤지만, 최신 연구에 따르면 100만큐비트 미만으로도 가능할 수 있다고 합니다."

화성은커녕 달도 못간다?
2027년으로 연기된 꿈

하루가 멀다 하고 새로운 AI 모델들이 쏟아지고 있습니다. AI는 아이디어를 제시하고, 음악을 만들며 클릭 한 번에 뚝딱 그림도 만들어냅니다. 어제 소개한 AI 신(新)모델이 며칠 지나지 않아 구형이 될 정도로 매우 빠른 변화가 특징입니다.

AI 모델 이야기를 하는 것을 보니 오늘 주제드 AI라고 생각하신 분들이 있을 것 같은데요. 레터 제목에서처럼 오늘은 AI의 놀이터 지구를 벗어나 잠시 우주에 다녀오려그 합니다. 독자님들이 살고 있는 지구에서는 하루가 멀다 하고 변화가 벌어지고 있습니다. 같은 시간대를 살고 있지만 여기 시계가 아주 느리게 흘러가는 또 다른 세상이 있습니다. 바로 우주인데요.

코딩 몇 줄로 세상을 바꾸고 있는 AI와 달리 중력이라는 물리법칙을 거스르는 일은 아직도 갈 길이 멀기만 합니다. 미 항공우주국(NASA)은 2026년으로 예정됐던 인류의 달 착륙을 연기하기로 했는데요. 과연 우주탐사에서 무슨 일이 있었던 것인지 알아보도록 하겠습니다.

NASA 위에 머스크?
국가프로젝트 성공, 민간에 달렸다

"우주비행사의 안전이 최우선입니다. 우리는 준비가 될 때까지 발사하지 않겠습니다."

빌 넬슨 NASA 국장은 2025년 12월 진행된 미디어 브리핑에서 단호한 어조로 이렇게 강조했습니다. 국내 언론에는 많이 보도되지 않았지만 인류의 유인 달 착륙 임무를 수행할 '아르테미스 3호'가 2027년 중반으로 공식 연기된다고 발표한 것이죠. NASA는 우주 비행사를 태우고 달 궤도를 선회하는 임무인 '아르테미스 2호' 역시 2025년 9월에서 2026년 4월로 변경됐다는 것을 공지했습니다. 달 궤도 정거장인 '게이트웨이'로 향하는 첫 번째 임무를 맡을 '아르테미스 4호'는 예정대로 2028년에 발사한다고도 덧붙였죠.

스페이스X에서 발표하고 있는 일론 머스크 스페이스X 창업자 겸 CEO. © 스페이스X

넬슨 국장은 무인으로 진행한 아르테미스 1호의 귀환 당시 발생한 '오리온 캡슐 차열판'의 마모 현상을 해결하기 위해 더 많은 시간이 필요하다고 설명했습니다. 우주 비행사의 생명과 직결되는 생명유지 장치, 배터리 시스템 그리고 스페이스X가 개발 중인 스타십 착륙선 등의 개발 일정도 고려했다고 했죠.

여기서 포인트는 스타십의 지연, 즉 일론 머스크 스페이스X 창업자 겸 최고경영자 (CEO)가 담당한 부분에서 문제가 생겼다는 점입니다. 이는 아르테미스 계획의 구조를 보면 이해하기 쉬운데요. NASA는 달 궤도까지 가는 우주선을 담당하지만, 우주

비행사를 태우고 달 표면에 내리는 핵심 역할인 '인간 착륙 시스템(HLS)'은 스페이스X에 통째로 외주를 줬습니다. 스페이스X가 거대한 로켓인 스타십을 완벽하게 성공시켜야 NASA의 임무도 성공할 수 있는 구조인 셈이죠. 고도의 기술이 필요하다 보니 미국 정부 내에서도 우려의 목소리가 나오고 있습니다. 미 회계감사원(GAO)은 복잡한 기술 난제로 인해 2027년 이전 착륙이 현실적으로 어렵다고 경고한 바 있죠.

이 연기는 단순히 몇 개월 늦어진다는 의미가 아닙니다. 우주 개발의 주도권이 국가에서 민간으로 넘어갔다는 것을 보여주는 상징적 사례죠. 50년 전에는 국가가 명

령하면 기업이 이를 수행했지만, 이제는 반대로 기업의 기술 개발 속도에 국가 프로젝트의 운명이 달려 있습니다.

샘 올트먼 오픈AI CEO도 우주에 관심을 보이고 있습니다. 월스트리트저널(WSJ)은 최근 올트먼이 스토크 스페이스 등 로켓 제조사 한 곳 이상과 접촉했다고 보도했습니다. 지분 투자로 지배 지분을 확보하는 것이 목적이라고 하는데, 지구에서 이어진 숙적 머스크와의 대결이 우주로도 이어지는 것 아닌가 싶네요.

억만장자들의 스타워즈
우주에서도 경쟁은 계속된다

앞서 NASA의 지연 소식을 전해드렸습니다. 실리콘밸리의 시계는 정부보다 훨씬 빠르게 돌아가고 있죠. 이곳에서 우주는 이제 단순한 탐사의 대상을 넘어 최고의 라이벌들이 맞대결을 벌이는 투기장이자 꿈의 공장으로도 변하고 있습니다. 흥미로운 점은 지구에서의 대결이 이제는 우주로까지 뻗어나가고 있다는 점입니다.

AI의 영원한 맞수 일론 머스크와 샘 올트먼의 경쟁은 우주로도 이어질 분위기입니다. 머스크는 xAI를 설립하며 올트먼의 굳건한 오픈AI 제국에 도전했죠. 반면 올트먼은 머스크가 꽉 잡고 있는 하드웨어 시장에 진출할 기회를 엿보고 있습니다. 올트먼이 직접 로켓을 쏘는 것은 아니지만

그가 투자한 핵융합 에너지 기업 헬리온이나 각종 딥테크 포트폴리오들은 결국 막대한 에너지를 필요로 하는 AI와 우주 인프라를 겨냥하고 있죠.

물론 올트먼이 우주 진출을 아예 포기한 것은 아닙니다. 2025년 12월 초 WSJ는 올트먼이 로켓 회사를 인수하거나 협업하기 위해 자금 조달을 모색해왔다고 전했습니다. 올트먼이 2025년 여름 스토크 스페이스 등 로켓 제조사 최소 한 곳과 접촉했다는 것이었죠. 오픈AI가 스토크 스페이스에 지분 투자를 해 지배 지분을 확보하는 방안이 제시됐다고 합니다. 다만 그해 가을 시작된 논의가 현재 중단된 상태라고 하죠. 구글의 제미나이3 등 경쟁 업체들의 추격이 거세자 일단 본업인 AI에 집중하기로 한 것입니다.

머스크는 평소 인류의 생존에 초점을 맞춘 발언을 자주 해오고 관련 행보를 보여왔습니다. 인류가 AI 재앙이나 지구 종말적인 사건에서 살아남기 위해 '화성 식민지' 개척에 나서야 한다고 일관되게 주장해왔죠. 올트먼은 인류의 진화에 초점을 맞추고 있습니다. AI를 통해 인류의 지능과 능력을 확장하며 이를 위해 우주 데이터 센터, 핵융합 에너지 등 새로운 인프라를 구축하는 것이 그의 꿈이죠. 결국 두 사람의 경쟁은 단순한 기술 대결을 넘어 누가 인류의 설계자가 될 것인가를 놓고 벌이는 체스 게

2025년 11월 27일 발사에 성공한 누리호 4차가 우주로 치솟는 모습. © 우주항공청

임과도 같습니다.

또한 우주는 새로운 시장을 열어줄 기회가 되기도 합니다. 일명 우주공장의 부상인데요. 최근 실리콘밸리는 무중력의 가치에 주목하고 있습니다. 중력이 없는 우주에선 분자를 고르게 배열할 수 있어 지구에선 만들기 어려운 초고순도 반도체 웨이퍼나 결점 없는 신약 단백질 결정을 만들 수 있기 때문입니다. 우주가 탐사의 영역에서 제조의 영역으로 바뀌는 것이죠.

한국, 늦었지만 확실한 궤도에 누리호·KASA가 만드는 뉴스페이스

전 세계에서 벌어지는 거대한 스타워즈 속 우리나라는 아직 걸음마 단계입니다. 미국과 중국이 달과 화성을 놓고 경쟁을 벌일 때 우리는 이제 막 독자적인 발사체 기술을 확보한 단계기 때문입니다. 하지만 속도보다 더 중요한 것은 방향성이겠죠. 한국도 이제 글로벌 트렌드라고 할 수 있는 민간 주도 우주개발 '뉴스페이스'로 가고 있기 때문입니다.

2025년 11월 27일 우리도 누리호 4차 발사에 성공했습니다. 무엇보다 앞서 미확인된 위성 3기의 신호도 추가로 확보되면서 큐브위성 교신율 100%를 기록하며 '완벽한 성공'으로 평가받게 됐습니다. 앞서 누리호 2차와 3차 발사에서 큐브위성 전부와 교신에 성공한 사례가 없었던 만큼 이번 일은 국내 우주기술이 점점 고도화되고 있다는 것을 보여주는 사례죠.

앞서 NASA가 스페이스X에 기술을 맡긴 것처럼 한국도 변화를 시작했습니다. 2025년 11월 성공한 누리호 4차 발사가 기존 발사와 다른 점이라면 '주인공'이 바뀐다는 것입니다. 그동안 한국항공우주연구원(항우연)이 주도했던 제작과 발사 운용을 이번부터는 민간 기업인 한화에어로스페이스가 총괄했습니다. 정부는 기술을 지원하고 기업이 비즈니스를 주도하는 한국형 스페이스X 모델의 시작인 셈이죠.

2024년 출범한 우주항공청(KASA)의 역할도 중요해졌습니다. KASA는 2032년 달 착륙, 2045년 화성 도달이라는 구체적인 로드맵을 제시하며 민간 생태계를 육성하는 데 주력하고 있습니다. 물론 스페이스X의 기술 개발 속도에 비하면 우리가 많이 느려 보일 수 있습니다. 하지만 반도체도 자동차도 우리는 늘 후발주자였죠. 빨리 가는 것보다 끝까지 가는 게 중요한 것처럼 한국은 우리만의 속도로 단단한 궤도를 만들어가는 중입니다.

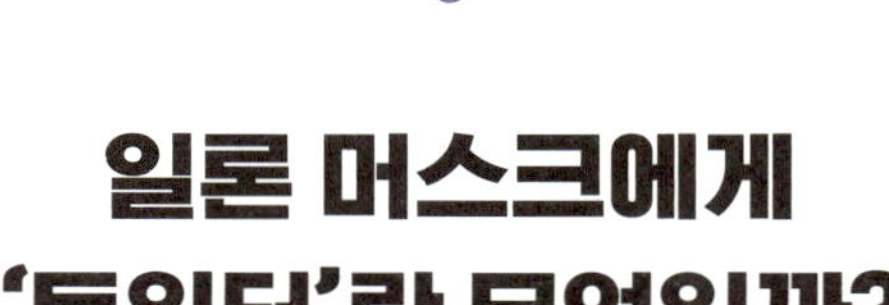

일론 머스크에게
'트위터'란 무엇일까?

기업이 회사를 인수하는 이유는 생각보다 다양하죠. 단순히 몸집을 키우기 위해서만이 아니라 시장 흐름을 미리 읽고 주도권을 쥐기 위한 전략의 일환이기도 합니다. 특히 테크기업들의 인수·합병(M&A)은 기술력, 인재, 생태계까지 통째로 흡수하려는 큰 그림이 숨어 있습니다.

특히 미국 실리콘밸리에선 한 기업의 인수가 '사업 확장' 그 이상인 경우가 많죠. 아직 매출은 크지 않지만 기술력이 뛰어난 스타트업을 인수하거나, 인재 한두 명을 데려오기 위해 아예 회사 전체를 사들이는 일도 종종 벌어지죠. 이를테면 '기술을 사는 것'이자 '미래를 사는 일'인 셈입니다. 과거에는 경쟁사를 제치고 점유율을 높이기 위해 인수를 택했다면, 이제는 기술의 방향성과 소비자 행동 변화를 선제적으로 포착하기 위한 M&A도 두드러집니다.

그래서! 이번 레터에서는 일론 머스크의 트위터(현 X) 인수 사례를 다뤄보고자 합니다. 벌써 2년도 더 된 이야기를 왜 하냐고요? 최근 우연히 보게 된 그의 최신 인터뷰에서 생각보다 거대한 머스크의 철학(?)을 엿볼 수 있었기 때문인데요. 우주와도 맞닿아 있다는 X?! 가볍게 읽어주세요!

그가 440억달러를 쓴 진짜 이유
트위터에 기대 건 머스크의 야심

월 사용자 수 6억명(회사 집계 기준)에 달하는 소셜 플랫폼 X. 예전 이름은 트위터죠. 일론 머스크가 2022년 당시 440억달러를 들여 트위터를 인수했던 것과 관련해 업계의 분석은 다양했습니다. 전기차 제조사가 갑자기 소셜미디어 기업을 샀으니 사업과의 연관성보다는 그동안 표현의 무제한 자유를 공언해왔던 머스크가 자신의 가치관을 실현하기 위해 투자했다는 게 주된 평가였죠. 당시 머스크도 성명을 통해 민주주의의 기반은 '표현의 자유'라고 강조하면서 인류의 핵심적인 문제들이 논의되

일론 머스크 테슬라 CEO 겸 스페이스X CEO 겸 xAI 창업자 겸 X 창업자.

는 트위터를 그 어느 때보다도 더 낫게 만들고 싶다고 밝힌 바 있습니다.

이에 더해 최근 머스크는 한 유명 크리에이터와의 인터뷰에서 트위터 인수와 관련된 나름의 철학을 상세히 전해 눈길을 끌었는데요. 해당 영상을 보면 일단 그는 트위터를 인수하게 된 배경으로 정치적 균형성을 바로잡기 위해서였다고 회고합니다. 그의 말은 이러했어요. 정치적 성향으로 봤을 때 당시 트위터는 이념적으로 좌파 쪽데 치우쳐 있었고 실제로 우파 측 인물

들의 상당수 계정이 정지되기도 했다면서 이를 바꾸기 위해 트위터를 샀다는 게 그의 주장이자 견해였습니다. 머스크는 "좌파 쪽의 목소리라고 해서 계정을 정지시키거나 차단하거나 노출을 줄이거나 한 적이 없다"면서 "지금 X 시스템이 따르는 운영 원칙은 어느 나라든 그 나라의 법을 지키는 것이고, 그 나라 법이 정해놓은 것 이상으로 우리가 몰래 판을 기울여서 한쪽을 돕지는 않는다는 것"이라고 말했죠.

자, 그런데 이후부터 재미있는 얘기가 오고 갑니다. 정치적인 논점과는 별개로 소셜 플랫폼 자체를 어떻게 바라보고 있는지에 대한 머스크의 발언 속에서 생각보다 X를 크게 보고 있다는 인상을 받았는데요. 크리에이터가 이런 질문을 던져요. 소셜 플랫폼 전반에 걸쳐 가장 어린 세대에게는 점점 더 힘을 잃어가고 있는 업계 분위기 속에서 만약 머스크 당신이 소셜미디어를 완전 밑바닥부터 다시 만든다고 한다면, 앞으로의 세상에선 어떤 모델이 통할 것 같냐는 물음이었습니다.

이에 대해 머스크는 "솔직히 말하면 소셜미디어에 대해 그렇게 많이 생각하진 않는다"면서도 자신이 바라는 건 "주로 X로 치면, 전 세계가 같이 모여 얘기하는 일종의 큰 도시 같은 곳이 되는 것"이라고 말했죠. 머스크는 "사람들이 글과 사진, 영상으로 하고 싶은 말을 다 할 수 있는 곳이자,

안전한 보안 메시지 기능이 있는 것"이라며 "최근에 음성 통화와 영상 통화 기능을 새로 넣었는데, 그렇게 X는 전 세계 사람들이 하나의 '집단의식'처럼 서로 연결되게 하려는 것"이라고 밝혔습니다(후반부에 다루겠지만 이 '집단의식'이라는 단어에 주목해주세요).

머스크는 왜 '집단의식'에 집착할까 "우주에 대한 이해를 넓히기 위해"

그는 이것이 '어떻게 도파민을 가장 많이 터지게 하는 영상 스트림을 만들 수 있을까'하고 생각하는 것과는 다르다고 설명했어요. 머스크는 "솔직히 그런 플랫폼들은 약간 '뇌 썩음'을 만드는 측면이 있다고 본다"면서 "그냥 계속해서 도파민만 계속 터지지만 별 알맹이가 없는 영상들만 줄줄이 나오는 걸 보고 있으면, 시간을 쓰는 방식으로도 좋지 않다고 생각한다"고 전했습니다. 머스크는 "진짜 전 세계를 하나로 모을 수 있는 글로벌 플랫폼을 만들어보고 싶다"면서 "인류의 집단의식이 어디까지 갈 수 있는지 거기에 최대한 가까이 다가가는 것"이라고 덧붙였죠. 일례로 그는 X의 자동 번역 기능을 언급하면서 "특정 언어권 사람들의 집단의식만 가지는 게 아니라, 모든 언어권 사람의 생각을 함께 담게 되는 것"이라고 설명했습니다.

이 지점에서 저는 이런 궁금증이 들더라고요. 머스크는 왜 하나의 플랫폼 안에서 '집단의식'을 만드는 것이 중요하다고 여러 차례 강조하고 있을까? 이에 대해 그는 한참을 생각하더니 이렇게 말하더군요. 머스크는 "인간이란 존재를 생각해보면, 우리 몸은 대략 30조~40조개 정도의 세포로 이뤄져 있고, 우리 뇌 안에 시냅스도 수조 개나 있다"면서 "근데 '왜 그렇게 돼 있을까' 하고 그 이유를 생각해보면, 결국 우리가 더 많이 이해하기 위해서라고 본다"고 나름의 철학을 밝혔습니다. 머스크는 "더 나아가서는 우주에 대한 이해를 넓히기 위해서"라면서 "우리가 떠올리지도 못하는 질문들이 가장 중요한 질문일 수도 있기에, 이 세상에서 무슨 일이 일어나고 있는지 이해해보려고 하는 것"이라고 말했습니다. 단순히 자신의 정치적 신념을 실현하려고 트위터를 샀다는 분석과는 달리, 머스크는 그보다 훨씬 더 큰 그림을 보고 있다는 흔적들이 있어요. 이와 관련해 그는 평소에도 스스로 원초적인 질문을 자주 한다고 해요. 이를테면 '삶의 의미가 뭘까?' '이 세상은 진짜일까?' '우리가 인지하지 못하는 또 다른 근본적인 문제는 무엇이 있을까'와 같은 질문들이 대표적입니다.

그렇다면 그는 이러한 근본적인 질문에 대해 어떤 결론에 도달했을까요? 그는 더글러스 애덤스의 '은하수를 여행하는 히치하이커를 위한 안내서'를 언급하더군요. 그는 "(이 책에선) 지구는 사실 '삶의 의미'에 대한 답을 알아내기 위해 만들어진 컴퓨터로 나온다"고 전하면서도 그러나 여기서 삶의 의미가 42라고 답한 부분에서 우리는 답을 찾는 게 중요한 것이 아니라 어떤 질문을 던져야 하느냐에 주목해야 한다고 말하죠(문제가 제대로 정의되지 않으면 아무리 정확한 답을 얻어도 의미가 없다는 의미입니다).

그는 "(인간의 몸 안에) 세포 하나만 있을 때보다 수조 개의 세포가 하나의 집단으로 같이 움직일 때 훨씬 더 많은 일이 벌어진다"면서 "인간이라는 존재에는 분명히 질적으로, 근본적으로 다른 지점이 있고 그래서 사람이 모여서 하나의 집단이 되면 분명히 질적으로 다른 무언가가 일어난다고 생각한다"고 말했습니다. 그러면서 그는 사람 한 명이 우주선을 만들 수는 없지만 사람이 집단으로 모이면 만들 수 있듯이 그 규모가 커지면 질적으로 확장되는 변화들이 일어날 것이라고 덧붙였죠.

머스크는 "상호 작용의 질, 정보가 오가는 질까지 좋아진다면 인간 집단이 해내고 이뤄낼 수 있는 일도 훨씬 더 커지게 될 것"이라고 말하는 등 X를 바라보는 그의 야망(?)을 엿볼 수 있었네요(단순히 정치적 성

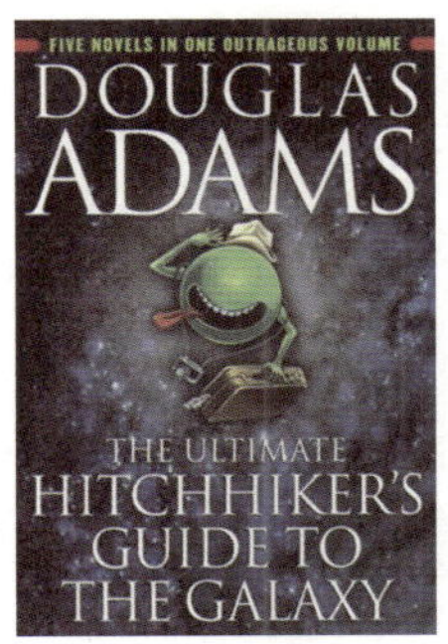

은하수를 여행하는 히치하이커를 위한 안내서.

향을 드러내기 위한 투자가 아니라, 인류가 더 나은 질문을 던질 수 있도록 만드는 환경을 구축하려는 시도라는 것이겠죠? 물론 이게 실제로 가능한지, 또 잘 구현되고 있는지는 별개의 논쟁이지만요).

머스크가 X와 xAI를 합친 배경은 '빅 픽처'의 구도가 맞춰진다

그런데 머스크는 2025년 봄 X를 자신이 설립한 AI 기업 xAI에 매각한다고 밝혔죠. 2022년에 샀을 때보다 110억달러나 낮은 330억달러에 넘긴 겁니다. 참고로 xAI는 AI 에이전트 '그록'을 만든 회사입니다. 머스크는 X의 지분을 넘기고 xAI의 주식을 받는 형태로 계약을 했어요. 물론 머스크는 xAI 지주회사의 최대 주주로서 xAI와 X 두 회사를 모두 실질적으로 지배하고 있기 때문에 오른쪽 주머니에 있던 X 지분을 왼쪽 주머니로 옮긴 거래라는 게 업계 평가입니다.

그럼 머스크는 굳이 왜 이 귀찮은 거래를 단행한 걸까요? 이 지점에 대해 머스크는 명확한 답을 하지는 않았어요. 다만 시장에선 크게 3가지 배경을 거론하고 있습니다. 우선 그록을 똑똑하게 만들려면 방대한 데이터가 필요한데, X는 전 세계에서 가장 빠르게 업데이트되는 실시간 텍스트 데이터의 보물창고라는 점에서 X와 xAI의

시너치가 높다고 봤다는 겁니다. X의 실시간 뉴스, 여론, 트렌드 데이터 등을 그록이 학습해 지금 일어나는 일을 가장 잘 아는 AI로 차별화하겠다는 전략으로 읽히고요. 두 번째는 X의 기업가치 방어와 일종의 투자자 달래기 용도라는 평가입니다. X는 머스크에 인수된 이후 광고 수익 감소 등으로 기업 가치가 크게 떨어져 있던 상태였던 반면 AI 붐을 탄 xAI 가치는 급등하고 있었죠. 그래서 X를 xAI에 합병시킴으로써 X의 가치를 끌어올리는 전략을 취했다는 겁니다.

마지막 세 번째는 X에 지능(AI)을 심어 머스크가 강조하고 있는 집단의식을 강화하기 위함이라는 견해입니다. 단순히 기능이 많은 슈퍼앱을 만드는 것은 수단일 뿐 궁극적으로 머스크가 추구하는 것은 인류의 집단 지성을 디지털 세상에서 구현하고 확장하는 것이라는 해석입니다.

참고로 머스크는 뉴럴링크와 스페이스X라는 회사도 운영하고 있죠. 신체적 한계를 극복하고 공간을 확장하는 등 인류의 물리적 한계를 돌파하기 위한 연구개발을 담당하고 있는 곳이 이 두 곳인데요. 뉴럴링크는 인간의 뇌와 컴퓨터를 직접 연결(BCI · Brain-Computer Interface)해 질병 치료를 넘어 인간 자체를 업그레이드하겠다는 목표를 가지고 있고, 스페이스X는 인류가 우주로 나아가기 위한 로켓 개발 등을 하고 있습니다. 어쩌면 X, xAI, 뉴럴링크, 스페이스X로 이어지는 구도가 맞춰지고 있다는 느낌마저 드는데요. 여러분들의 생각은 어떠한가요?

xAI 초기 공동 창업자 중 한 명인 지미 바 토론토대 교수.

'완벽한 아기'를 만들려는 실리콘밸리의 실험

혹시 '가타카(GATTACA)'라는 공상과학(SF) 영화, 기억하시나요. 저와 같은 연배(?)라던 아마 2000년대 초반 한 번쯤 주말의 명화를 통해서 보셨을 거라는 생각이 듭니다. 1997년 개봉한 가타카는 도발적인(?) 내용과는 달리 영화 자체는 차분하게 흘러갑니다. 가까운 미래, 더 이상 사람들은 '아무나(?)' 낳지 않습니다.

영화 가타카 포스터.

유전자가 완전히 해독된 시대에 인간은 태어나기 전부터 질병과 같은 '결함'을 제거합니다. 이렇게 만들어진 '우성 인간'이 상류층을 차지하고, 자연 임신으로 태어난 '열성 인간'은 하층민의 삶을 살아가게 돼요.

주인공 빈센트 프리먼(이선 호크)은 심장 질환 가능성과 예상 수명 30세를 선고받은 열성 인간이지만 우주비행사가 되겠다는 꿈은 누구보다 '우성'이었습니다. 그는 우성 인간이었지만 사고로 다리를 못 쓰게 된 제롬과 신분을 맞바꾸는 결정을 합니다. 제롬의 혈액, 피부 조직, 소변 등을 이용해 여러 검사를 통과하고 기어코 항공 우주 기업 가타카의 엘리트 대원으로 이름을 올리게 됩니다. 유전자 정보가 계급을 결정하는 디스토피아 사회. 물론 가타카에서 볼 수 있는 기술은 현대 과학으로는 여전히 불가능한 이야기입니다.

하지만 이곳 실리콘밸리에서는 이를 현실로 만들어나가려는 자들의 도전이 이어지고 있습니다. 완벽하게 디자인된 아기를 만들려는 이들의 노력은 과연 가능할까요.

인간의 배아를 선별하라

이상적인 아기를 직접 설계할 수 있다면

어떤 ‘형질’을 고르시겠습니까.

뚱딴지 같은 질문에 현실적인 기술을 가지고 서비스하는 스타트업이 나타나고 있어요. 대표적으로 샌프란시스코의 불임 테크 스타트업 ‘헤라사이트’를 꼽을 수 있습니다. 헤라사이트는 배아 단계에서 데이터를 들여다보는 회사입니다. 아이가 태어나기 훨씬 전 체외수정(IVF)으로 만들어진 배아의 유전자를 분석해서 미래의 건강 위험과 일부 형질을 예측해주는 서비스를 제공하고 있어요.

이 회사는 불임 부부만을 대상으로 하지 않습니다. 처음부터 IVF를 선택하는 부모들이 ‘어떤 배아를 자궁에 이식할 것인가’를 결정할 때 쓸 수 있는 도구를 만드는 팀이에요. 예를 들어 유전 질환, 소아암, 조현병, 자폐, 제1형 또는 제2형 당뇨 같은 병에 걸릴 위험도를 배아별로 점수화해서 보여준다고 해요.

여기서 한 걸음 더 나가 키, 체질량지수(BMI), 수명, 심지어 우울증 같은 정신건강 관련 위험도, IQ와 같은 형질에 대해서도 ‘어느 정도 가능성이 있는지’를 데이터로 제시합니다. 완벽하게 맞아떨어지는 예언은 아니지만 “여러 개 배아 중에 그래도 상대적으로 건강 리스크가 낮은 쪽을 고르자”는 선택을 돕는다는 거죠.

홈페이지를 보면 어떠한 서비스를 제공하는지 보다 직관적으로 알 수 있습니다. 알고 싶은 특성(질병)을 클릭하고 어머니와 아버지의 조상, 가족력 등을 넣고 배아 수를 입력하면 당뇨병 예상 범위를 확률로 보여줍니다.

헤라사이트는 ‘폴리제닉 스크리닝’을 기반으로 하고 있어요. 이는 하나의 유전자 돌연변이만 보는 게 아니라 수많은 유전적 변이를 함께 계산해 ‘종합 점수’를 만드는 방식입니다. 회사는 영국 국가 등록부에 있는 10만건 이상의 IVF 치료 데이터를 분석해 어떤 프로필의 부모, 배아 조합이 임신 성공률이 높은지, 어떤 질병 위험을 얼마나 줄일 수 있는지 모델을 만들고 있습니다.

배아 유전자 검사해 ‘최적’ 배아 찾아

그래서 헤라사이트는 배아 위험 점수뿐 아니라 예비 부모가 난자 채취부터 배아 이식, 출산까지 각 단계에서 성공 가능성을 가늠해볼 수 있는 무료 IVF 계산기도 제공합니다. 회사 자체 분석에 따르면 이들의 기술을 이용해 다섯 개 배아 중에서 한 개의 배아를 고를 경우 특정 질환 위험을 20~44% 정도 낮출 수 있다고 주장합니다. 물론 이 연구는 아직 회사 내부 데이터 기반입니다. 외부 검증 과정은 진행 중이라고 하네요.

창업자들의 개인 사연도 회사의 방향에 그대로 묻어납니다. 너무 큰 키로 인한 생활

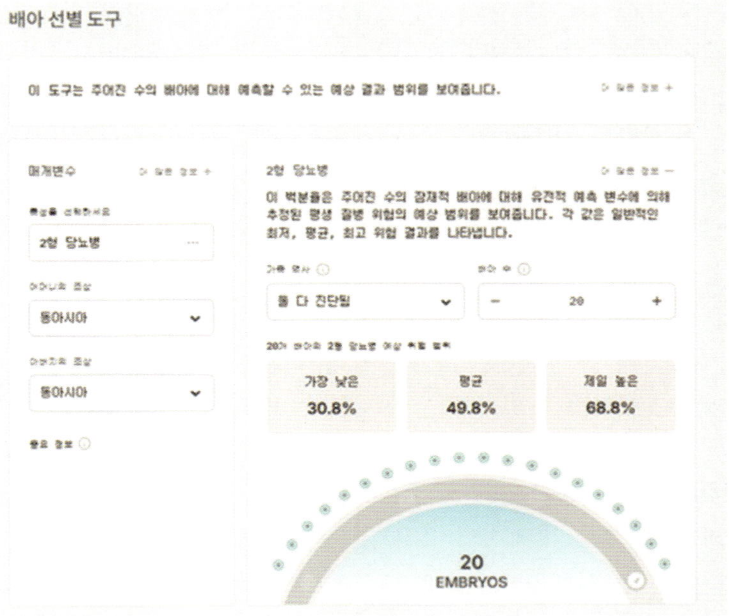

헤라사이트 홈페이지의 모습.

불편을 줄이고 싶어하는 창업자, 가족력으로 이어진 우울증을 끊고 싶어하는 과학자, 자가면역질환 위험을 줄이고 싶은 예비 아버지까지. 현재 이들이 원하는 것은 '완벽한 아기'라기보다는 '심각한 질병의 위험을 조금이라도 줄인 다음 세대'에 가깝습니다.

샌프란시스코의 또 다른 스타트업 오키드 헬스도 마찬가지입니다. 오키드 헬스의 창업자 누르 시디키는 기술을 통해 유전적으로 축복받은 세대를 만들 수 있다고 말합니다. 이를 위해 오키드 헬스는 배아의 유전체를 분석해 향후 발생할 수 있는 수백 개의 유전 질환 위험을 예측합니다. 기존의 유전 질환 검사보다 더 많은 데이터를 기반으로 합니다.

이들은 단 5개의 세포를 통해 30억개 염기쌍의 전체 유전체를 분석하고 조현병, 비만, 치매까지 예측하려고 하는데요. 이 서비스의 가격은 배아 하나당 2500달러(약 367만원). 실리콘밸리 고객들은 아이에게 유전적 이점을 주기 위해 이 비용을 기꺼이 지불하고 있어요.

실제 고객들은 엑셀 시트를 비교하며 '심

장병 위험 1.7배' 혹은 '조현병 위험 2.7점'과 같은 지표로 배아를 선택합니다. "성관계는 재미를 위한 것이고, 아기는 배아 선별로 만드는 것"이라는 시디키 창업자의 발언은 그 철학을 단적으로 드러냅니다. 그녀는 스스로 16개의 배아를 만들었고 그중 일부를 통해 미래의 자녀를 계획하고 있다고 말합니다. 이는 단순한 기술의 발전이 아니라 '출산' 자체에 대한 정의를 다시 쓰는 움직임으로 해석되고 있어요.

배아의 유전자를 '직접' 교정해

헤라사이트와 오키드헬스가 배아의 유전자를 선별하는 서비스를 제공한다면 보다 '능동적'인 방식을 택한 스타트업도 있어요. 2025년 7월 투자 유치에 나섰던 캘리포니아의 생명공학 스타트업 부트스트랩 바이오가 대표적입니다. 이들은 '슈퍼 베이비'를 만들 수 있는 유전자 편집 기술 개발을 위해 투자금을 모으고 있는데요. 사람의 생식 세포를 유전적으로 바꾸는 실험도 시작했다고 알려져 있어요.

잠깐 설명하면 난자와 정자가 만나 만들어진 배아는 '태아'가 돼 엄마의 배 속에서 자랍니다. 이 배아의 유전자를 교정해서 질병에 걸리지 않게 하거나, 혹은 특정 능력이 도드라지게 만든 뒤 자궁에 착상시키면 '디자인 베이비'를 만들 수 있다는 게 이들의 주장입니다.

과학적으로 틀린 말도 아니고요. 상상력을 펼쳐보면 만약 IQ와 관련된 유전자가 있고, 이를 교정할 수 있다면 키를 크게 하는 유전자가 있고, 이를 교정할 수 있다면 말 그대로 영화 가타카에 등장하는 디자인된 아기가 태어나게 하는 것도 가능합니다.

창업자 체이스 데넥과 벤 코르판은 처음엔 실리콘밸리에서 인기 있는 철학 기술 커뮤니티 '레스 우롱'에서 필명으로 에세이를 쓰며 활동했다고 해요. 주제는 '어떻게 성인을 유전자 편집으로 더 똑똑하게 만들 수 있을까'였는데요. 이후 레딧과 유튜브를 통해 공개적으로 기술 방향성과 스타트업 비전을 밝혔고 그 과정에서 생식세포 편집이 '더 빠르고 간단한 해법'이라는 결론에 도달하게 됐습니다.

이보다 더 주목받는 기업도 있어요. 바로 프리벤티브라는 스타트업이에요.

올트먼 CEO와 그의 남편, 그리고 코인베이스의 공동 창업자이자 CEO인 브라이언 암스트롱이 투자한 기업으로 유명합니다. 이 회사 역시 부트스트랩 바이오와 마찬가지로 유전자를 교정한 배아로부터 아이가 태어나도록 하는 것을 목표로 하고 있어요. 월스트리트저널(WSJ) 보도에 따르면 최근 이 회사의 경영진은 유전병을 앓는 한 부부가 참여 의사를 밝혔다고 주변 인사들에게 비공식적으로 이야기를 했다

세계 최초 유전자를 교정한 아이를 낳게 한 중국의 허젠쿠이.

고 해요.

조금 더 구체적으로 이야기하면, 예를 들어 유전자 AAGGTT에 오류가 생겨서 AAGGTA가 되면 특정한 질환에 걸리는 유전병이 있다고 가정해볼게요. 이는 유전자의 문제인 만큼 치료가 불가능합니다. 혈우병, 헌팅턴병 등이 대표적이에요.

그런데 태어나기 전, 즉 배아일 때 유전자 스크리닝을 통해 이상을 미리 확인합니다. 그러면 배아의 AAGGTA의 유전자 A를 T로 고친 뒤에 자궁에 착상시키는 거죠. 그러면 부모에게 AAGGTA 유전자를 물려받았다 하더라도 이 아기의 유전자는 AAGGTT로 정상이 됩니다. 이는 대를 물

려 전달될 거고요.

이쯤 되면 '어라? 들었던 기억이 나는데'라는 생각이 드실 수 있을 것 같아요. 맞습니다. 실제로 2018년, 중국의 허젠쿠이라는 과학자가 HIV에 면역을 갖도록 유전자를 조작해 세쌍둥이를 태어나게 했다고 밝힌 적이 있어요. HIV는 우리 몸에 감염될 때 CCR5라는 유전자를 통해 들어옵니다. 허젠쿠이는 배아에서 이 CCR5를 제거했어요. 아이의 아버지가 HIV 감염자였기 때문이었습니다.

이 방식을 통해 2018년 루루와 나나라는 쌍둥이 자매가 태어났고, 2019년에는 에이미(가명)라는 이름의 세 번째 아이가 태

어났다고 해요. 이들은 중국인인 것 외에는 알려진 것이 없습니다. 하지만 배아의 유전자 교정은 많은 나라에서 법으로 엄격히 금지돼 있던 만큼 허젠쿠이는 3년형을 선고받았습니다.

영화 가타카는 더 이상 공상과학 영화가 아닙니다. 아직 해결해야 할 기술적 장벽은 남아 있지만 조금씩, 조금씩, 이 방향으로 사회는 흘러가고 있는 것 같아요.

과학적 한계와 윤리적 문제

유전자 교정이라는 기술을 이용해 병충해에 강한 상추, 근육량이 많은 돼지 등이 탄생했습니다. 그런데 사람에게 사용하는 것은 철저히 법으로 금지하고 있어요. 이유는 유전자를 교정했을 때 이것이 다른 유전자에 미치는 영향에 대해 아직 알지 못하기 때문입니다.

배아 단계에서 유전자를 잘라내거나 바꾼다면, 이 과정에서 의도치 않은 실수나 변화가 포함될 수 있어요. 만약 유전자를 교정하는 과정에서 암 억제 유전자와 같은 중요한 부위를 잘못 건드리게 되면 태어날 아이가 오히려 암이나 새로운 난치병에 걸릴 수 있습니다. 유전자 가위라는 게 의사가 수술하듯이 가위 들고 유전자를 자르는 게 아니거든요.

또한 수정란 단계에서 유전자 가위를 주입하게 되면 모든 세포가 균일하게 교정되지 않는 문제도 발견되고 있습니다. 모든 세포의 유전자가 교정돼야 하는데, 특정 세포만 교정되는 현상이 발견돼요. 결국 일부 세포는 질병 유전자가 남아 치료 효과가 없을 수 있고 예측 불가능한 건강 문제를 일으킬 수 있습니다.

하나의 유전자는 보통 한 가지 기능만 하지 않는 점도 문제입니다. 예를 들어 허젠쿠이가 CCR5라는 유전자를 제거하는 데 성공해서 아이들은 HIV에 감염되지 않을 수 있어요. 문제는 CCR5가 뇌 기능이나 다른 면역 반응에도 관여한다는 연구들이 있다는 겁니다. 즉 유전자 교정을 통해 태어난 아이들은 HIV는 막을 수 있지만 특정 질병에 취약해질 수 있는 거죠.

그렇기 때문에 수많은 국가에서 유전자 교정을 한 배아의 착상을 엄격히 금지하고 있어요. 그러면 '오키드헬스의 배아 유전자 스크리닝은 괜찮지 않은가!'라고 하실 수 있어요. 하지만 이 역시 과학계에서는 많은 비판을 받고 있습니다.

과학적으로 가능 vs 소설 쓰지 마라

이들이 사용하는 예측 모델은 '다 자란 성인'의 데이터를 바탕으로 만들어집니다. 하지만 성인이 되어 나타난 질병은 수십 년간의 환경적 요인, 예를 들어 식습관이나 스트레스, 운동과 같은 것들이 유전자와 상호작용한 결과예요. 즉 배아 단계의

DNA만 보고 20~30년 뒤의 고혈압, 당뇨를 예측한다는 것은 "신생아의 울음소리만 듣고 훌륭한 가수가 될지 맞히겠다는 것"이라는 비판이 나옵니다.

이들의 서비스 역시 '확률'에 기반합니다. '이 배아를 선택하면 발병률을 40% 낮춘다!'라는 말은 실제 발병률이 1%인 질환의 경우 40%를 낮추면 발병률은 0.6%가 돼요. 즉 0.4%포인트 차이를 위해 수천만 원을 쓴다? 의학적으로 의미가 없다는 거죠. 또한 앞서 정리했듯이 하나의 유전자는 한 가지 일만 하지 않아요. 특정 질병을 막아주는 유전자가 다른 중요한 기능을 망가뜨릴 수 있습니다. 예를 들어 제1형 당뇨병 위험을 낮춰주는 유전자를 선택했더니 그 유전자가 '결핵'에 대한 면역을 약화시키는 유전자일 수 있습니다. 인류가 아직 모든 유전자의 상호 관계를 파악하지 못한 상태에서 특정 질병 점수만 보고 배아를 선별하는 것은 예측 불가능한 건강상의 위험을 초래할 수 있다는 거죠.

키나 지능, 당뇨 같은 형질은 유전자보다 환경의 영향이 크게 작용합니다. 유전자 점수가 아무리 좋아도 양육 환경이 좋지 않으면 소용이 없어요. 따라서 과학자들은 "유전자는 청사진일 뿐 건물이 실제로 어떻게 지어질지는 환경이 결정한다. 유전자 스크리닝이 마치 유전자가 운명을 100%

결정하는 것처럼 소비자를 오도한다"고 지적합니다.

이들의 기술이 과학적으로 허무맹랑한 것은 절대 아닙니다. 다만 아직 더 많은 연구가 필요하다는 거죠.

이 과정에서 당연히 윤리적인 문제도 나옵니다. 실제로 이들 업체의 주장처럼 정말 건강한 아기가 태어날 수 있다고 하더라도 어디까지를 '선별'의 대상으로 볼 것인지, 그리고 부모가 자녀를 하나의 프로젝트나 제품처럼 바라보게 되는 것은 아닌지와 관련된 논쟁이 이들 기업을 따라다니고 있어요.

CES 2026
피지컬 AI의 시대

초판 1쇄 2026년 1월 23일

지은이 매일경제 CES 특별취재팀
펴낸이 허연
펴낸곳 매경출판㈜
등록 2003년 4월 24일(No. 2-3759)
주소 (04557) 서울시 중구 충무로 2(필동1가) 매일경제 별관 2층 매경출판㈜
인쇄 · 제본 ㈜M-print 031)8071-0961

ISBN 979-11-6484-851-5(03320)